秦史与秦文化研究丛书

"十三五"国家重点图书出版规划项目

王子今 主编

# 秦思想与政治研究

臧知非 著

西北大学出版社
·西安·

图书在版编目(CIP)数据

秦思想与政治研究 / 臧知非著. --西安:西北大学出版社,2021.2

(秦史与秦文化研究丛书 / 王子今主编)

ISBN 978-7-5604-4670-7

Ⅰ.①秦… Ⅱ.①臧… Ⅲ.①政治思想史—研究—中国—秦代 Ⅳ.①D092.33

中国版本图书馆 CIP 数据核字(2020)第 270291 号

## 秦思想与政治研究
QINSIXIANGYUZHENGZHIYANJIU　　　臧知非　著

| | |
|---|---|
| 责任编辑 | 马若楠　朱　亮 |
| 装帧设计 | 谢　晶 |
| 出版发行 | 西北大学出版社 |
| 地　　址 | 西安市太白北路 229 号　　邮　　编　710069 |
| 网　　址 | http://nwupress.nwu.edu.cn　　E-mail　xdpress@nwu.edu.cn |
| 电　　话 | 029-88303593　88302590 |
| 经　　销 | 全国新华书店 |
| 印　　装 | 西安华新彩印有限责任公司 |
| 开　　本 | 710 毫米×1020 毫米　1/16 |
| 印　　张 | 14.25 |
| 字　　数 | 244 千字 |
| 版　　次 | 2021 年 2 月第 1 版　2023 年 6 月第 2 次印刷 |
| 书　　号 | ISBN 978-7-5604-4670-7 |
| 定　　价 | 96.00 元 |

如有印装质量问题,请与本社联系调换,电话 029-88302966。

# "秦史与秦文化研究丛书"
### QINSHI YU QINWENHUA YANJIU CONGSHU

—— 编辑出版委员会 ——

顾　问　柳斌杰　朱绍侯　方光华

主　任　徐　晔

副主任　卜宪群　马　来

委　员　卜宪群　马　来　王子今　王彦辉　田明纲
　　　　邬文玲　孙家洲　李禹阶　李振宏　张德芳
　　　　张　萍　陈松长　何惠昂　杨建辉　高大伦
　　　　高彦平　晋　文　贾二强　徐　晔　徐兴无
　　　　梁亚莉　彭　卫　焦南峰　赖绍聪

主　编　王子今

# 总　序

公元前221年，秦王嬴政完成了统一大业，建立了中国历史上第一个高度集权的"大一统"帝国。秦王朝执政短暂，公元前207年被民众武装暴动推翻。秦短促而亡，其失败，在后世长久的历史记忆中更多地被赋予政治教训的意义。然而人们回顾秦史，往往都会追溯到秦人从立国走向强盛的历程，也会对秦文化的品质和特色有所思考。

秦人有早期以畜牧业作为主体经济形式的历史。《史记》卷五《秦本纪》说秦人先祖柏翳"调驯鸟兽，鸟兽多驯服"①，《汉书》卷一九上《百官公卿表上》则作"蒸作朕虞，育草木鸟兽"②，《汉书》卷二八下《地理志下》说"柏益……为舜朕虞，养育草木鸟兽"③，经营对象包括"草木"。所谓"育草木""养育草木"，暗示农业和林业在秦早期经济形式中也曾经具有相当重要的地位。秦人经济开发的成就，是秦史进程中不宜忽视的文化因素。其影响，不仅作用于物质层面，也作用于精神层面。秦人在周人称为"西垂"的地方崛起，最初在今甘肃东部、陕西西部活动，利用畜牧业经营能力方面的优势，成为周天子和东方各个文化传统比较悠久的古国不能忽视的政治力量。秦作为政治实体，在两周之际得到正式承认。

关中西部的开发，有周人的历史功绩。周王朝的统治重心东迁洛阳后，秦人在这一地区获得显著的经济成就。秦人起先在汧渭之间地方建设了畜牧业基地，又联络草原部族，团结西戎力量，"西垂以其故和睦"，得到周王室的肯定，秦于是立国。正如《史记》卷五《秦本纪》所说："邑之秦，使复续嬴氏祀，号曰秦嬴。"④秦国力逐渐强盛，后来向东发展，在雍（今陕西凤翔）定都，成为西方诸侯

---

① ［汉］司马迁：《史记》，中华书局，1959年，第173页。
② 颜师古注引应劭曰："蒸，伯益也。"《汉书》，中华书局，1962年，第721、724页。
③ ［汉］班固：《汉书》，中华书局，1962年，第1641页。
④ 《史记》卷五《秦本纪》，第177页。

国家,与东方列国发生外交和战争关系。雍城是生态条件十分适合农耕发展的富庶地区,与周人早期经营农耕、创造农业奇迹的所谓"周原膴膴"①的中心地域东西相邻。因此许多学者将其归入广义"周原"的范围之内。秦国的经济进步,有利用"周余民"较成熟农耕经验的因素。秦穆公时代"益国十二,开地千里,遂霸西戎","广地益国,东服强晋,西霸戎夷",②是以关中西部地区作为根据地实现的政治成功。

秦的政治中心,随着秦史的发展,呈现由西而东逐步转移的轨迹。比较明确的秦史记录,即从《史记》卷五《秦本纪》所谓"初有史以纪事"的秦文公时代起始。③ 秦人活动的中心,经历了这样的转徙过程:西垂—汧渭之会—平阳—雍—咸阳。《中国文物地图集·陕西分册》中的《陕西省春秋战国遗存图》显示,春秋战国时期西安、咸阳附近地方的渭河北岸开始出现重要遗址。④ 而史书明确记载,商鞅推行变法,将秦都由雍迁到了咸阳。《史记》卷五《秦本纪》:"(秦孝公)十二年,作为咸阳,筑冀阙,秦徙都之。"⑤《史记》卷六《秦始皇本纪》:"孝公享国二十四年……其十三年,始都咸阳。"⑥《史记》卷六八《商君列传》:"于是以鞅为大良造……居三年,作为筑冀阙宫庭于咸阳,秦自雍徙都之。"⑦这些文献记录都明确显示,秦孝公十二年(前350)开始营造咸阳城和咸阳宫,于秦孝公十三年(前349)从雍城迁都到咸阳。定都咸阳,既是秦史上具有重大意义的事件,实现了秦国兴起的历史过程中的显著转折,也是秦政治史上的辉煌亮点。

如果我们从生态地理学和经济地理学的角度分析这一事件,也可以获得新的

---

① 《诗·大雅·绵》,[清]阮元校刻:《十三经注疏》,中华书局据原世界书局缩印本1980年10月影印版,第510页。

② 《史记》卷五《秦本纪》,第194、195页。《史记》卷八七《李斯列传》作"并国二十,遂霸西戎"。第2542页。《后汉书》卷八七《西羌传》:"秦穆公得戎人由余,遂罢西戎,开地千里。"中华书局,1965年,第2873页。

③ 《史记》,第179页。

④ 张在明主编:《中国文物地图集·陕西分册》,西安地图出版社,1998年,上册第61页。

⑤ 《史记》,第203页。

⑥ 《史记》,第288页。

⑦ 《史记》,第2232页。

有意义的发现。秦都由西垂东迁至咸阳的过程,是与秦"东略之世"①国力不断壮大的历史同步的。迁都咸阳的决策,有将都城从农耕区之边缘转移到农耕区之中心的用意。秦自雍城迁都咸阳,实现了重要的历史转折。一些学者将"迁都咸阳"看作商鞅变法的内容之一。翦伯赞主编《中国史纲要》在"秦商鞅变法"题下写道:"公元前356年,商鞅下变法令","公元前350年,秦从雍(今陕西凤翔)迁都咸阳,商鞅又下第二次变法令"。②杨宽《战国史》(增订本)在"秦国卫鞅的变法"一节"卫鞅第二次变法"题下,将"迁都咸阳,修建宫殿"作为变法主要内容之一,又写道:"咸阳位于秦国的中心地点,靠近渭河,附近物产丰富,交通便利。"③林剑鸣《秦史稿》在"商鞅变法的实施"一节,也有"迁都咸阳"的内容。其中写道:"咸阳(在咸阳市窑店东)北依高原,南临渭河,适在秦岭怀抱,既便利往来,又便于取南山之产物,若浮渭而下,可直入黄河;在终南山与渭河之间就是通往函谷关的大道。"④这应当是十分准确地反映历史真实的判断。《史记》卷六八《商君列传》记载,商鞅颁布的新法,有扩大农耕的规划,奖励农耕的法令,保护农耕的措施。⑤于是使得秦国在秦孝公——商鞅时代实现了新的农业跃进。而指导这一历史变化的策划中心和指挥中心,就在咸阳。咸阳附近也自此成为关中经济的重心地域。《史记》卷二八《封禅书》说"霸、产、长水、沣、涝、泾、渭皆非大川,以近咸阳,尽得比山川祠"⑥,说明"近咸阳"地方水资源得到合理利用。关中于是"号称陆海,为九州膏腴"⑦,被看作"天府之国"⑧,因其丰饶,千百年居于经济优胜地位。

回顾春秋战国时期列强竞胜的历史,历史影响比较显著的国家,多位于文明程度处于后起地位的中原外围地区,它们的迅速崛起,对于具有悠久的文明传统

---

① 王国维:《秦都邑考》,《王国维遗书》,上海古籍书店,1983年,《观堂集林》卷一二第9页。
② 翦伯赞主编:《中国史纲要》,人民出版社,1979年,第75页。
③ 杨宽:《战国史》(增订本),上海人民出版社,1998年,第206页。
④ 林剑鸣:《秦史稿》,上海人民出版社,1981年,第189页。
⑤ 商鞅"变法之令":"民有二男以上不分异者,倍其赋。""僇力本业,耕织致粟帛多者复其身。事末利及怠而贫者,举以为收孥。"《史记》,第2230页。
⑥ 《史记》,第1374页。
⑦ 《汉书》卷二八下《地理志下》,第1642页。
⑧ 《史记》卷五五《留侯世家》,第2044页。

的"中国",即黄河中游地区,形成了强烈的冲击。这一历史文化现象,就是《荀子·王霸》中所说的:"虽在僻陋之国,威动天下,五伯是也。""故齐桓、晋文、楚庄、吴阖闾、越句践,是皆僻陋之国也,威动天下,强殆中国。"①就是说,"五霸"虽然都崛起在文明进程原本相对落后的"僻陋"地方,却能够以新兴的文化强势影响天下,震动中原。"五霸"所指,说法不一,如果按照《白虎通·号·三皇五帝三王五伯》中的说法:"或曰:五霸,谓齐桓公、晋文公、秦穆公、楚庄王、吴王阖闾也。"也就是除去《荀子》所说"越句践",加上了"秦穆公",对于秦的"威""强",予以肯定。又说:"《尚书》曰'邦之荣怀,亦尚一人之庆',知秦穆之霸也。"②秦国力发展态势之急进,对东方诸国有激励和带动的意义。

在战国晚期,七雄之中,以齐、楚、赵、秦为最强。到了公元前3世纪的后期,则秦国的军威,已经势不可当。在秦孝公与商鞅变法之后,秦惠文王兼并巴蜀,宣太后与秦昭襄王战胜义渠,实现对上郡、北地的控制,使秦的疆域大大扩张,时人除"唯秦雄天下"③之说外,又称"秦地半天下"④。秦国上层执政集团可以跨多纬度空间控制,实现了对游牧区、农牧并作区、粟作区、麦作区以及稻作区兼行管理的条件。这是后来对统一王朝不同生态区和经济区实施全面行政管理的前期演习。当时的东方六国,没有一个国家具备从事这种政治实践的条件。

除了与秦孝公合作推行变法的商鞅之外,秦史进程中有重要影响的人物还有韩非和吕不韦。《韩非子》作为法家思想的集大成者,规范了秦政的导向。吕不韦主持编写的《吕氏春秋》为即将成立的秦王朝描画了政治蓝图。多种渊源不同的政治理念得到吸收,其中包括儒学的民本思想。

秦的统一,是中国史的大事件,也是东方史乃至世界史的大事件。对于中华民族的形成,对于后来以汉文化为主体的中华文化的发展,对于统一政治格局的定型,秦的创制有非常重要的意义。秦王朝推行郡县制,实现中央对地方的直接控制。皇帝制度和官僚制度的出现,也是推进政治史进程的重要发明。秦始皇时代实现了高度的集权。皇室、将相、后宫、富族,都无从侵犯或动摇皇帝的权

---

① [清]王先谦撰,沈啸寰、王星贤点校:《荀子集解》,中华书局,1988年,第205页。
② [清]陈立撰,吴则虞点校:《白虎通疏证》,中华书局,1994年,第62、64页。
③ 《史记》卷八三《鲁仲连邹阳列传》,第2459页。
④ 《史记》卷七〇《张仪列传》,第2289页。

威。执掌管理天下最高权力的，唯有皇帝。"夫其卓绝在上，不与士民等夷者，独天子一人耳。"①与秦始皇"二世三世至于万世，传之无穷"②的乐观设想不同，秦的统治未能长久，但是，秦王朝的若干重要制度，特别是皇帝独尊的制度，却成为此后两千多年的政治史的范式。如毛泽东诗句所谓"百代犹行秦政法"③。秦政风格延续长久，对后世中国有长久的规范作用，也对东方世界的政治格局形成了影响。

秦王朝在全新的历史条件下带有试验性质的经济管理形式，是值得重视的。秦时由中央政府主持的长城工程、驰道工程、灵渠工程、阿房宫工程、丽山工程等规模宏大的土木工程的规划和组织，表现出经济管理水平的空前提高，也显示了相当高的行政效率。秦王朝多具有创新意义的经济制度，在施行时各有得失。秦王朝经济管理的军事化体制，以极端苛急的政策倾向为特征，而不合理的以关中奴役关东的区域经济方针等方面的弊病，也为后世提供了深刻的历史教训。秦王朝多以军人为吏，必然使各级行政机构都容易形成极权专制的特点，使行政管理和经济管理都具有军事化的形制，又使统一后不久即应结束的军事管制阶段在实际上无限延长，终于酿成暴政。

秦王朝的专制统治表现出高度集权的特色，其思想文化方面的政策也具有与此相应的风格。秦王朝虽然统治时间不长，但是所推行的文化政策却在若干方面对后世有规定性的意义。"书同文"原本是孔子提出的文化理想。孔子嫡孙子思作《中庸》，引述了孔子的话："今天下车同轨，书同文，行同伦。"④"书同文"，成为文化统一的一种象征。但是在孔子的时代，按照儒家的说法，有其位者无其德，有其德者无其位，"书同文"实际上只是一种空想。战国时期，分裂形势更为显著，书不同文也是体现当时文化背景的重要标志之一。正如东汉学者许慎在《说文解字·叙》中所说，"诸侯力政，不统于王"，于是礼乐典籍受到破坏，天下分为七国，"言语异声，文字异形"。⑤ 秦灭六国，实现统一之后，丞相李斯就

---

① 章太炎：《秦政记》，《太炎文录初编》卷一，《章太炎全集》第4卷，上海人民出版社，1985年，第71页。
② 《史记》卷六《秦始皇本纪》，第236页。
③ 《建国以来毛泽东文稿》第13册，中央文献出版社，1998年，第361页。
④ ［清］阮元校刻：《十三经注疏》，第1634页。
⑤ ［汉］许慎撰，［清］段玉裁注：《说文解字注》，上海古籍出版社据经韵楼臧版1981年10月影印版，第757页。

上奏建议以"秦文"为基点,欲令天下文字"同之",凡是与"秦文"不一致的,通通予以废除,以完成文字的统一。历史上的这一重要文化过程,司马迁在《史记》卷六《秦始皇本纪》的记载中写作"书同文字"与"同书文字",①在《史记》卷一五《六国年表》与《史记》卷八七《李斯列传》中分别写作"同天下书""同文书"。②秦王朝的"书同文"虽然没有取得全面的成功,但是当时能够提出这样的文化进步的规划,并且开始了这样的文化进步的实践,应当说,已经是一个值得肯定的伟大的创举。秦王朝推行文化统一的政策,并不限于文字的统一。在秦始皇出巡各地的刻石文字中,可以看到要求各地民俗实现同化的内容。比如琅邪刻石说到"匡饬异俗",之罘刻石说到"黔首改化,远迩同度",表示各地的民俗都要改造,以求整齐统一;而强求民俗统一的形式,是法律的规范,就是所谓"普施明法,经纬天下,永为仪则"。③ 应当看到,秦王朝要实行的全面的"天下""同度",是以秦地形成的政治规范、法律制度、文化样式和民俗风格为基本模板的。

秦王朝在思想文化方面谋求统一,是通过强硬性的专制手段推行有关政策实现的。所谓焚书坑儒,就是企图全面摈斥东方文化,以秦文化为主体实行强制性的文化统一。对于所谓"难施用"④"不中用"⑤的"无用"之学⑥的否定,甚至不惜采用极端残酷的手段。

秦王朝以关中地方作为政治中心,也作为文化基地。关中地方得到了很好

---

① 《史记》,第 239、245 页。
② 《史记》,第 757、2547 页。
③ 《史记》,第 245、250、249 页。
④ 《史记》卷二八《封禅书》:"始皇闻此议各乖异,难施用,由此绌儒生。"第 1366 页。
⑤ 《史记》卷六《秦始皇本纪》:"(秦始皇)大怒曰:'吾前收天下书不中用者尽去之。'"第 258 页。
⑥ 《资治通鉴》卷七《秦纪二》"始皇帝三十四年":"魏人陈馀谓孔鲋曰:'秦将灭先王之籍,而子为书籍之主,其危哉!'子鱼曰:'吾为无用之学,知吾者惟友。秦非吾友,吾何危哉!吾将藏之以待其求;求至,无患矣。'"胡三省注:"孔鲋,孔子八世孙,字子鱼。"[宋]司马光编著,[元]胡三省音注,"标点资治通鉴小组"校点:《资治通鉴》,中华书局,1956 年,第 244 页。承孙闻博副教授提示,据傅亚庶《孔丛子校释》,《孔丛子》有的版本记录孔鲋说到"有用之学"。叶氏藏本、蔡宗尧本、汉承弼校跋本、章钰校跋本并有"吾不为有用之学,知吾者唯友。秦非吾友,吾何危哉?"语。中华书局,2011 年,第 410、414 页。参看王子今:《秦文化的实用之风》,《光明日报》2013 年 7 月 15 日 15 版"国学"。

的发展条件。秦亡,刘邦入咸阳,称"仓粟多"①,项羽确定行政中心时有人建议"关中阻山河四塞,地肥饶,可都以霸",都说明了秦时关中经济条件的优越。项羽虽然没有采纳都关中的建议,但是在分封十八诸侯时,首先考虑了对现今陕西地方的控制。"立沛公为汉王,王巴、蜀、汉中,都南郑",又"三分关中","立章邯为雍王,王咸阳以西,都废丘","立司马欣为塞王,王咸阳以东至河,都栎阳;立董翳为翟王,王上郡,都高奴"。② 因"三分关中"的战略设想,于是史有"三秦"之说。近年"废丘"的考古发现,有益于说明这段历史。所谓"秦之故地"③,是受到特殊重视的行政空间。

汉代匈奴人和西域人仍然称中原人为"秦人"④,汉简资料也可见"秦骑"⑤称谓,说明秦文化对中土以外广大区域的影响形成了深刻的历史记忆。远方"秦人"称谓,是秦的历史光荣的文化纪念。

李学勤《东周与秦代文明》一书中将东周时代的中国划分为7个文化圈,就是中原文化圈、北方文化圈、齐鲁文化圈、楚文化圈、吴越文化圈、巴蜀滇文化圈、秦文化圈。关于其中的"秦文化圈",论者写道:"关中的秦国雄长于广大的西北地区,称之为秦文化圈可能是适宜的。秦人在西周建都的故地兴起,形成了有独特风格的文化。虽与中原有所交往,而本身的特点仍甚明显。"关于战国晚期至于秦汉时期的文化趋势,论者指出:"楚文化的扩展,是东周时代的一件大事","随之而来的,是秦文化的传布。秦的兼并列国,建立统一的新王朝,使秦文化成为后来辉煌的汉代文化的基础"。⑥ 从空间和时间的视角进行考察,可以注意到

---

① 《史记》卷八《高祖本纪》,第362页。
② 《史记》卷七《项羽本纪》,第315、316页。
③ 《史记》卷九九《刘敬叔孙通列传》:"陛下入关而都之,山东虽乱,秦之故地可全而有也。""今陛下入关而都,案秦之故地,此亦搤天下之亢而拊其背也。"第2716页。
④ 《史记》卷一二三《大宛列传》,第3177页;《汉书》卷九四上《匈奴传上》,第3782页;《汉书》卷九六下《西域传下》,第3913页。东汉西域人使用"秦人"称谓,见《龟兹左将军刘平国作关城诵》,参看王子今:《〈龟兹左将军刘平国作关城诵〉考论——兼说"张骞凿空"》,《欧亚学刊》新7辑,商务印书馆,2018年。
⑤ 如肩水金关简"☐所将胡骑秦骑名籍☐"(73EJT1:158),甘肃简牍保护研究中心、甘肃省文物考古研究所、甘肃省博物馆、中国文化遗产研究院古文献研究室、中国社会科学院简帛研究中心编:《肩水金关汉简》(壹),中西书局,2011年,下册第11页。
⑥ 李学勤:《东周与秦代文明》,上海人民出版社,2007年,第10—11页。

秦文化超地域的特征和跨时代的意义。秦文化自然有区域文化的含义,早期的秦文化又有部族文化的性质。秦文化也是体现法家思想深刻影响的一种政治文化形态,可以理解为秦王朝统治时期的主体文化和主导文化。秦文化也可以作为一种积极奋进的、迅速崛起的、节奏急烈的文化风格的象征符号。总结秦文化的有积极意义的成分,应当注意这样几个特点:创新理念、进取精神、开放胸怀、实用意识、技术追求。秦文化的这些具有积极因素的特点,可以以"英雄主义"和"科学精神"简要概括。对于秦统一的原因,有必要进行全面的客观的总结。秦人接受来自西北方向文化影响的情形,研究者也应当予以关注。

秦文化既有复杂的内涵,又有神奇的魅力。秦文化表现出由弱而强、由落后而先进的历史转变过程中积极进取、推崇创新、重视实效的文化基因。

对于秦文化的历史表现,仅仅用超地域予以总结也许还是不够的。"从世界史的角度"估价秦文化的影响,是秦史研究者的责任。秦的统一"是中国文化史上的重要转折点",继此之后,汉代创造了辉煌的文明,其影响,"范围绝不限于亚洲东部,我们只有从世界史的高度才能估价它的意义和价值"。① 汉代文明成就,正是因秦文化而奠基的。

在对于秦文化的讨论中,不可避免地会导入这样一个问题:为什么在战国七雄的历史竞争中最终秦国取胜,为什么是秦国而不是其他国家完成了"统一"这一历史进程?

秦统一的形势,翦伯赞说,"如暴风雷雨,闪击中原",证明"任何主观的企图,都不足以倒转历史的车轮"。② 秦的"统一",有的学者更愿意用"兼并"的说法。这一历史进程,后人称之为"六王毕,四海一"③,"六王失国四海归"④。其实,秦始皇实现的统一,并不仅仅限于黄河流域和长江流域原战国七雄统治的地域,亦包括对岭南的征服。战争的结局,是《史记》卷六《秦始皇本纪》和卷一一

---

① 李学勤:《东周与秦代文明》,第294页。
② 翦伯赞:《秦汉史》,北京大学出版社,1983年,第8页。
③ [唐]杜牧:《阿房宫赋》,《文苑英华》卷四七,[宋]李昉等编:《文苑英华》,中华书局,1966年,第212页。
④ [宋]莫济《次梁安老王十朋咏秦碑韵》:"六王失国四海归,秦皇东刻南巡碑。"[明]董斯张辑:《吴兴艺文补》卷五〇,明崇祯六年刻本,第1103页。

三《南越列传》所记载的桂林、南海、象郡的设立。① 按照贾谊《过秦论》的表述，即"南取百越之地，以为桂林、象郡，百越之君俛首系颈，委命下吏"②。考古学者基于岭南秦式墓葬发现，如广州淘金坑秦墓、华侨新村秦墓，广西灌阳、兴安、平乐秦墓等的判断，以为"说明了秦人足迹所至和文化所及，反映了秦文化在更大区域内和中原以及其他文化的融合"，"两广秦墓当是和秦始皇统一岭南，'以谪徙民五十万戍五岭，与越杂处'的历史背景有关"。③ 岭南文化与中原文化的融合，正是自"秦时已并天下，略定杨越"④起始。而蒙恬经营北边，又"却匈奴七百余里"⑤。南海和北河方向的进取，使得秦帝国的国土规模远远超越了秦本土与"六王"故地的总和。⑥

对于秦所以能够实现统一的原因，历来多有学者讨论。有人认为，秦改革彻底，社会制度先进，是主要原因。曾经负责《睡虎地秦墓竹简》定稿、主持张家山汉简整理并进行秦律和汉律对比研究的李学勤指出："睡虎地竹简秦律的发现和研究，展示了相当典型的奴隶制关系的景象"，"有的著作认为秦的社会制度比六国先进，笔者不能同意这一看法，从秦人相当普遍地保留野蛮的奴隶制关系来看，事实毋宁说是相反"。⑦

秦政以法家思想为指导。法家虽然经历汉初的"拨乱反正"⑧受到清算，又经汉武帝时代"罢黜百家，表章《六经》"⑨"推明孔氏，抑黜百家"⑩，受到正统意

---

① 王子今：《论秦始皇南海置郡》，《陕西师范大学学报》（哲学社会科学版）2017年第1期。
② 《史记》卷六《秦始皇本纪》，第280页。
③ 叶小燕：《秦墓初探》，《考古》1982年第1期。
④ 《史记》卷一一三《南越列传》，第2967页。
⑤ 《史记》卷六《秦始皇本纪》，第280页；《史记》卷四八《陈涉世家》，第1963页。
⑥ 参看王子今：《秦统一局面的再认识》，《辽宁大学学报》（哲学社会科学版）2013年第1期。
⑦ 李学勤：《东周与秦代文明》，第290—291页。
⑧ 《汉书》卷六《武帝纪》，第212页；《汉书》卷二二《礼乐志》，第1030、1035页。《史记》卷八《高祖本纪》："拨乱世反之正。"第392页。《史记》卷六〇《三王世家》："高皇帝拨乱世反诸正。"第2109页。
⑨ 《汉书》卷六《武帝纪》，第212页。
⑩ 《汉书》卷五六《董仲舒传》，第2525页。

识形态压抑,但是由所谓"汉家自有制度,本以霸王道杂之,奈何纯任德教,用周政乎"①可知,仍然有长久的历史影响和文化惯性。这说明中国政治史的回顾,有必要思考秦政的作用。

在总结秦统一原因时,应当重视《过秦论》"续六世之余烈,振长策而御宇内"的说法。②然而秦的统一,不仅仅是帝王的事业,也与秦国农民和士兵的历史表现有关。是各地万千士兵与民众的奋发努力促成了统一。秦国统治的地域,当时是最先进的农业区。直到秦王朝灭亡之后,人们依然肯定"秦富十倍天下"的地位。③因农耕业成熟而形成的富足,也构成秦统一的物质实力。

有学者指出,应当重视秦与西北方向的文化联系,重视秦人从中亚地方接受的文化影响。这是正确的意见。但是以为郡县制的实行可能来自西方影响的看法还有待于认真的论证。战国时期,不仅秦国,不少国家都实行了郡县制。有学者指出:"郡县制在春秋时已有萌芽,特别是'县',其原始形态可以追溯到西周。到战国时期,郡县制在各国都在推行。"④秦人接受来自西北的文化影响,应当是没有疑义的。周穆王西行,据说到达西王母之国,为他驾车的就是秦人先祖造父。秦早期养马业的成功,也应当借鉴了草原游牧族的技术。青铜器中被确定为秦器者,据说有的器形"和常见的中国青铜器有别,有学者以之与中亚的一些器物相比"。学界其实较早已经注意到这种器物,以为"是否模仿中亚的风格,很值得探讨"。⑤我们曾经注意过秦风俗中与西方相近的内容,秦穆公三十二年(前628),发军袭郑,这是秦人首创所谓"径数国千里而袭人"的长距离远征历史记录的例证。晋国发兵在殽阻截秦军,"击之,大破秦军,无一人得脱者,虏秦三将以归"。⑥四年之后,秦人复仇,《左传·文公三年》记载:"秦伯伐晋,济河焚舟,取王官及郊。晋人不出,遂自茅津渡,封殽尸而还。"⑦《史记》卷五《秦本

---

① 《汉书》卷九《元帝纪》,第277页。
② 《史记》卷六《秦始皇本纪》,第280页。
③ 《史记》卷八《高祖本纪》,第364页。
④ 李学勤:《东周与秦代文明》,第289—290页。
⑤ 李学勤:《东周与秦代文明》,第146页。
⑥ 《史记》卷五《秦本纪》,第190—192页。
⑦ 《春秋左传集解》,上海人民出版社,1977年,第434页。

纪》:"缪公乃自茅津渡河,封殽中尸,为发丧,哭之三日。"①《史记》卷三九《晋世家》:"秦缪公大兴兵伐我,度河,取王官,封殽尸而去。"②封,有人解释为"封识之"③,就是筑起高大的土堆以为标识。我们读记述公元14年至公元15年间史事的《塔西佗〈编年史〉》第1卷,可以看到日耳曼尼库斯·凯撒率领的罗马军队进军到埃姆斯河和里普河之间十分类似的情形:"据说伐鲁斯和他的军团士兵的尸体还留在那里没有掩埋","罗马军队在六年之后,来到这个灾难场所掩埋了这三个军团的士兵的遗骨","在修建坟山的时候,凯撒放置第一份草土,用以表示对死者的衷心尊敬并与大家一同致以哀悼之忱"。④罗马军队统帅日耳曼尼库斯·凯撒的做法,和秦穆公所谓"封殽尸"何其相像!罗马军人们所"修建"的"坟山",是不是和秦穆公为"封识之"而修建的"封"属于性质相类的建筑形式呢?相关的文化现象还有待于深入考论。但是关注秦文化与其他文化系统之间的联系可能确实是有意义的。

秦代徐市东渡,择定适宜的生存空间定居⑤,或许是东洋航线初步开通的历史迹象。斯里兰卡出土半两钱⑥,似乎可以看作南洋航线早期开通的文物证明。理解并说明秦文化的世界影响,也是丝绸之路史研究应当关注的主题。

"秦史与秦文化研究丛书"系"十三五"国家重点图书出版规划项目,共14种,由陕西省人民政府参事室主持编撰,西北大学出版社具体组织实施。包括以下学术专著:《秦政治文化研究》(雷依群)、《初并天下——秦君主集权研究》(孙闻博)、《帝国的形成与崩溃——秦疆域变迁史稿》(梁万斌)、《秦思想与政治研究》(臧知非)、《秦法律文化新探》(闫晓君)、《秦祭祀研究》(史党社)、《秦礼仪研究》(马志亮)、《秦战争史》(赵国华、叶秋菊)、《秦农业史新编》(樊志民、

---

① 《史记》,第193页。
② 《史记》,第1670页。
③ 《史记》卷五《秦本纪》裴骃《集解》引贾逵曰,第193页。
④ 〔罗马〕塔西佗著,王以铸等译:《塔西佗〈编年史〉》,商务印书馆,1981年,上册,第1卷,第51—52页。
⑤ 《史记》卷一一八《淮南衡山列传》:"徐福得平原广泽,止王不来。"第3086页。
⑥ 查迪玛(A. Chandima):《斯里兰卡藏中国古代文物研究——兼谈古代中斯贸易关系》,山东大学博士学位论文,导师:于海广教授,2011年4月;〔斯里兰卡〕查迪玛·博嘎哈瓦塔、柯莎莉·卡库兰达拉:《斯里兰卡藏中国古代钱币概况》,《百色学院学报》2016年第6期。

李伊波)、《秦都邑宫苑研究》(徐卫民、刘幼臻)、《秦文字研究》(周晓陆、罗志英、李巍、何薇)、《秦官吏法研究》(周海锋)、《秦交通史》(王子今)、《秦史与秦文化研究论著索引》(田静)。

  本丛书的编写队伍,集合了秦史研究的学术力量,其中有较资深的学者,也有很年轻的学人。丛书选题设计,注意全方位的研究和多视角的考察。参与此丛书的学者提倡跨学科的研究,重视历史学、考古学、民族学与文化人类学等不同学术方向研究方法的交叉采用,努力坚持实证原则,发挥传世文献与出土文献及新出考古资料相结合的优长,实践"二重证据法""多重证据法",力求就秦史研究和秦文化研究实现学术推进。秦史是中国文明史进程的重要阶段,秦文化是历史时期文化融汇的主流之一,也成为中华民族文化的重要构成内容。对于秦史与秦文化,考察、研究、理解和说明,是历史学者的责任。不同视角的观察,不同路径的探究,不同专题的研讨,不同层次的解说,都是必要的。这里不妨借用秦汉史研究前辈学者翦伯赞《秦汉史》中"究明"一语简要表白我们研究工作的学术追求:"究明"即"显出光明"。[①]

王子今

2021 年 1 月 18 日

---

[①] 翦伯赞:《秦汉史》,第 2 页。

# 思想与实践的统一：思想史研究方法论问题
## （代序）

思想史是研究"思想"的形成过程及其历史内涵的学科，是历史学的组成部分。历史学的任务是本着去伪存真的科学精神，在全面把握历史事实的基础上，揭示历史逻辑，认识历史因果，求得历史规律。因为时光不可倒流，历史事实只能从传世文献和出土文物中获得，而限于客观条件和主观认识，历史文献大多是史学家取舍之后的叙事，记载的只是历史事实的一部分，相当多的历史事实无法反映或者被有意遮蔽，因而史家的"求真"只能是相对的，因此，"求真"永远是史学研究的基础。从逻辑上说，思想史研究既然是历史学的组成部分，当然也要以"求真"为基础。不过，思想史研究所求之"真"和一般意义上的史学研究所求之"真"有着明显的不同。一般意义上的史学研究的"求真"是指探求历史上独立于人的主观世界之外的客观存在之"真"，而思想史研究所求之"真"是指历史上思想者思想内容之"真"，这个"真"和一般意义上的史学研究所求之"真"相比较，具有鲜明的主观性：思想史研究的依据是思想家的著作，而思想家的著作是思想者对人、自然、社会思考的过程和结果的文字表述，其内容是思想者的见解，是主张、认识。思想史研究之"求真"就是探求思想家思想认识之"真"。

思想是主观思考的结果，主观思考以客观存在为基础，而人是社会性动物，自出生之日起，就处于相应的社会结构之中，受到相应的社会阶级、阶层的利益影响，不自觉地从既定的立场、观点出发，即使是继续使用前人留下的观念、概念、范畴表达自己的思想，但和已有的内涵、外延相比已经发生了变化，嵌入了新的思想内容，反映着思想者及其时代的社会属性，表达着相应的时代诉求。因而思想者所表达出来的思想内容尽管建立在前人思想的基础之上，有着超越时代的诉求，但其基本立场和观点反映的仍是思想者所处的时代和阶级、阶层的价值观念和理想追求。也就是说,无论思想家的著作看上去如何超脱于社会现实之上,但是,就像人不能揪着自己的头发离开地球那样,其无法超脱所处的历史时代及其阶级、阶层的局限。中国古代思想家尤其如此。

中国古代思想家的最大特点是以治国理民为己任,以政治、伦理为核心。这是中国思想发展的核心特征。先秦诸子,尽管被后世誉为百家争鸣,思想理论绚烂多姿、行为实践各具风采,但是,争论的共同核心则是政治及以政治为核心的价值观和伦理观。孔孟之学、荀子之道、墨翟之说、商韩之论、阴阳家言,自不待言,老子的"无为无不为"之说不过是其实现小国寡民之治的手段而已,即便是名家的"离坚白"之辩也不过是孔子"正名"说的外化。汉儒划分的所谓"九流十家",究其本质,不出"王道""帝道""霸道"三途。无论"王道""帝道""霸道"之间分歧如何,其本质都是建立帝王的统治之道。尽管其时有不少探讨自然奥秘之说,但其旨趣依然是为了实现政治目的。司马谈引用《易大传》"天下一致而百虑,同归而殊途"之语,谓"夫阴阳、儒、墨、名、法、道德,此务为治者也,直所从言之异路,有省不省耳"①,可谓千古不刊之论。董仲舒正是以此为基础,以儒学的政治、伦理为核心,以论证现实政治秩序合理性为前提,以解决现实问题为目的,吸收各家主张,使之适应发展了的现实,论证大一统、王权政治的神圣性,探讨强化王权、巩固统一之道;在用刑罚巩固统治的同时,注重民生,注重教化,将政治伦理社会化,教化编户民自觉遵守并维护现实秩序,实现了先秦儒学向汉代儒学的转变,旧瓶装新酒,最终使儒学意识形态化,进一步确立了此后思想家的价值取向和思考范围。此后的历代思想家,虽具体主张各有不同,思想视野或开放或封闭,但究其要者,均以汉儒的政治价值、伦理思想为核心,目的都是在论证王权神圣的前提下教化民众。其表达方式则根据时代需要有所变化,大体上可以概括为两种表达:一种是抽象化、哲理化,在阐释某些哲学概念的基础上说明王权思想、伦理观念的神圣性,理论上幽深玄妙,在哲学上确实有所突破,但距离现实社会甚远,然其旨归依然是论证政治秩序的神圣,不过是表述方式变了。理论上看似尽善尽美,若以"思想""知识"的发展来说,对"他者"特别是对自然的认知来说,则扩展有限,更遑论对"社会"进步的分析。另一种是以通俗易懂

---

① [西汉]司马迁:《史记》卷一百三十《太史公自序》,中华书局,1959年(下同),第3288—3289页。

的方式将其政治主张灌输于社会,将理论细化为具体的行动规范,各种箴言、家范、乡约、族规等,都是其体现。

因为思想家以治国理民为己任,思想史研究就要把"思想"和"社会实践"相统一。这里说的"社会实践",是指"思想"对社会发展发生作用的过程和结果,包括思想家的主观目的和客观行为。"思想"是行为的指南,研究思想史,自然要把思想者的思想与思想者的行为统一考察,同时考察"思想"对"他者"的作用。古代思想家的共同点是以维护王权为中心,以教化"他者"为己任。"思想"对社会的作用主要通过国家权力实现,包括制度、法律、政策的指导思想,意识形态的控制,社会行为的规范,等等。而就思想者而言,则是通过个人的"知行"所体现的价值实现的,这就要从"社会实践"的角度考察思想的历史内涵,要避免就"思想"论"思想"的弊端——既不考察"思想"产生的社会基础,也不考察"思想"与"社会实践"的关系;既看不出"思想"与现实社会发展的互动,也看不到思想者是如何践行其思想内涵以及践行的效果,结果是"思想"和"社会"两张皮,"知行"虽在理论上统一,有着完美的主张,但对实践中的两分或者背离则视而不见。尽管中国古代思想确实令人赞叹,但面对为何"复性人格"却成为国民性格特点且在官僚士大夫身上尤其突出等疑问时,回答苍白无力,只好避而不谈。要知道,这些官僚士大夫都是社会精英,是儒家思想的积极提倡者,都饱读诗书,广义地说,个个都是"思想者"或者是"有思想的人",有的本身就是纯正的"思想家",他们不仅有"思想",而且掌握公权;不仅自身应该身体力行,而且可以在一定范围内、在相应层面上通过手中权力把自己的思想主张变成社会行为。但为什么在历史上这样的情况屈指可数? 就是因为他们的"思想"和"实践"两分,要求"他者"知行合一,自身则躲在"仁义"的背后唯利是图。这在中国历史上可谓数不胜数,也包括备受推崇的大思想家、大文豪。榜样的作用是立竿见影的,既然思想者自己不践行自己的主张,官僚们就更是只要求平民百姓遵守纲常、实践伦理,"思想"的实践效果是有限的。这是导致中国古代社会发展和"思想"分离的重要原因。

中国传统史学的目的是"资治",研究"历史"也好,研究"思想"也好,目的是总结王朝兴衰的经验教训。这种"资治"史学是以维护既定统治为目的的,是建立在既定统治合理性、正义性的前提下的"选择历史"之学。马克思主义历史学则以对现实和过去的分析为基础,揭示社会发展的内在逻辑,以建立美好社会为目的。这个"美好"的标准就是以公正、公平为基础的"人"的生活质量的提高,是以个体的自由发展和社会进步相统一为标尺。这要求史学家要以"背负青天朝下看"的视野,在求真的基础上,洞察社会变迁的究竟所以,跳出任何政治的、价值的预设,冷静、客观、科学地分析古往今来的究竟所以,考察"人"——不同阶级、不同阶层的人的生存质量的演变及其原因。首要任务是考察生产资料、生活资料的控制、生产、分配及其指导原则,分析经济基础与上层建筑的关系及其对"人"的生存质量的影响,而后才谈得上其他方面。思想史研究是历史研究的组成部分,自然也承担着这一责任。众所周知,史学研究是史学家对历史存在的考察,带有的主观性是不言而喻的,而作为历史存在的"思想"本身就是主观的产物,思想史研究的主观性更加突出,对思想认识的千差万别,原因就在这里。然而,"思想"作为历史的存在,其内涵和影响不会因为研究者认识的差异而改变,思想史研究的任务就是尽可能准确把握这个存在。要达此目的,要特别注意以下几点:

第一,把握思想与社会的关系,将思想者置于特定的历史环境下考察其思想形成的社会基础和历史基础,力戒就思想论思想之弊。"思想"属于上层建筑,高高地悬浮在意识形态层面,看上去和经济基础特别是物质生产与分配没有什么关系,但是,思想家生活于现实之中,所思所想无不受到现实价值观念、物质利益、社会地位的影响,思想家提出的各种主张,无不来自社会生活的实际感受,直接间接地带着阶级或者阶层的历史印记,因而思想与社会是辩证的统一体。因此,研究古人思想,首先要厘清思想家所处的时代特点、思想家的社会地位和面临的问题,考察思想家个人及其群体对该思想主张的实践情况。唯其如此,才能明了思想家的主观追求与其所处的社会现实之间存在着什么样的关系,才能真正认识"思想"对当时社会提供了什么样的规范和支持,又在哪些层面为其时之社会提供辩解和批判。

第二,全面系统把握思想家的思想体系,将其体系置于历史的长河中考察其究竟所以,在把握其本意的前提下,认识其历史价值和现实价值。中国古代思想家有着明显的传承性,上承前人的思想遗产,又为后世提供新的思想基础,同时有着具体的时代特征。同一主张、同一概念的内涵和功能因时而异,必须科学分析其具体含义,完整准确地理解其思想体系,才能不违古人。思想史研究,因其主观性突出,研究者的爱好、情感、价值取向直接影响着研究结果,对同一个研究对象有不同的认识,司空见惯。但是,思想史毕竟是历史的一部分,有其客观性,并不能随意剪裁、望文生义。思想家之所以成为思想家,就是因为有着自己的思想体系,其理论、主张、逻辑、概念是其思想体系的组成部分,有其具体的含义和指向,准确理解、系统把握是必须遵守的先决条件。

第三,站在时代高度,自觉分析今古。思想的价值就在于分析和批判。古代思想家的主张各不相同,但关注现实、批判现实则是相通的,和古人对话自然要充分注意古人关注现实、批判现实的责任担当。这要求研究者必须要有关注现实的自觉,自觉承担社会责任和历史使命。这个责任和使命,不是从思想史的层面寻找、论证现实存在的合理性,更不是以古人思想武装现代人的头脑,是古非今,甚至是回到古代去,醉心于古人的"幸福生活",而是要站在时代的高度,以现代绝大多数"人"的生活质量为核心,以科学的理性,分析现代社会所存在的问题及其原因,面向未来,明晰"现代社会"民众需要什么样的生活,应该有什么样的生活,怎样实现民众所需要和应该有的生活。从时代高度出发,在和古人对话中,才能理性地理解古人,才能通古今之变。

秦人和夏人、殷人、周人历史同样悠长,源自东方,殷商时代曾贵为诸侯;商服于周后,秦人被迁于周之"西垂",成为周人的附庸,与西戎为邻,在与西戎的冲突中发展壮大,因护送周平王东迁有功才获得诸侯的资格,是地地道道的后起之秀。春秋时成为霸主之一,战国时代经过商鞅变法,一跃成为七雄之首,并最终完成统一天下的大业,建立秦朝。遗憾的是,赫赫大秦帝国,不过十四年即灰飞烟灭。何以至此?在传统史学家眼里,秦人兴起于西垂,有戎狄之俗,所以在商鞅变法之后成为"虎狼之国",礼乐教化缺失,天性残暴,当然不能长久。而从思想史层面考察,秦基本上是思想沙漠。战国以前的秦人、秦地缺少礼乐文明无须赘言,进入战国以后,东方诸子争鸣,思想璀璨,而秦地则一片沉寂,直到商鞅入秦才把法家学说带到秦廷。但是,商鞅变法之后的秦国,国力是强大了,却依然没有"思想者"的存在空间。商鞅及其后学曾留下《商君书》,而从"思想"的属性来说,与其说《商君书》是思想史著作,不如说是法家的治国技术手册更贴切,其"思想性"远远不够,是实实在在的实用主义蓝本,是完全的"器"的集合,毫无六国思想家之"道"可言,而且不能算是秦国的土产。统一前夕,吕不韦集合门客,编纂《吕氏春秋》一书,以"王业"为旨归,集各家之精粹,是为杂家的代表,但是,这是六国学者的成果,而非秦国产物。因此,无论是从传统思想视野还是现在的思想史研究看,秦国和秦朝,都是"思想"的荒漠。

诚然,就一般意义上的思想成果而论,秦人也好,秦国也罢,确实乏善可陈。汉儒区分的"诸子十家"——儒墨道法、纵横名辩、阴阳农杂以及小说家,无一发生于秦。但是,若从历史实践的层面看问题,就"诸子十家"的践行来说,秦无疑排在各国的前列。在一定意义上,秦可以说是各家思想的实验场。秦立国即以天命自居;秦穆公以周人礼乐自我炫耀;商鞅变法以后,诸子之学在秦国的应用,都是其他各国所不可比拟的。当然,这里的"应用"是选择性的,是以富国强兵为前提的实用主义,是为了"霸业"而兼收并蓄。考察这一历史过程,是把握传统政治与思想关系的基础,是认识思想批评权势、权势控制思想、思想与权势由冲突到统一并最终附着于权势的历史前提。

本书以思想与政治关系为视角,讨论的是思想的政治实践问题,考察权力与思想相互选择的过程和结果,揭示权力扩张的同时,试图展示思想家价值观念变迁问题:既有权力的控制,也有主动的投附。内容从秦人立国,到秦王朝崩溃,同时将秦汉之际士人价值观问题一并叙述,因为秦朝的思想与政治的冲突是汉初士人价值观变迁的前提:西汉士人以秦为鉴,将战国时代势道两分、道高于势的价值追求改造为势道合一、道附于势的价值自觉,并以此说明秦朝政治的历史影响。

因本书属于专题研究性的著作,没有考虑完整的系统性,凡学界达成共识的,自己没有什么心得或者心得不多的,则从略。书中所论,一孔之见,不一定成立,但是研究视角,笔者以为还是有可取之处的。

臧知非

2020 年 6 月

# 目 录

总　序 …………………………………………………………… 1
思想与实践的统一：思想史研究方法论问题（代序）……… 1

## 上篇　天命与国运

第一章　"受命意识"与秦国发展 …………………………… 3
第二章　戎狄之俗与秦国历史之路 ………………………… 15
　第一节　"杂戎狄之俗"的历史分析 ……………………… 15
　第二节　历史发展的共性特征 …………………………… 19
　第三节　以夏变夷：秦人的自我意识 …………………… 22
　第四节　社会结构的跳跃式发展 ………………………… 25
第三章　阴阳五行与秦朝政治 ……………………………… 30
　第一节　阴阳五行与五德终始说 ………………………… 30
　第二节　水德与秦政 ……………………………………… 34
第四章　封禅与文化认同 …………………………………… 38
　第一节　封禅的发生 ……………………………………… 38
　第二节　封禅所体现的文化认同 ………………………… 40
　第三节　封禅与秦统一正义性的论证 …………………… 43

## 中篇　诸子与秦政

第五章　《墨子》、墨家与秦国政治 ………………………… 49
　第一节　墨子集团与秦政 ………………………………… 49
　第二节　墨家参与秦政的原因分析 ……………………… 56
　第三节　统一后墨学的政治影响 ………………………… 59

第六章　荀子眼中的秦国政治 …………………… 64
第七章　吕不韦、《吕氏春秋》与秦政 …………… 72
　　第一节　《吕氏春秋》的学术基础 ……………… 73
　　第二节　吕不韦养士的目的 ……………………… 75
　　第三节　吕不韦与秦始皇 ………………………… 79
　　第四节　吕不韦的学术地位 ……………………… 82
第八章　韩非、《韩非子》与秦政 ………………… 85
　　第一节　秦政非本于韩非 ………………………… 85
　　第二节　秦朝统治思想问题 ……………………… 93

## 下篇　统一与思想控制

第九章　秦简所见官德建设 ………………………… 99
　　第一节　云梦秦简的伦理思想 …………………… 99
　　第二节　岳麓秦简的官德思想 …………………… 107
第十章　儒生对"秦德"的认同 …………………… 113
　　第一节　刻石的思想史考察 ……………………… 114
　　第二节　"焚诗书，坑术士"的历史分析 ……… 117
第十一章　"书同文字"的政治思想史考察 ……… 123
　　第一节　"书同文字"不限于统一字体 ………… 123
　　第二节　"书同文字"与统一"文书" ………… 125
　　第三节　"十五篇"解 …………………………… 132
　　第四节　"史书"解 ……………………………… 137
　　第五节　"书同文字"的政治意义 ……………… 142
第十二章　"以法为教""什伍连坐"的思想史分析 ……
　　…………………………………………………… 145
　　第一节　"以法为教"非商鞅首创 ……………… 145
　　第二节　"什伍连坐"是战国通制 ……………… 149
第十三章　"匡饬异俗"的思想史考察 …………… 153
　　第一节　"匡饬异俗"的历史基础 ……………… 153
　　第二节　秦与六国风俗差异的比较分析 ………… 159

第三节　用法律手段"匡饬异俗"的功能分析 …… 161
第十四章　《会稽刻石》发微 ……………………… 168
　　第一节　《会稽刻石》的传统解读 ……………… 169
　　第二节　吴越风俗辨析 ……………………… 175
　　第三节　秦俗的伦理特征 …………………… 179
　　第四节　"夫为寄豭,杀之无罪"含义再探讨 …… 181
第十五章　"约法三章"的思想史索隐 ……………… 185
第十六章　秦汉之际儒生价值观的转变 …………… 192
　　第一节　先秦儒生行为的理想特色 …………… 192
　　第二节　儒生对秦统一"正义性"的论证 ……… 196
　　第三节　汉初儒生的"时变" ………………… 199

后　记 …………………………………………… 204

——上篇——
# 天命与国运

# 第一章 "受命意识"与秦国发展

贾谊在《过秦论》中曾谓:"秦孝公据崤函之固,拥雍州之地,君臣固守而窥周室,有席卷天下,包举宇内,囊括四海之意,并吞八荒之心。"①谓秦国"窥周室",兼并天下是到秦孝公时才定下的国策,这有其道理。但是,我们能否据此说秦国直到秦孝公时期才"窥周室"、才有"有席卷天下,包举宇内,囊括四海之意,并吞八荒之心"?答案是否定的。《史记·封禅书》关于秦国始立西畤时的记载向我们昭示着秦立国伊始就有非凡的志向,其文云:

> 秦襄公既侯,居西垂,自以为主少皞之神,作西畤,祠白帝,其牲用骝驹、黄牛、羝羊各一云。

按礼制,天子郊祀天地,诸侯祭祀封地内的名山大川。秦襄公刚刚取得诸侯资格,是没有资格祭祀天帝之一白帝的,但襄公是确确实实地如此做了。文公步其后尘,"其后十六年,秦文公东猎汧渭之间,卜居之而吉。文公梦黄蛇自天下属地,其口止于鄜衍。文公问史敦,敦曰:'此上帝之征,君其祠之。'于是作鄜畤,用三牲郊祭白帝焉"。行起了只有周天子才能使用的郊祭大礼,可见其自我定位。除了白帝之外,其他神明也是为其所用。"作鄜畤后九年,文公获若石云,于陈仓北阪城祠之。其神或岁不至,或岁数来,来也常以夜,光辉若流星,从东南来集于祠城,则若雄鸡,其声殷云,野鸡夜雊。以一牢祠,命曰陈宝。"②陈宝是地方神,"以一牢祠"之,表明了文公之借助神明力量的内心世界。所以司马迁《史记·六国年表序》评论说:

> 太史公读秦记,至戎狄败幽王,周东徙洛邑,秦襄公始封为诸侯,作西畤用事上帝,僭端见矣。《礼》曰:"天子祭天地,诸侯祭其域内名山

---

① 《史记》卷六《秦始皇本纪》,第278页。
② 《史记》卷二八《封禅书》,第1358—1359页。

大川。"今秦杂戎翟之俗,先暴戾,后仁义,位在藩臣而胪与郊祀,君子惧焉。

太史公认为襄公之立西畤祭白帝是"僭","僭"的原因是"秦杂戎翟之俗,先暴戾,后仁义"。从礼制角度看,秦襄公此举的确是"僭"的行为,"位在藩臣而胪与郊祀"是典型的以下僭上。但是,襄公此举是否如太史公所云是"秦杂戎翟之俗",不识西周礼法(或者是不愿受西周礼法约束)所致?答案是否定的。秦居西垂,客观上不可避免地有西戎之俗,但是内心向慕的是华夏文明。襄公出兵勤王,把平王护送到洛邑,其中原因是有向慕西周礼乐文明的因素的,故而受封为诸侯之后,立即"与诸侯通使聘享之礼"①,正说明了襄公对西周礼乐制度是有相当了解的,起码对礼乐制度的基本等级是知道的。因此之故,秦宣公有"作密畤于渭南,祭青帝"②,正是文公的继续。《史记·封禅书》记载:"秦缪公立,病卧五日不寤;寤,乃言梦见上帝。上帝命缪公平晋乱。史书而记藏之府。而后世皆曰秦缪公上天。"③秦穆公面见上帝,接受上帝之命平定晋国内乱。这里的秦穆公显然不是一般的诸侯霸主可比,而是应命之主。到秦灵公,"作吴阳上畤,祭黄帝;作下畤,祭炎帝。后四十八年,周太史儋见秦献公曰:'秦始与周合,合而离,五百岁当复合,合十七年而霸王出焉。'"④白帝是西方之帝,是西方的保护神,襄公始国立西畤祭白帝,只是表明代周而起,自己是西方之主。青帝是东方之神,宣公之祭祀青帝,表示了步周后尘,向东发展的志向。而黄帝、炎帝与白帝、青帝这些一方之"帝"不同,黄帝、炎帝是天下一统的象征,既是圣王,更是普天之帝,灵公祭祀黄帝、炎帝,表达的是统一天下的志向追求。而秦人的这种志向居然得到了周王室的认同,周太史儋居然对秦献公说出了"秦始与周合,合而离,五百岁当复合,合十七年而霸王出焉"这样的话。太史是观察天象、预测未来的最高官员,是人神之间的联络人,司马迁说的"究天人之际"是太史的职责。周太史儋对秦献公说这番话代表的是周室的正式表态,承认了秦取代周是天命使然。只是文献缺略,秦人自己对天命如何认识,还缺少具体的内容,而出土文字给我们

---

① 《史记》卷五《秦本纪》,第 179 页。
② 《汉书》卷二五上《郊祀志上》,中华书局,1962 年(下同),第 1196 页。
③ 《史记》卷二八《封禅书》,第 1360 页。
④ 《史记》卷二八《封禅书》,第 1364—1365 页。

提供了明确的认知可能。

1978年在宝鸡县杨家沟公社太公庙大队出土了八件窖藏春秋秦国青铜器，计有钟五件，镈三件。五件铜钟均有铭文，按其内容，可分为两组，甲乙两种为一组，丙、丁、戊三种为另一组，两组铭文完全相同，仅行款稍异。现将铭文转录如下：

秦公曰：我先祖受天命，赏宅受或（国）。剌剌（烈）卲文公、静公、宪公不家（坠）于上，卲合皇天，以虩事蛮方。公及王姬曰：余小子，余夙夕虔敬朕祀，以受多福，克明又心。虁龢胤士，咸畜左右。蠢蠢允义，冀受德明。以康奠协朕或（国），盗（肇）百蠻（蛮），具即其服，乍氒龢钟，㥄音鉠鉠雖雖，以匽皇公，以受大福，屯鲁多釐，大寿万年。秦公其眔龕才（在）立（位），雁（膺）受大命，眉寿无疆，匍有四方，其康宝①。

这八件铜器大约是秦武公所作，以纪念襄公立国以来的丰功伟绩。铭文大意是说：我先祖襄公受天命，为侯建国，威武神勇的文公、静公、宪公（即《史记·秦本纪》的秦宁公，今按铭文作宪公，《秦本纪》误）遵照皇天之意，谨慎地役使蛮夷诸邦，深得天意而考配于皇天之侧。我作为后辈，每时每刻都虔诚地祭祀上天以表明心迹，希望得到更多的福佑。朝廷上下，卿僚和谐团结，专心致志，治理国事，周边蛮夷之邦也都能尽心事秦。故作宝钟，用优美的钟声向皇天表示谢意，希望得到更多的福祺。我身为国君，谨承天命，祈求长寿，开拓国土。对铭文的字句及其反映的史实，学者们都做了深入的研究，重点是对文字的考释和探讨天命无常、惟德是与的道理，充分肯定了其史学价值②。"殷鉴不远，在夏后之世"，商纣王不了解夏代失天命而亡，步夏桀后尘，结果自己灭亡了。《诗经·大雅·文王》表达得更为明白："文王在上，于昭于天。周虽旧邦，其命维新。有周丕显，帝命不时，文王陟降。在帝左右。……""周虽旧邦，其命维新"，是说周虽是个原来臣服于商的小邦，但所受的天命则是新的，表明受命而治天下的道理；商人子孙虽然众多，但只能服从天命，臣服于周——"上帝既命，侯于周服"。《尚

---

① 卢连成、杨满仓：《陕西宝鸡太公庙村发现秦公钟、秦公镈》，《文物》1978年第11期。铭文标点和文字隶定，参考林剑鸣：《秦史稿》，上海人民出版社，1981年，第52—53页；李零：《春秋秦器试探》，《考古》1979年第6期。

② 林剑鸣：《秦史稿》，上海人民出版社，1981年，第52—53页；李零：《春秋秦器试探》，《考古》1979年第6期。

书·周诰》十二篇,更是反复说明周初受天命的事实。据不完全统计,《周诰》十二篇提到"命"字的有 104 处,其中 73 处指的是天命或上帝之命,殷革夏命、周革殷命则是讲天命时的常见语汇。因为"天命靡常",惟德是与,故周人极力提倡德治,《尚书·周诰》中"德"字的使用频率和"命"字相近,宣传德治成为西周政治思想和伦理思想的突出特点①。

尽管周人极力鼓吹受命于天,却也明白"天命靡常"的道理而谆谆告诫后继君主要敬天保民、以德治国,但随着时间的推移,西周的"共主"地位还是不可避免地走向衰落。在昭王时代,楚国已对王室无礼而有反叛之举,最后是"昭王南征而不复"。周宣王虽然极力振兴国势,并一再表明周室是受命于天,但"中兴"只是昙花一现,至幽王时,终于被犬戎所败,幽王也死于犬戎之手,平王不得不放弃其祖先龙兴之地而移都成周。这一历史巨变,极大地撼动了人们头脑中的天命观念,早在周厉王时期,下层民众已经对统治者所宣扬的天命产生了怀疑,平王东迁之后,这种怀疑自然加剧,杰出的思想家"重人事轻天命"自不待言,就是各国执政者在天命和人事方面,对"人事"的重视也远重于天命,并对天命进行重新认识。子产就曾明确表示:"天道远,人道迩,非所及也,何以知之?"②申繻则云:"妖由人兴也。人无衅焉,妖不自作。人弃常,则妖兴,故有妖。"③但是,西周时代的社会发展是不平衡的,各个诸侯邦国发展程度不一,有着鲜明的区域传统和部族特色,在意识形态方面自然也参差不齐。对发展程度比较先进的诸侯来说,天命统治早已动摇,但对那些文化相对落后的诸侯来说则未必。秦就是后者典型的代表。

前已指出,秦人是和夏人、殷人、周人同样古老的部族,在殷商时期曾"显为诸侯",曾和商纣王一起抵抗周武王。商朝灭亡,秦人沦为周人臣族;后因为事周勤谨,到非子时期被周孝王封为附庸;而后则始终和周人站在一起,是周人镇抚、对付西戎的主力;到犬戎杀周幽王之后,秦人仍坚定地站在周室一边,护送平王

---

① 参见侯外庐:《中国思想通史》第一卷,人民出版社,1957 年,第 76 页、第 87—99 页;陈梦家:《殷墟卜辞综述》,科学出版社,1956 年,第 562—570 页;郭沫若:《先秦天道观之进展》,《郭沫若全集·历史编一》,人民出版社,1982 年,第 317—376 页。

② 《左传》昭公十八年,阮元校刻:《十三经注疏》,中华书局,1980 年影印版(下同),第 2085 页。

③ 《左传》庄公十四年,第 1771 页。

东迁,最终被列为诸侯。从文化价值取向上看,秦人向慕和吸取的是商周文化,特别是西周的宗教观念、礼法制度,对周人的天命观念自然是全盘接受。武王伐纣时期,蜚廉和恶来父子二人"俱以材力事殷纣。周武王之伐纣,并杀恶来。是时蜚廉为纣石北方,还,无所报,为坛霍太山而报,得石棺,铭曰:'帝令处父(蜚廉字)不与殷乱,赐尔石棺以华氏。'死,遂葬于霍太山"①。这则故事自然是传说大于史实,但从中透露出两点历史信息:一是在商周鼎革之时,秦人曾站在纣王一边和周死战,而后才降附周室,所谓"帝令处父不与殷乱"云云不过是编造的借口而已;二是秦人运用天命作为行为的理论依据。这段铭文是蜚廉后代编造的说词,以粉饰其先祖降附周人的行为,也作为蜚廉子孙们勤谨事周的依据,这对后来秦人事周是有深刻影响的。周厉王时,诸侯不臣之心昭显,"西戎反王室",国人也对厉王怨愤有加的时候,秦仲却为周王室战死西戎,继立的秦庄公则因伐戎有功而被封为西垂大夫,至襄公终于位列诸侯。

尽管周平王开给秦襄公的是一张空头支票,只有诸侯之名,无诸侯之实,所赐之岐以西之地均在戎人占领之下,必须征服西戎才能有其地,但这对秦襄公来说不仅是一个政治上的飞跃,即从此以后秦可以"与诸侯通使聘享之礼"②,在身份地位上和东方诸侯可以平起平坐了,更重要的是此举使秦襄公想起了周人兴起和代商的过程,使秦襄公坚信"天命"从周转移到秦,就像当年从商转移到周一样。因为历史是如此的相似。周人兴起于西方,原来也臣属于商,自古公亶父开始,周人君长大都能"积德行义",得到附近方国部族的拥护,到周文王时终于被商纣王立为西方方国之长,即"西伯"。因纣王无道,导致天怒人怨,最终上帝弃商佑周。秦人历史与此不是很相似吗?秦人以一个被征服的部族,世居西垂,尽心王事,先后获赐邑(周孝王为非子"分土为附庸。邑之秦,使复续嬴氏祀,号曰秦嬴"。周宣王命庄公为西垂大夫)③,这和周人早期历史相若。而周室之衰是早有预兆的,在幽王即位之初,已经灾异不断,"三川皆震""周将亡矣"④的呼声弥漫了王室上下,幽王不知自省,一味地倒行逆施,很像商纣王的作为,最终为

---

① 《史记》卷五《秦本纪》,第174—175页。
② 《史记》卷五《秦本纪》,第179页。
③ 《史记》卷五《秦本纪》,第177页。
④ 《史记》卷四《周本纪》,第145页。

天所弃,死于非命。秦在此时因助平王东迁有功而位列诸侯,获得了岐以西之地的赏赐,不正是天命所归吗?所以秦文公在继承襄公未竟之业的同时,也接过了天命信仰,《史记·封禅书》云秦襄公作西畤十六年之后,即秦文公即位的第四年,"秦文公东猎汧渭之间,卜居之而吉。文公梦黄蛇自天下属地,其口止于鄜衍。文公问史敦,敦曰:'此上帝之征,君其祀之。'于是作鄜畤,用三牲郊祭白帝焉"。如果说襄公祭白帝还有些一厢情愿的话,那么文公则是梦见了"上帝之征"而作鄜畤的,对上帝的信念则更加坚定了。秦公钟铭所追叙的正是这一段历史。铭文云:"我先祖受天命,赏宅受或(国)。"这里的"先祖"有两解:一是指襄公,"赏宅受或(国)",是指襄公受封为诸侯,获得了岐以西之地。一是指非子和襄公的统称,将"赏宅"和"受或(国)"分解为二事,"赏宅"是指非子为周附庸、赐邑于秦;"受国"则指襄公为诸侯而言。无论作何解释,均是天命使然。如果按第二解,则秦人的天命观念更为悠久,早在非子之时,上帝已垂青于秦了。由于襄公受封为诸侯之后并没能完成建国的事业,秦国的真正建立是在文公时代完成的。

　　文公在位五十年,尽逐西戎,扩地至岐,收周余民,立史记事,"民多化者",又颁布法律,"法初有三族之罪"①。文治武功,远非其先君可比,故钟铭云:"剌剌(烈)邵文公、静公、宪公不豕(坠)于上。"即威武杰出的文公、静公和宪公有灵在天,一直受到天帝的礼遇。值得注意的是,秦的天帝观念似乎和殷人有相似之处。前面已说过,殷人的天帝不具备普遍性,只是殷人的守护神,殷人的先祖"宾于帝",与天帝为客,得到天帝佑护,秦人的祖灵"不豕(坠)于上"和"宾于帝"颇有些相像,襄公祠白帝正是以白帝为秦的守护神。这正是存在决定意识使然,秦人本有殷文化影响的遗传,又世居西方,要夺取的是被戎人占领的周人早期故地,自然把西方的白帝作为自己的守护神,在秦人的观念里是不存在部族神与普通神的区别的。

　　周初,"封建亲戚,以藩屏周"②,分封的本质是武装殖民,实现王室对东方诸侯国部族的有效控制,以保证周王这个共主地位。受封诸侯大都经历了一个征服、控制土著居民的过程,其国家在初封之时实在是小得可怜,是在征服、扩

---

① 《史记》卷五《秦本纪》,第179页。
② 《左传》僖公二十四年,第1817页。

张、控制的过程中发展壮大起来的。如周公受封于鲁,伯禽代父至国,"三年而后报政周公。周公曰:何迟也?伯禽曰:'变其俗,革其礼,丧三年然后除之,故迟。'"①这"变其俗,革其礼"的背后是复杂的军事上的征服与反征服,历时三年才站稳了脚跟,但周边居民大多依然在奄的控制之下,直到周公东征,打败了徐戎、淮夷,迁淮夷,奄国之君于薄姑,伯禽才占有曲阜,使鲁有了巩固的统治中心。在其后的历史发展中,鲁与周边各方国部族的斗争依然不断。又如齐国,姜尚初受封之时,不过营丘一邑,太公"东就国,道宿行迟。逆旅之人曰:'吾闻时难得而易失。客寝甚安,殆非就国者也。'太公闻之,夜衣而行,黎明至国。莱侯来伐,与之争营丘。营丘边莱。莱人,夷也,会纣之乱而周初定,未能集远方,是以与太公争国。"②如果不是太公醒悟得快,这营丘恐非太公所有。正因为太公的立国环境复杂严峻,太公才采用灵活变通的方式,在最短的时间内取得最多的人的支持,尽量地少用强制手段去改变周边原居民的文化传统和利益结构,"因其俗,简其礼,通工商之业,便鱼盐之利,而人民多归齐,齐为大国"。周公东征之后,齐又取得了"东至海,西至河,南至穆陵,北至无棣,五侯九伯,实得征之"③的权力,逐步壮大为东方大国。若从形式上看,秦之建国历程和周初建立的这些诸侯国是十分近似的。但仔细分析,二者差异是相当大的,这就是周初受封诸侯有周王室做后盾,那些夏商旧国少数部族是无力与周抗衡的。所以周初分封时的授民、授疆土虽是一种仪式,但这种仪式是具有其实力基础的。而秦人受封立国则实实在在是一张空头支票,周天子已经失去了任何的威慑力,秦人只有完全依靠自己与早已强大起来并击溃、逼走周天子的西戎诸部争夺地盘,因而其建国历程之艰苦远非周初任何一个诸侯国可比。但秦最终取得了成功,究其内在动因,与其"受天命"的信念是有不可分割的联系的。坚信天命归秦,坚信能代周占有周人故地的信念,强化了秦人的坚忍意志和奋斗精神。

因为长期居于西垂,立国甚晚,和戎人杂处,秦人社会发展落后于东方各国,尽管周天子已授予秦君诸侯爵位并可以与诸侯通使往来,行礼如仪,但在东方诸侯的心目中,秦人依然是个未开化的"夷狄"而受鄙视。《春秋》僖公三十三年记

---

① 《史记》卷三三《鲁周公世家》,第1524页。
② 《史记》卷三二《齐太公世家》,第1480页。
③ 《史记》卷三二《齐太公世家》,第1480—1481页。

秦晋崤之战,云:"晋人及姜戎败秦师崤。"《公羊传》说:"其谓之秦何?夷狄之也。"《穀梁传》云:"不言战而言败,何也?狄秦也。"谓孔子视秦为狄,故称"败秦与崤"。《春秋》昭公五年云"秦伯卒",即秦景公卒。《公羊传》云:"何以不名?秦者夷也,匿嫡之名也。其名何?嫡得之也。"没有写出秦伯之名是因为秦人没有实行嫡长子继承制,不合宗法制的原则,是夷狄之俗使然。孔子用"败秦",不书秦伯之名,自有客观原因,未必有视秦为夷狄的想法,统观《春秋》一书辞例,类似笔法记述东方各国事者多有,均不存在"夷狄"视之的问题。公羊氏、穀梁氏独独据此谓孔子以夷狄视秦,自然是其个人的臆度。但是,这反映了战国时期东方诸国对秦的看法。

秦孝公继位,"秦僻在雍州,不与中国诸侯之会盟,夷翟遇之"。孝公以为这是前几任国君治国无方、秦势衰落导致"诸侯卑秦"使然,固然有其道理。但是,从上举《公羊传》《穀梁传》诸语来看,在战国初期的东方诸侯眼里,秦人一直是"异类",是夷狄,即使是在国势强盛的秦穆公时期也是如此。《淮南子·要略》说:"秦国之俗,贪狼强力,寡义而趋利。可威以刑,而不可化以善;可劝以赏,而不可厉以名;被险而带河,四塞以为固,地利形便,蓄积殷富。孝公欲以虎狼之势,而吞诸侯,故商鞅之法生焉。"商鞅之法并非产生于秦国,"贪狼强力"云云自非商鞅之法产生的土壤,商鞅之法只是在秦获得了成功而已,但这反映了后世学者对秦国文化特质的看法。孝公以后,秦一跃成为七雄之首而东向蚕食,席卷天下之心昭然若揭,东方各国更进一步认为秦为虎狼之国。信陵君谓"秦与戎翟同俗,有虎狼之心,贪戾好利无信,不识礼义德行。苟有利焉,不顾亲戚兄弟,若禽兽耳"①。

如果说在商鞅变法之前,秦有戎狄之俗的话还有些史影;说商鞅变法之后秦有"虎狼之心"云云是秦杂戎狄之俗使然,只能是东方学者的政治偏见。这不是"戎翟之俗"使然,而是法家政治的结果。但是,在古人眼里,落后贪婪与戎狄总是连在一起的。秦弱是戎狄落后的体现,秦强则是戎狄贪婪使然。鲁仲连说:"彼秦者,弃礼义而上首功之国也。"②贾谊说:"故秦人家富子壮则出分,家贫子壮则出赘。借父耰鉏,虑有德色;母取箕帚,立而谇语。抱哺其子,与公并倨;妇

---

① 《史记》卷四四《魏世家》,第1857页。
② 《史记》卷八三《鲁仲连邹阳列传》,第2461页。

姑不相说,则反唇而相稽。其慈子耆利,不同禽兽者亡几耳。"①在当时人看来,缺少礼法,自然是"戎狄之俗"了。其实,战国时代,人欲横流,本不存在什么儒家所提倡的仁义德治的社会现实,贾谊所说,并非秦国独有的现象。至于鲁仲连所说的"尚首功"倒是秦政的一大特色,但各国也实行过,奖励军功,是当时通制,只是不如秦国彻底而已。司马迁一语道破了战国时东方各国批评秦国暴戾的原因,云:"今秦杂戎翟之俗,先暴戾,后仁义,位在藩臣而胪于郊祀,君子惧焉。""秦始小国僻远,诸夏宾之,比于戎翟,至献公之后常雄诸侯。论秦之德义不如鲁卫之暴戾者,量秦之兵不如三晋之强也,然卒并天下,非必险固便形势利也,盖若天所助焉。"②太史公指出,秦军事上的强盛和胜利导致了"虎狼"之国的评价,但谓秦襄公时郊祀天帝的原因是"杂戎翟之俗,先暴戾,后仁义",则不合史实。从上所举史实看,秦之郊祀天帝恰恰是继承周制而来,是秦人自以为"受天命"的结果。稽诸上举秦公钟铭文,我们不难发现,在秦人的主观世界里一直是以华夏自居的,虽然和西戎杂处,但一直以夷夏有别自视,所谓"邵合皇天,以虩事蛮(蛮)方","鎣(肇)百蛮(蛮),具即其服",就是在向上帝陈述秦历代君主的军政功绩,对内合同文武,君臣同心,对外镇抚百蛮。这儿的"蛮方"指秦周边主要是西戎诸部,秦是这些"蛮方"的共主,就和当年周是天下共主一样。秦穆公在东向争霸受阻于晋之后,向西"益国十二,开地千里,遂霸西戎"③。所谓十二个国家本来是秦的与国,穆公正式地把他们兼并到秦的版图之内。

云梦秦简《法律答问》有云:

"臣邦人不安其主长而欲去夏者,勿许。"可(何)谓"夏"?欲去秦属是谓"夏"。

"真臣邦君公有罪,致耐罪以上,令赎。"可(何)谓"真"?臣邦父母产子及产它邦而是谓"真"。可(何)谓"夏子"?臣邦父、秦母谓殹(也)④。

"夏"即华夏之省,"去夏"就是离开华夏,离开秦境(即"秦属","秦属"即秦

---

① 《汉书》卷四八《贾谊传》,第 2244 页。
② 《史记》卷一五《六国年表》,第 685 页。
③ 《史记》卷五《秦本纪》,第 194 页。
④ 睡虎地秦墓竹简整理小组:《睡虎地秦墓竹简》,文物出版社,1978 年(下同),第 226—227 页。

属境)就是"去夏",是违法行为,即使是"不安其主长"的"臣邦人"也不准离开秦境。"臣邦"即臣服于秦的少数民族,这些少数民族在臣属于秦之后,还有其"主长",要为主长尽义务。"臣邦"的后代和秦人有别,叫作"真"。当父亲是臣属于秦的少数民族,母亲是秦人时,就可以称为"夏子"。这是商鞅变法以后的秦律,其内容是否有承自变法以前者不得而知,但是秦人以华夏自居的观念决非商鞅变法后产生的,而是古已有之。

正因为秦以继承西周受命于天自居,西周的礼乐文明自然成为其效法的对象。如果说在建国之前,秦对礼乐文明限于吸取条件有限的话,那么建国之后自然是以礼乐文明为法度,尽管不可避免地要保留旧传统,但在主观上则处处以诗书礼乐为准绳。《史记·秦本纪》记载的一则故事颇能说明这一点,其文云:

> 戎王使由余于秦……秦穆公示以宫室、积聚。由余曰:"使鬼为之,则劳神矣。使人为之,亦苦民矣。"穆公怪之,问曰:"中国以诗书礼乐法度为政,然尚时乱,今戎夷无此,何以为治,不亦难乎?"由余笑曰:"此乃中国所以乱也。夫自上圣黄帝作为礼乐法度,身以先之,仅小治。及其后世,日以骄淫。阻法度之威,以责督于下,下罢极则以仁义怨望上,上下交争怨而相篡弑,至于灭宗,皆以此类也。夫戎夷不然。上含淳德以遇其下,下怀忠信以事上,一国之政犹一身之治,不知所以治,此真圣人之治也。"

这段对话,由余对礼乐法度的评判是否正确,不去评论,所云戎夷之治自然是夸饰之词,值得我们注意的是这段对话的背景和穆公所说的"中国以诗书礼乐法度为政"。这儿的"中国"当然是指秦而言;让由余参观的宫室之盛、积聚之丰自然也是按"诗书礼乐法度"兴建和储藏的,发掘的秦宫遗址的布局很多符合礼制的规定,秦墓葬制度也沿袭殷周,已说明了这一点。只是秦宫建筑不是按侯的规格而是按王的规格修建的,如凤翔秦都雍城发现的三号宫殿建筑群遗址,位于宗庙建筑遗址的西侧,由南向北依次分为五个院落,有门相通,门前有墙为屏,正是周礼所说的天子宫室"五门""三朝"的实物体现[①]。以诸侯身份使用天子礼制当然源于"受命"观念,而非一般意义上的"僭越"。穆公所说的"诗书礼乐法度

---

① 袁仲一:《从考古资料看秦文化的发展和主要成就》,秦始皇兵马俑博物馆《秦文化论丛》编委会:《秦文化论丛》第 1 辑,西北大学出版社,1993 年,第 28—49 页。

为政"也非穆公一朝的事,而是其先君们一以贯之的方针,穆公去世之后亦然。

战国之后,秦郊祀天地之礼并没有稍废,依然采用着周人的礼乐制度。相传在陕西华山下乡村曾出土过两件秦玉牍,上有铭文,总计 300 字,其中 19 字缺失。其内容是秦君䭾身患病,祭祀祈求华山神保佑其康复的祷词。其铭文共有四段,第一段为䭾自述病情严重;第二段、第三段说明可能获罪于神而遭惩罚的原因,表明自己无辜;最后陈述祭祀之盛,若病体康复,将令全国上下以此为常,年年祭祀。铭文有云:

> 周世既(没),典瀺(法)蘚(散)亡。惴惴小子,欲事天地、四亟(极)、三光,山川神示(祇),五祀先祖,而不得殍(厥)方①。

这是向华山神陈述祭天不周的客观原因,即把"不得殍(厥)方"的原因归结于"周世既没,典法散亡"。这里值得注意的有两点:一是秦是采用周世典法的,只是周世典法散亡严重,所采可能有不合制度之处;二是䭾本人是"事天地、四亟(极)、三光、山川神示(祇)"的,这当然是承传统而来,"欲事天地"之"事"即祭祀,亦即周礼的郊祭。据研究,玉牍是秦惠文王之物,䭾即惠文王(《史记·秦本纪》作"驷",系"䭾"之误),铭文是惠文王的祷词。看来,尽管商鞅变法力排《诗》《书》《礼》《乐》,把儒生及游学之士视为"六虱"之一,但这并没有影响秦的天命观念,也没有影响西周礼仪的存在。司马迁作《秦本纪》,记述秦国历史,刘知幾深以为病,认为秦"爵乃诸侯,而名隶本纪"有违体例,"诸侯而称本纪,求名责实,再三乖谬"②。今人则认为司马迁之列秦为本纪,是因为受《吕氏春秋》十二纪的影响,为了凑足"十二"这个数字。因为"十二"在当时是天之大数,"十二"之数取法于天,先有"十二"这个数字标准,而后凑足十二本纪③。然而,上举司马迁在《六国年表序》中曾说"秦始小国僻远,诸夏宾之,比于戎翟,至献公以后常雄诸侯。论秦之德义不如鲁卫之暴戾者,量秦之兵不如三晋之强也,然卒并天下,非必险固便形势利也,盖若天所助焉"。若将这一段话和秦自立国以来即以受天命自居、欲继周以有天下联系起来分析,似乎对司马迁列秦为本纪的原因

---

① 李学勤:《秦玉牍索隐》,《故宫博物院院刊》2000 年第 2 期。文中古字隶定为今体者,均写作今体字。

② 浦起龙释:《史通通释·本纪》,上海古籍出版社,1978 年,第 37 页。

③ 张政烺:《"十又二公"及其相关问题》,《纪念顾颉刚学术论文集》,巴蜀书社,1990年,第 181—200 页。

还可以有另一层的解释,即在司马迁看来,周室衰亡,天命弃周;秦虽为诸侯,但立国伊始就行天子礼,先后立西畤、鄜畤、密畤、上畤、下畤,将白帝、青帝、黄帝、炎帝都纳入了供奉的系列,国家由小到大,由弱到强,最后统一天下,冥冥之中,自有天帝相助。从天命转移的角度来看,周衰秦兴正是其体现,应列秦为本纪。秦始皇统一天下之后,接受终始五德之说,以为"昔秦文公出猎,获黑龙,此其水德之瑞"①,从而以水德自居,是有其历史基因的,是秦历代先君"天命"意识的发展,而非全部出于秦始皇个人的好大喜功。

---

① 《史记》卷二八《封禅书》,第1366页。

# 第二章　戎狄之俗与秦国历史之路

在先秦文化中,秦文化特征鲜明:重功利,非道德,讲实用,轻理论,是法家的功利主义文化。其原因是秦立国于戎狄之地,与戎人杂处,带有戎狄文化的特质,缺乏西周宗法制度的传统,适宜法家理论生根结果,这是由秦国特殊的历史道路所决定的。这是学界的普遍看法,确有其道理。因为秦人起码从其先祖中潏开始就"在西戎,保西垂",直到正式建国,一直居于西垂之地,其经济结构、生活方式、社会风俗自然受到"西垂"戎人影响。但是,若仔细分析,又不尽然:这只是以他者的眼光做出的静态的定性描述,没有从秦人自己文化自觉的层面分析秦人的文化取向;还缺乏动态的因果分析,没有把秦国的社会结构和东方各国进行比较,尚不能准确揭示秦文化的历史之路。

## 第一节　"杂戎狄之俗"的历史分析

秦杂戎狄之俗,是战国儒家学者的观念。《春秋》僖公三十三年:

> 夏四月辛巳,晋人及姜戎败秦师于殽。

《公羊传》云:

> 其谓之秦何?夷狄之也。曷为夷狄之?秦伯将袭郑,百里子与蹇叔子谏曰:千里而袭人,未有不亡者也。秦伯怒曰……

《穀梁传》云:

> 不言战而言败,何也?狄秦也。其狄之何也?秦越千里之险,入虚国,进不能守,退败其师,徒乱人子女之教,无男女之别,秦之为狄,自殽之战始也。

按:"晋人及姜戎败秦师于殽"即著名的秦晋殽之战,战役的起因、经过、结果在《左传》中有详细的记述。《公羊传》则认为经文之所以称"秦",是因为在孔子看来,秦之袭郑非华夏人的作为,而是夷狄才有的行动,因为违背了"千里而袭人,未有不亡者也"的用兵之道,所以失败。《穀梁传》采纳公羊之说,并进一步发挥说"徒乱人子女之教,无男女之别"。按《春秋》经文,不言"战"而言"败"者并非孤例,宋襄公就曾因为拒绝子鱼劝谏而导致泓之战的失败,使宋国一蹶不振,并没有以夷狄解之。《春秋》昭公五年记"秦伯卒"。《公羊传》云:"何以不名?秦者夷也,匿嫡之名也。其名何?嫡得之也。"何休注:"嫡生子,不以名,令于四竟,择勇猛者而立之。"按《春秋》,诸侯去世,均载其名,偶有不载,当是史官缺载。《春秋》文公十八年云"秦伯罃卒",即书其名。有的书名,有的不书名,就是资料缺略所致,和是不是夷狄没有关系。秦之先是颛顼之后,和周人同源,如果谓秦人为夷狄,则何以视周?何休看到了这一矛盾,谓不是以嫡长子继位而是择勇猛者立之,不合君位传承之道,强为之说,显然是穿凿之词。春秋诸侯之所为,违背礼法者不知凡几,但并没有以此视之为夷狄之举。但穿凿归穿凿,公羊、穀梁的解释起码说明了在六国部分士人心目中秦人是带有夷狄特征的。

秦孝公继位之初,秦国弱势微:

  河山以东强国六,与齐威、楚宣、魏惠、燕悼、韩哀、赵成侯并。淮泗之间,小国十余。楚、魏与秦接界。魏筑长城,自郑滨洛以北,有上郡。楚自汉中,南有巴、黔中。周室微,诸侯力政,争相并。秦僻在雍州,不与中国诸侯之会盟,夷翟遇之①。

秦孝公于公元前 361 年继位,其时魏、楚、齐、赵等国都先后经历程度不同的社会改革,国力强大,而秦国僻处西北,连参与诸侯盟会的资格都没有,在东方各国心目中,秦国不过是个"夷翟"而已。这个"夷翟"有两层含义:一是国力弱小,二是文化落后。所以孝公发愤图强,下诏求贤:

  孝公于是布惠,振孤寡,招战士,明功赏。下令国中曰:"昔我缪公自岐雍之间,修德行武,东平晋乱,以河为界,西霸戎翟,广地千里,天子致伯,诸侯毕贺,为后世开业,甚光美。会往者厉、躁、简公、出子之不宁,国家内忧,未遑外事,三晋攻夺我先君河西地,诸侯卑秦,丑莫大焉。献公即位,镇抚边境,徙治栎阳,且欲东伐,复缪公之故地,修缪公之政

---

① 《史记》卷五《秦本纪》,第 202 页。

令。寡人思念先君之意，常痛于心。宾客群臣有能出奇计强秦者，吾且尊官，与之分土。"于是乃出兵东围陕城，西斩戎之獂王①。

孝公求贤的目的是改变"诸侯卑秦"的局面，振兴国势，"复缪公之故地，修缪公之政令"，才有商鞅入秦而带来的社会大变革。笔者要说明的是，从"诸侯卑秦，夷翟遇之"来看，公羊、穀梁对经文的解释又有一定的社会基础。

商鞅变法之后，秦不再是夷狄，而是虎狼之国。《战国策·西周策》②"秦令樗里疾以车百乘入周"章游腾对楚王云：

> 今秦者，虎狼之国也，兼有吞周之意。

《战国策·楚策一》载苏秦说楚威王云：

> 夫秦，虎狼之国也，有吞天下之心。秦，天下之仇雠也，横人皆欲割诸侯之地以事秦，此所谓养仇而奉雠者也。夫为人臣而割其主之地，以外交强虎狼之秦，以侵天下，卒有秦患，不顾其祸。

楚王认同苏秦的分析，回答说：

> 秦有举巴、蜀并汉中之心。秦，虎狼之国，不可亲也。

《战国策·魏策一》"苏子为赵合从说魏王"章苏子说魏惠王曰：

> 然横人谋王，外交强虎狼之秦，以侵天下，卒有国患，不被其祸。

《战国策·魏策三》"魏将与秦攻韩"章魏将与秦攻韩，朱己谓魏王曰：

> 秦与戎、翟同俗，有虎狼之心，贪戾好利而无信，不识礼义德行，苟有利焉，不顾亲戚兄弟，若禽兽耳。此天下之所同知也，非所施厚积德也。

《战国策·赵策三》"秦攻赵于长平"章虞卿对赵王说：

> 秦虎狼之国也，无礼义之心。其求无已，而王之地有尽。

《史记·魏世家》信陵君云：

> 秦与戎翟同俗，有虎狼之心，贪戾好利无信，不识礼义德行，苟有利焉，不顾亲戚兄弟，若禽兽耳。

《史记·楚世家》载昭雎劝楚怀王不要去秦国时说：

> 王毋行，而发兵自守耳。秦虎狼，不可信，有并诸侯之心。

---

① 《史记》卷五《秦本纪》，第202页。
② 本书引用的《战国策》为上海古籍出版社1985年版。

《史记·屈原贾生列传》秦昭王与楚婚,欲与怀王会。怀王欲行,屈平曰:

> 秦虎狼之国,不可信,不如毋行。

《史记·六国年表》司马迁概括说:

> 今秦杂戎翟之俗,先暴戾,后仁义……秦始小国僻远,诸夏宾之,比于戎翟,至献公之后常雄诸侯。论秦之德义不如鲁卫之暴戾者,量秦之兵不如三晋之强也,然卒并天下,非必险固便形势利也,盖若天所助焉。

这些资料为治史者耳熟能详,文字明白,对秦国的评价,一是贪婪,二是不讲信义,这无须解读。这里要探讨的是为什么都集中在对秦国的评价上。

稽诸史籍,"虎""狼"二字屡见,形容的多是人的品行。《左传》文公十三年,晋人设计引诱士会入晋为使,秦人不察,派遣士会前往。士会说"晋人,虎狼也,若背其言,臣死,妻子为戮,无益于君,不可悔也"。哀公六年,齐国陈乞伪事国氏、高氏而暗中图之,每次上朝都陪护国氏、高氏左右,为了使国氏、高氏信任自己,挑拨国氏、高氏和朝中大臣关系,到朝堂上,对国、高二氏说"彼虎狼也,见我在子之侧,杀我无日矣,请就之位"。这里的"虎狼"指的是人的品性暴虐不讲信义。宣公四年,楚司马生子越椒,子文说:"必杀之。是子也,熊虎之状,而豺狼之声。弗杀,必灭若敖氏矣。谚曰:'狼子野心。'是乃狼也,其可畜乎?"昭公二十八年,晋国叔向之子伯石出生时,叔向母亲去看这个孙子,"及堂,闻其声而还。曰:是豺狼之声也。狼子野心,非是,莫丧羊舌氏矣"。这里的熊虎、豺狼,都是指人的相貌凶恶、声音非人、品行贪残。把虎狼和夷狄联系在一起的典籍记载如《左传》闵公元年,狄人伐邢,管仲对齐侯说:"戎狄豺狼,不可厌也;诸夏亲昵,不可弃也。"《国语·周语中》富辰对周襄王说:"王不忍小忿而弃郑,又登叔隗以阶狄。狄,封豕豺狼也,不可厌也。"这里的豺狼指的是戎狄,指戎狄贪得无厌。

比较上文,我们不难理解,六国称秦为"虎狼之国"实际上囊括了春秋时代"虎""狼"的所有含义,既有文化上的落后,也有贪婪无信的内容。这确实有其历史依据。秦人作为周人的附庸世居西垂,和戎人杂处,直到平王东迁秦襄公才获得诸侯的资格,正式受封。但这个封爵仅是一张空头支票,没有多少实际内容,除了秦人原来的采邑之外,所封之地,大都在西戎控制之下,秦襄公要想建国,必须自己去夺取。秦国就是在与戎人的征战中建立起来的。

众所周知,秦受封诸侯之后,其民由三大部分构成:一是秦本族人,二是周之余民,三是被征服的西戎诸部。秦人既然长期与戎杂处,所治又有戎人,染有戎人之俗是理所当然的。秦穆公时,又向西益国十二,开地千里,所治戎人进一步增加,并且在施政上采纳由余的建议,吸收西戎政教为己所用,戎人文化风俗比重又有所增加。故而后来东方诸国以夷狄视秦确有其道理,秦人确实保留着西戎的文化元素。

但是,我们如果从历史的角度稍加分析就不难发现,对秦的"戎狄""虎狼"之称无一例外的都是战国时代的评价,在春秋时代,人们并没有因为秦国的戎狄之俗而贬斥之,相反交往盟会,均以大国视之,秦穆公时代更是受到东方各国的充分尊敬。个中原因,怕还是秦国国力使然。兵争之世,弱肉强食,武力是尚。秦穆公为霸主之一,雄踞一方,东方各国自然不敢小觑。而战国初期,在东方各国纷纷变法走上新征程的时候,秦国还在旧的轨道上艰难跋涉,自然被人看不起,而"夷狄视之",这一点,太史公已经说得很明白了。商鞅变法,秦国真正地脱胎换骨,以崭新、强悍的姿态兼并扩张,几乎是所向披靡,急军功之赏,唯征伐斩首是务,不管什么道义不道义,"主必死辱,民必死虏"[①]。其士卒在军功的引诱和法律的逼迫下,更是个个奋勇,人人争先,"捐甲徒裎以趋敌,左挈人头,右挟生虏"[②]。这对于师出必欲有名、征伐必讲借口,一定要打个道义旗号的东方各国来说,当然惊惧莫名,故而目为虎狼之国。不仅以"虎狼"称之,而且从源头上说明其"从来如此",一直是与戎狄同俗!孔子从内心鄙视秦国,视之为夷狄,这就是公羊、穀梁夷狄视秦的由来。这些,学界所熟知,无须多说,笔者要说的是,尽管秦人、秦国的发展和戎狄文化有着斩不断理还乱的关联,但是,这不是秦国独然,只要把秦国的建国历程及其风俗特点和东方各国稍做比较,就不难发现:杂戎狄之俗非秦国独有,各国初立之时也都经历了与秦大体相同的道路,秦国的建立与其戎狄之俗算不上什么特殊。

## 第二节 历史发展的共性特征

西周号为统一王朝,实际是个万国林立的族邦联盟,周天子不过是族邦联盟

---

① 《战国策·齐策一》,上海古籍出版社,1985年(下同),第333页。
② 《战国策·韩策一》,第934页。

的盟主而已。和夏、商不同的是,这种族邦联盟比较紧密,维系联盟完整的除了政治、军事因素之外,外加一个以宗法制为核心的礼乐体系。在西周数以百计的族邦中,大部分是自夏商以来就存在的自然生成的小国,少部分是通过周天子分封建立起来的,统称为诸侯。周天子与诸侯的大宗和小宗关系,只存在于那些受封的同姓诸侯之间,和那些自然生成的族邦了无干系。这些自然生成的族邦的建国过程我们姑且勿论,就以那些受封诸侯来说,大都经历了和秦相同的建国之路。如楚国,始封为子男之爵,其土纵横不过五十里,"……辟在荆山,筚路蓝缕,以处草莽,跋涉山川以事天子,唯是桃弧、棘矢以共御王事"①。经过十几代人的艰苦努力,征伐与怀柔相结合,才把江汉间的蛮夷诸部先后纳入自己治下,发展为南方大国,其风俗制度、价值观念带有明显的蛮夷成分,如没有什么严格的嫡长子继承制,"楚国之举常在少者"②,兄终弟及是正常的存在;西周后期,楚君熊渠就公然声称"我蛮夷也,不与中国之号谥"③。到春秋时,尊王攘夷在中原已高唱入云,楚王熊通依然自诩"我蛮夷也",这并不是什么为了扩张方便,少受西周礼法的约束,而是楚人实实在在地杂有蛮夷成分。

又如以"尊王攘夷"为旗号,最早成为东方霸主的齐国也是如此。太公姜尚始封之时,只有营丘一邑,处于莱夷的包围之中,"东就国,道宿行迟,逆旅之人曰:'吾闻时难得而易失。客寝甚安,殆非就国者也。'太公闻之,夜衣而行,犁明至国。莱侯来伐,与之争营丘。营丘边莱。莱人,夷也,会纣之乱而周初定,未能集远方,是以与太公争国"④。可见,齐国始封不仅土地狭小,而且差一点被莱夷夺去,如果不是太公醒悟得快,齐将不国。太公打败莱夷进攻之后,"因其俗,简其礼"⑤,吸收东夷文化传统以治国,经过数百年的努力,才成为东方大国。这儿说的大国也是和其他国家相比较而言的,不能和后世的领土国家相提并论。直到春秋初年,齐国辖境以今地当之,东不过寿光,西未达济南,南抵泰山,北不越黄河,纵横一百五十公里左右而已。后来齐桓公用管仲之谋,进行改革,东征西

---

① 《左传》昭公十二年,阮元校刻:中华书局影印《十三经注疏》,1980 年(下同),第 2064 页。
② 《史记》卷四〇《楚世家》,第 1698 页。
③ 《史记》卷四〇《楚世家》,第 1692 页。
④ 《史记》卷三二《齐太公世家》,第 1480 页。
⑤ 《史记》卷三二《齐太公世家》,第 1480 页。

讨,先后征服东夷诸邦,如纪、谭等,才成为霸主,但其社会文化依然继续东夷的内容。比如齐人男女关系混乱,婚俗根本不遵周制,以至有长女不嫁,留家曰"巫儿"的习俗,一直相沿到汉代①,就是东夷文化之遗存。

采用戎狄蛮夷之俗治国,不仅仅是齐楚诸君的主观选择,也是周公、成王的决策。西周取代殷商成为天下共主之后,王畿之民有夏氏后裔,也有殷人遗民,还有新附之少数部族,故周文化本身也是总汇各部。至于王畿之外的广大地区,周人的足迹尚未到达,绝大多数是古代传下来的各个部族,无不延续着自身的传统,和周人是若即若离的状态,故而采用分封制,封建亲戚,以藩屏周,将宗室功臣封于东方,建国立邑,作为区域性政治中心和军事堡垒,以控制周边部族古国,防止产生新的族邦联盟,不利于周王统治。在初封之时,周公就明确要求受封诸侯要因地制宜,一切便宜从事,不必拘于周人的制度礼法。《左传》定公四年记周初大分封事云:

> 昔武王克商,成王定之,选建明德,以蕃屏周。故周公相王室,以尹天下,于周为睦。分鲁公以大路,大旂,夏后氏之璜,封父之繁弱,殷民六族,条氏、徐氏、萧氏、索氏、长勺氏、尾勺氏。使帅其宗氏,辑其分族,将其类丑,以法则周公,用即命于周。是使之职事于鲁,以昭周公之明德。分之土田陪敦,祝、宗、卜、史,备物、典策,官司、彝器。因商奄之民,命以伯禽,而封于少皞之虚。分康叔以大路、少帛、綪茷、旃旌、大吕,殷民七族,陶氏、施氏、繁氏、锜氏、樊氏、饥氏、终葵氏;封畛土略,自武父以南,及圃田之北竟,取于有阎之土,以共王职。取于相土之东都,以会王之东蒐。聃季授土,陶叔授民,命以《康诰》,而封于殷虚。皆启以商政,疆以周索。分唐叔以大路,密须之鼓,阙巩,沽洗,怀姓九宗,职官五正。命以《唐诰》,而封于夏虚,启以夏政,疆以戎索。

周公(周公在宗周辅佐成王,其子伯禽代父赴鲁)、康叔、唐叔都是成王叔父,号为三叔,"选建明德,以蕃屏周"就是在宗室功臣之中挑选智慧超群、能力出众的人去东方治理殷商遗民和原来附属于殷的方国部族,作为周王的藩卫。这三个人身为王室贵族,深知西周制度,但是,受封之民不同、地理位置不同,治国方式也就不同,一切因地、因人而异。封鲁公以"殷民六族,条氏、徐氏、萧氏、

---

① 《汉书》卷二八下《地理志下》,第 1661 页。

索氏、长勺氏、尾勺氏。使帅其宗氏,辑其分族,将其类丑",封康叔以"殷民七族,陶氏、施氏、繁氏、锜氏、樊氏、饥氏、终葵氏"。这"殷民六族""殷民七族""怀姓九宗"都保留原来的部众,依然有其"宗氏""分族""类丑",在当时的历史条件下,只能延续其各自的传统治之,所以明确"启以夏政,疆以戎索"。"启以夏政,疆以戎索"的具体内容因史籍缺载,我们不得而知,但有一点是可以肯定的,即要求伯禽、康叔、唐叔在治理封国时,要根据其所治之民的历史特点,因势利导,便宜从事,可以用商政,也可以用夏政,可以用周人礼法,也可以用戎人包括其他少数部族的旧俗。一切以巩固统治、屏卫王室为目的。商政也好,夏政也好,周索也好,戎索也好(索,本意为绳索,测量之用,引申为法纪),不过是手段。目的不能变,手段可以灵活多样。太公姜尚至国,"简其君臣礼,从其俗",五月而报政周公。伯禽就国于鲁,以周人文化制度为准,"变其俗,革其礼,丧三年然后除之",三年之后才报政周公。周公遂叹云:"呜呼,鲁后世其北面事齐矣!夫政不简不易,民不有近;平易近民,民必归之。"①这可以看作是对"启以商政""启以夏政"的直接注释。可以说,秦之师戎人所长,用戎人之俗,正是西周以来的历史传统的延续,是各国共有的现象,没有什么特殊性,所以在春秋时代,东方各国并没有视秦为戎狄而轻之。

## 第三节 以夏变夷:秦人的自我意识

中国的夏夷之防起自何时,目前还无从确知,但起码在西周初建时已经萌芽。周初大分封时,虽然提倡"启以商政,疆以周索""启以夏政,疆以戎索",其目的是使戎狄蛮夷归心,服从周人的统治,文化主干、国家纲纪均以周人为宗。所以在分封时,更明确要求"以法则周公,用即命于周""以供王职"。从主观上说就是要以夏变夷,将戎夷蛮狄的文化纳入周文化系统中来,为周所用。以此衡量秦人文化意识,并无不同。秦人虽采西戎文化,但决非以戎人自居,而是以华夏正统自居,要以夏变夷。

秦人历史,源远流长。《史记·秦本纪》有着清晰的记述,其先是颛顼之后,

---

① 《史记》卷三三《鲁周公世家》,第1524页。

夏商时代都曾参与国事,祖先大费和大禹一起治水有功,受到帝舜和大禹的表彰。治水功成,"帝锡玄圭。禹受曰:'非予能成,亦大费为辅。'帝舜曰:'咨尔费,赞禹功,其赐尔皂游。尔后嗣将大出。'"夏桀时期,"去夏归商,为汤御,以败桀于鸣条"。其后世世效力殷朝,"以佐殷国,故嬴姓多显,遂为诸侯"①。颛顼是传说人物,古代圣贤之一,其子孙传承的可靠性如何,无从考证,但这个传说可以说明秦人是以华夏正统自居的。武王灭商,秦成为被征服部族,作为周人附庸,地位虽然降低,但并无怨望之心,尽心尽力,臣事周室,为周室牧畜,保卫西垂,对周人文化向而往之。故而襄公在被封为诸侯之后,并没有因为周平王的分封制只开了一张空头支票而不怿。这是因为平王之分封戎人占领之下的岐以西之地给秦和成王当年之封楚、齐等并无不同,都是一张空头支票,都要靠自己去开拓疆土,建立家园。而这时秦襄公不仅早有自己的采邑,而且有了一支比较强大的军队(才能护送平王东迁),借此足以立国。秦襄公所希望的就是一个名分地位,所以在被立为诸侯之后,立即"与诸侯通使聘享之礼,乃用骝驹、黄牛、羝羊各三,祠上帝西畤"②。"祠上帝西畤",意味着秦要用周人的礼仪法度代替周室以治西方,"通聘享之礼"就是指西周的礼制而言。春秋时期,秦、周、晋及中原各国礼尚往来,无不合周制,所以根本无人视秦为戎狄,周天子也曾屡次遣使致贺。

　　商鞅入秦,曾先说孝公以"帝道","语事良久,孝公时时睡,弗听","其志不开悟";后说以"王道","然而未中旨";最后说以"霸道","公与语,不自知膝之前于席也。语数日不厌"。所谓"帝道""王道",就是当时诸子推崇的三代政治,以仁政德治为特色,但是要经过长期的训导才能实现。孝公追求的是在最短的时间内实现秦国的强大,所以最后商鞅说以"强国之术",孝公"大悦"。但是商鞅认为,"然亦难以比德于殷周矣"③。帝道、王道、霸道,目的都是强国之道,区别在于实现方式和效果迟速不同。三者都是王权政治的组成部分,本质是相同的,不过是在施政过程中,各有侧重而已。商鞅对此都是了解的,无论是按照哪一种学说治国,都是王权正道,和夷狄文化了无干系!无论是商鞅还是孝公,都以华夏正统自居,都努力摆脱传统的羁绊,因此之故,在施政过程中严格夏夷之

---

① 《史记》卷五《秦本纪》,第173—174页。
② 《史记》卷五《秦本纪》,第179页。
③ 《史记》卷六八《商君列传》,第2228页。

防,并以法律的形式颁布全国。云梦秦简《法律答问》有云:

"臣邦人不安其主长而欲去夏者,勿许。"可(何)谓"夏"? 欲去秦属是谓"夏"。

"真臣邦君公有罪,致耐罪以上,令赎。"可(何)谓"真"? 臣邦父母产子及产它邦而是谓"真"。可(何)谓"夏子"? 臣邦父、秦母谓殹(也)①。

"夏"即华夏之省,"去夏"就是离开华夏。离开秦境就是"去夏",是不允许的。当然,与"主长"不和,在秦国境内迁居是可以的,但不能离开秦境。"臣邦"即臣服于秦的少数民族,如秦穆公所征服的十二个西戎之国,都是臣邦,他们隶属于秦,同受秦法律的统治,但不能称为秦人,其后代被称作"真",只有父亲是少数民族人,母亲是秦人者,才能称为"夏子",即秦人之子。臣邦人和秦人在法律地位上是有区别的,有专门的管理机构负责少数民族事务,如属邦就是其一;有专门的法律,即属邦律。对少数民族犯罪也有其专门的量刑标准和处罚方式,《法律答问》又云:"可(何)谓'赎鬼薪鋈足'? 可(何)谓'赎宫'? 臣邦真戎君长,爵当上造以上,有罪当赎者,其为群盗,令赎鬼薪鋈足;其有府(腐)罪,〔赎〕宫。其它罪比群盗者亦如此。"②这"鬼薪鋈足"之刑就是专为"臣邦真戎君长,爵当上造以上"者而设的。这些都是商鞅变法以后制定的法律,但是重夏夷之防决非始于商鞅变法。

商鞅是当时法家的代表人物,法家对夏夷之防是不怎么在意的,这显然是秦人传统观念的延续,而以法律的形式予以规定之。由此可见,秦人之居于西方和戎人杂处,并不等于被西戎化。秦穆公赞赏由余的见解,认为由余所说的诗书礼乐法度是中国乱政之源,不如戎人之"上含淳德以遇其下,下怀忠信以事其上"③更有实效,这确有其道理,但并不等于把西戎文化不加选择地拿来。秦穆公赞赏的是由余的观察能力,有过人的政治见解,并不等于秦穆公放弃了诗书礼乐法度而一意于西戎文化,不过是取戎人之淳朴,补诗书礼乐之浮华,以戎补夏,最终达到以夏治夷的目的而已。秦孝公云:"昔我穆公自岐雍之间,修德行武,东平晋

---

① 《睡虎地秦墓竹简》,第226—227页。
② 《睡虎地秦墓竹简》,第200页。
③ 《史记》卷五《秦本纪》,第193页。

乱,以河为界,西霸戎翟,广地千里,天子致伯,诸侯毕贺。"①所修之德,还是诗书礼乐之义,君臣尊卑之序。商鞅变法,曾采取禁游说、去诗书等措施以一民于农战,正从反面说明当时秦国存在着不少的游说之士、诗书之人,和东方各国并无二致。

既然秦人和东方各国一样,都以华夏正统自居,区别夏夷之防,又都染有戎狄之俗,东方诸国为何独独谓秦与戎狄同俗而鄙视之?笔者以为,这有两个原因:一是秦人社会结构的转变进程有别于东方,特别是商鞅变法之后,秦之宗族血缘比较彻底地从国家结构中剥离出去,与东方显著不同。二是政治、军事上的由鄙视到畏惧所导致的文化偏见。关于后者,上已提及,无须多说。关于前者,还要稍作说明。

## 第四节 社会结构的跳跃式发展

现在谈秦人社会结构的变动问题。这要略述西周社会结构特征及东方各国社会结构的转变过程,以资比较。

前已指出,西周万国林立,号为统一王朝,实际上是族邦联盟,与后世国家形态迥异。一方面有点无面,小国寡民,类似于古希腊的城邦;另一方面,国家的建立和统治都以宗族为基础,统治阶级和被统治阶级是以统治宗族和被统治宗族来表现的,族权和政权合一,宗族关系是国家权力的基础。统治宗族世代掌握着国家权力,并按"亲亲尊尊"的原则分配权力的大小,也就是人们常说的世族世官制,亦即宗族贵族政治,宗法制的目的就是为了保证统治宗族权力传承的秩序性。无论是统治宗族还是被统治宗族,在空间上都是聚族而居,聚族而葬,界限分明,地缘组织远未摆脱血缘关系,是宗族奴隶制社会②。降至春秋,因生产力和生产关系的发展,原来的社会结构逐步解体:宗族贵族政治瓦解,君主集权政治日益强化;旧贵族衰落,新贵族兴起并日渐取代旧贵族掌握政权;世族世官制

---

① 《史记》卷五《秦本纪》,第202页。
② 关于西周国家形态和社会结构,参见田昌五、臧知非:《周秦社会结构研究》第一章,西北大学出版社,1996年。

逐步让位于官僚政治；以地缘为基础的地方行政制度发展起来，居民行政编制和管理逐步脱离原来的宗族血缘关系；绝大多数国家消亡，并入少数几个大国，领主国家迅速发展起来。到战国前期，东方各国大都完成了这一历史变革。这是一个渐进的历史过程，其具体途径又可分为两种：一种是自下而上进行的，如齐国和三晋；另一种是自上而下进行的，如楚国。但无论是哪一种，因为是渐进的变革，各项新制在旧体制的母体中都经过了长期的孕育，因而都保留了明显的旧制度的胎痕。比如依然存在着的世族世官的现象，像齐国田氏和三晋公室都是天然的统治群，不仅坐食封邑，而且手握重权。如田常有子七十余人，其子田襄子继掌齐政之后，"使其兄弟宗人尽为齐都邑大夫"①，控制了齐地方政权。又如楚国之政，始终是由屈、景、昭、宣几个大族把持，所以在秦始皇统一之后，立即把这些大族迁于边远之地，以铲除其影响。在地方上，虽然形成了系统的行政制度，政区划分、户籍编制在法律上按地缘关系进行，但在实际运转过程中，依然受到宗族血缘关系的影响，国家也有意利用宗族关系维护地方秩序，补充行政统治的不足。《管子·问》云："问国之弃人，何族之子弟也？……问乡之贫人，何族之别也？问宗子之收昆弟者、以贫从昆弟者几何家？……子弟以孝闻于乡里者几何人？"按照传统，同宗有相恤、相养的义务，问清楚这些"弃人""贫人"的族属，就是要督促其族长赈济收养，以保障社会秩序的稳定。这都是西周传统在战国的遗存。在事实上是否有如此详密的逐项调查，不得而知，但这是以现实存在为基础的，反映的是齐国的事实，三晋和楚国也都如此。从新出的包山楚简所载的楚国地方行政关系来看，楚国的地方宗族势力可能还大于齐国。这就使东方各国的政治运作带有伦理的、道德的色彩。

但是，秦国社会结构的变迁和东方诸国不同，它走的不是渐进式的演变，而是跳跃式的转变。秦初建之时也是宗族奴隶制结构，但它没能像东方各国那样发育成熟。周室衰微，大国争霸，特别是东方各国的社会变革已不允许秦沿着传统的路子走下去，而必须进行相应的变革。所以，秦国社会结构的变革不是在宗族奴隶制结构充分发展、已经盛极而衰的基础上进行的，而是在宗族奴隶制还处于继续发展的历史条件之下，人为进行的。如春秋时代之秦国尚没有形成东方各国世族专权的局面，而秦穆公为图霸就重用异族他邦之人，二者的精神是相悖

---

① 《史记》卷四六《田敬仲完世家》，第 1885 页。

的,必然遭到传统力量的反对。所以,随着秦穆公的逝去,其用贤政策就难以为继,宗族贵族的力量相应膨胀,秦的霸业也就衰落下来。到战国初期,东方各国都相继完成了新旧社会结构的转变,秦国却还在宗族制的社会中艰难跋涉,宗室贵族争权夺势,导致君位不稳,庶长专权实即宗室贵族专权。国家行政依然处于宗族血缘关系的羁绊之中,处于自然的宗族聚落状态,直到秦献公十年(前375)才"为户籍相伍"。因此之故,商鞅变法的首要目标就是打击旧的宗族势力。

在这里,我们有必要对商鞅变法的有关内容略作分析。商鞅变法共采取三项措施打击宗族势力:第一,打击世族世官制。"宗室非有军功,论不得为属籍……有功者显荣,无功者虽富无所芬华。"① 此后之秦国宗族贵族不再是天然的统治群,不能凭其血统高贵而享有高官厚禄;可以富,但不能贵;可以凭其血统而锦衣玉食,但不能享有政治权力。"虽富无所芬华",要富且贵,必须去立战功、立事功。显然这是针对传统的世族世官制的。第二,推行严格的县乡里制,以地缘关系取代聚族而居的传统。"集小乡邑聚为县","令民为什伍而相牧司连坐"。② 按:县制起源甚早,春秋时开始向政区转变;初设时,只是一些以宗族为基础的自然居邑(楚县除外),没有统一的面积和人口标准,没有改变聚族而居的传统。到春秋末战国初,随着什伍乡里制的普遍化,县才发展为一级政区,有相对统一的标准,如百里之地、万户之居等,地缘关系才取代血缘关系③。秦国设县虽早,但一是不普遍,二是没有和什伍乡里制结合起来,终春秋之世都是以自然居邑为基础,宗族关系没有因此而有多大改变。所以商鞅才用法律手段实行什伍连坐法,撕毁基层宗族血缘关系,同时"并诸小乡聚,集为大县",按地缘关系划分、编制居民,把宗族血缘关系从国家行政中彻底地剔除出去。第三是强制析产分居,消除聚族而居的经济基础,"令民父子兄弟同室内息者为禁","民有二男以上不分异者倍其赋"④。以往人们大都认为这是为了改变秦人男女无别、父子兄弟同室内寝的落后风俗,其实不然。这绝不仅仅是为了改变落后的风

---

① 《史记》卷六八《商君列传》,第 2230 页。引者按:原文句读为"宗室非有军功论,不得为属籍"。

② 《史记》卷六八《商君列传》,第 2232 页、第 2230 页。

③ 参阅拙作《论县制的发展与古代国家结构的演变》,《中国史研究》1993 年第 1 期;《试论先秦什伍乡里制度》,《人文杂志》1994 年第 1 期。

④ 《史记》卷六八《商君列传》,第 2232 页、第 2230 页。

俗,而是为了彻底改变同宗共财、聚族而居的传统社会结构。"室"在古代并非单指居室,而是以宗族为基础的财产单位①。"息"并非指休息而是指生息繁衍。"父子兄弟同室内息"指的是同居共财。禁止"父子兄弟同室内息"就是禁止父子兄弟同室共财,必须析产分居。"民有二男以上不分异者倍其赋"就是"父子兄弟同室内息以为禁"的具体措施。这是一个问题的两个方面,不能分割看待。此后,秦国在社会结构和政治运作中的宗族血缘关系所存无几了。

打击宗族势力,并非商鞅的首创,而是东方各国变法的共同内容。比如楚国,宗室贵族势力一直较强,"大臣太重,封君太众……上逼主而下虐民"。故而楚悼王以吴起为令尹,主持变法,主要内容就是打击宗室贵族,"使封君之子孙三世而收爵禄"②,把那些不学无术、饱食终日、无所事事的贵族老爷迁于边远之地,强迫他们垦荒种田,以补国库,"令贵人往实广虚之地"③,"废公族疏远者,以抚养战斗之士"④。整顿吏治,剔除尸位素餐者,"罢无能,废无用,损不急之官,塞私门之请,一楚国之俗"⑤。这些"无能""无用"之人、"不急之官"大都是那些凭出身入仕的贵族。其余如韩、赵、魏、齐诸国的变法均以举贤任能为务,实质上也是针对世族世官制的传统而发。遗憾的是,这些变法都不彻底,都难以割断旧传统的尾巴。吴起变法,虽然激烈而果断,但尚未及全面展开,新法还没有深入人心,时仅两年,楚悼王就死了,吴起死于贵族的反扑,新法夭折。商鞅变法就是在总结各国变法经验教训的基础上进行的,针对秦国特点采取切实可行的措施,终于取得了成功,割断了旧制度的脐带。虽然也曾遭到旧贵族的反对,但商鞅比吴起幸运,不仅得到了秦孝公的坚决支持,而且秦孝公还很长寿,使商鞅有充足的时间推行新法。尽管商鞅最后也死于贵族的报复,但新法已深入人心,不可移易。因而我们有充分的理由认为,商鞅变法成功的原因不在于时下流行的秦国缺乏宗法制传统,而在于商鞅遇到了秦孝公这样的明主,如果没有秦孝公始终不渝的坚决支持,即使秦国没有半点宗法传统,变法也不可能成功。事实上,变法

---

① 田昌五:《中国奴隶制形态之探索》,氏著《古代社会形态研究》,天津人民出版社 1980 年。
② 梁启雄:《韩非子浅解·和氏》,中华书局(下同),第 100 页。
③ 陈奇猷:《吕氏春秋校释·开春论·贵卒》,学林出版社,1984 年(下同),第 1473 页。
④ 《史记》卷六五《孙子吴起列传》,第 2168 页。
⑤ 《战国策·秦策三》,第 216 页。

前的秦国虽然缺乏六国那样系统的宗法观念,但秦国的宗室贵族势力并不比六国小,在秦社会结构中存在的家族血缘关系更多于东方。我们不能根据变法后秦国的社会结构中缺乏宗法关系就逆推变法前的秦国也缺乏宗法关系。变法后的秦之所以缺乏宗法关系,正是商鞅变法使秦国社会结构产生跃进式转变的结果。也正是这种跳跃式转变,使秦国政治过于严酷,缺乏必要的道德温情作为人际关系的润滑剂,人和人之间只有利害关系,缺乏仁爱之心,不仅被当时目为虎狼之国,视与戎狄同俗,也为后世所诟病,如贾谊就曾批评秦国风俗之不近人情,云"故秦人家富子壮则出分,家贫子壮则出赘。借父耰锄,虑有德色;母取箕帚,立而谇语。抱哺其子,与公併倨。妇姑不相说,则反唇而相稽。其慈子耆利,不同禽兽者亡几耳"①。这虽然有贾谊的政治偏见在内(战国其他国家也存在"其慈子耆利,不同禽兽者亡几耳"的现象。战国是人欲横流的时代,为了"利"字不顾礼义者大有人在),叙述难免夸张,但还是有一定的历史依据的。李斯曾总结说:"秦四世有胜,兵强海内,威行诸侯,非以仁义为之也,以便从事而已。"②"以便从事"确实是秦人的行为特点,缺乏儒家学者所宣扬的道德观念,不过在兵争之世,并非秦国独然。

---

① 《汉书》卷四八《贾谊传》,第2244页。
② 王先谦:《荀子集解·议兵》,《新编诸子集成》本,中华书局,1988年(下同),第280页。

# 第三章　阴阳五行与秦朝政治

司马谈《论六家要旨》首列阴阳家,谓"夫阴阳、儒、墨、名、法、道德,此务为治者也,直所从言之异路,有省不省耳。尝窃观阴阳之术,大祥而众忌讳,使人拘而多所畏。然其序四时之大顺,不可失也","夫阴阳四时、八位、十二度、二十四节各有教令,顺之者昌,逆之者不死则亡。未必然也,故曰'使人拘而多畏'。夫春生夏长,秋收冬藏,此天道之大经也,弗顺则无以为天下纲纪,故曰'四时之大顺,不可失也'"①。这是司马谈在当时的历史条件下就阴阳家"务为治者"之"顺四时"之功能而言的,主要是指国家要顺应"春生夏长,秋收冬藏"的自然规律组织民户、发展生产、保证国库,这是农业社会的必然选择,是"务为治者"之形而下者,而对"务为治者"之形而上者——政治建设则涉及甚少。从现代史学角度考察,阴阳家对秦朝政治建设如施政方针、权力运作的影响尤其深远,秦朝政治特质与阴阳家的关系密不可分,考察阴阳五行思想与秦朝政治关系是认识秦朝政治不可或缺的方面。这首先要对阴阳五行学派的形成做一个叙述式的说明。②

## 第一节　阴阳五行与五德终始说

在金文中,阴、阳分别作云气蔽日和日光洒射状。从感受上看,阳光给人以

---

① 《史记》卷一三○《太史公自叙》,第 3288 页、第 3289 页。
② 关于阴阳学派的形成时间和过程,因为对先秦典籍成书时代及其内容的史料价值有争议,故观点不同。参见梁启超:《阴阳五行说之来历》;吕思勉:《辩梁任公阴阳五行说之来历》;栾调甫:《梁任公五行说之商榷》;刘节:《洪范疏证》;顾颉刚:《五德终始说下的政治和历史》。以上诸文,具见《古史辩》第五册,上海古籍出版社,1982 年影印。

温暖,阴冷给人以苦寒。在生产力低下、人依靠自然生存的时代,趋温避寒是人的本能选择,个人生活也好,国家统治也罢,都摆脱不了阴阳关系,因而一个聪明的统治者必须顺应人的本能、遵守自然顺序,按照四时变换施政治民。自然界的阴阳虽然有时序可寻,但往往是变幻莫测的,这又提醒统治者治民要谨慎小心,这是德政与否的体现。在传世文献中,后人看到的阴阳总是和施政当否联系在一起,以阳为尊、为刚、为主、为上……,以阴为卑、为弱、为辅、为下……,最终求得阴阳相合。《诗》《书》《易》《礼记》《左传》等儒家经书如此,子书如《管子》等也是如此,这些学界熟知,无须一一列举。而把阴阳和万物生成联系起来系统叙述的则是《老子》。《老子》第四十二章谓:"道生一,一生二,二生三,三生万物。万物负阴而抱阳,冲气以为和。"《老子》的"道"具有本原属性,学界理解大相径庭,这里不去详说,把阴阳和万物构成系统地联系在一起是《老子》的首创。

五行之称,首见于《尚书·甘誓》:"王曰:'嗟!六事之人,予誓告汝:有扈氏威侮五行,怠弃三正,天用剿绝其命,今予惟恭行天之罚。'"在传统知识体系中,《尚书·甘誓》是夏书,这里的五行、三正,学者有不同理解,综合而言,这里的"五行"是指五种美德,"三正"是指三种治国方式。对五行属性做出明确解释的是《尚书·洪范》:"五行:一曰水,二曰火,三曰木,四曰金,五曰土。水曰润下,火曰炎上,木曰曲直,金曰从革,土爰稼穑。润下作咸,炎上作苦,曲直作酸,从革作辛,稼穑作甘。"所谓的五行是对自然界五种物质及其属性的说明,和政治人事没有什么联系。生活经验告诉人们,自然界的万事万物是一个整体,有矛盾又有统一,木、火、土、金、水之间也是如此,其矛盾双方不断地随着条件的变化而变化,周而复始,生生不息,于是人们用五行概括自然、人事、社会的各种关系。但是,从《尚书》《老子》《左传》《国语》等文献来看,起码在战国前期,阴阳自阴阳、五行自五行,二者还没有合为一个体系。大约到战国中期,阴阳和五行合一,《管子》书中有《幼官》《四时》《五行》等篇专论阴阳五行事,并拼凑了一个无所不包的宇宙图式。但这些都只是机械的排列,没有将阴阳五行思想用来解释人类社会的历史和现实。用阴阳五行说解释历史的变迁,首创五德终始说,谓古往今来的朝代交替都是五德终始的规律使然,则始于邹衍。

按《史记·孟子荀卿列传》,邹衍是齐人,生当战国后期,稍晚于孟子。其时众多学者聚集稷下,宣传各自主张,著书立说,干预人主,邹衍不甘人后,提出五德终始说。《史记·孟子荀卿列传》云:

驺衍睹有国者益淫侈,不能尚德,若《大雅》整之于身,施及黎庶矣。乃深观阴阳消息而作怪迂之变,《终始》《大圣》之篇十余万言。其语闳大不经,必先验小物,推而大之,至于无垠。先序今以上至黄帝,学者所共术,大并世盛衰,因载其禨祥度制,推而远之,至天地未生,窈冥不可考而原也。先列中国名山大川,通谷禽兽,水土所殖,物类所珍,因而推之,及海外人之所不能睹。称引天地剖判以来,五德转移,治各有宜,而符应若兹。以为儒者所谓中国者,于天下乃八十一分居其一分耳。中国名曰赤县神州。赤县神州内自有九州,禹之序九州是也,不得为州数。中国外如赤县神州者九,乃所谓九州也。于是有裨海环之,人民禽兽莫能相通者,如一区中者,乃为一州。如此者九,乃有大瀛海环其外,天地之际焉。其术皆此类也。然要其归,必止乎仁义节俭,君臣上下六亲之施始也滥耳。王公大人初见其术,惧然顾化,其后不能行之。

是以驺子重于齐。适梁,惠王郊迎,执宾主之礼。适赵,平原君侧行撇席。如燕,昭王拥彗先驱,请列弟子之座而受业,筑碣石宫,身亲往师之。作《主运》。

从这段记载来看,驺衍著书《主运》《终始》《大圣》十余万言,倾动朝野,名重东方,燕、赵、魏等国待以国宾,燕昭王还执弟子之礼,"请列弟子之座而受业,筑碣石宫,身亲往师之"。其思想内容,一是提出五德终始说,"称引天地剖判以来,五德转移,治各有宜,而符应若兹"。二是把儒者所说的中国扩大为大九州,"以为儒者所谓中国者,于天下乃八十一分居其一分耳。中国名曰赤县神州"。其目的是为了"尚德":"驺衍睹有国者益淫侈,不能尚德,若《大雅》整之于身,施及黎庶矣"。这个"尚德"的内涵是"然要其归,必止乎仁义节俭,君臣上下六亲之施始也滥耳"。其方法是"必先验小物,推而大之,至于无垠。先序今以上至黄帝,学者所共术,大并世盛衰,因载其禨祥度制,推而远之,至天地未生,窈冥不可考而原也。先列中国名山大川,通谷禽兽,水土所殖,物类所珍,因而推之,及海外人之所不能睹"。在当时虽然轰动一方,但是因为其主张过于宏阔,超出了人们的知识范围和实践能力,"初见其术"者,"惧然顾化",但是结合现实,很快发现"不能行之"。

驺衍的思想主张属于儒家,其五德终始、"大九州"都是阐释儒家的"德治"

思想，是为了实现其"仁义节俭，君臣上下六亲之施"。其"大九州说"实际上是对当时各派都主张的统一问题的形象扩展。当时，学者普遍认为中国是天下之中，但是驺衍认为这个天下之中范围有限，实际上天下范围远远超出人们所理解的范围，统一天下不应局限于人们心目中的"华夏""中国"，应该有更加远大的目光，故而创造了"大九州说"，只要按照自己的主张行事，统一的天下将远远超出人们理解的中国范围。所以，驺衍的政治主张没有什么创新，引起轰动的是他的论证方式，各国国君被他新奇的理论和渊博的知识所倾倒，但是一旦谈到具体的施政措施就不置可否了。从史学的层面考察，驺衍的贡献，是系统解释了黄帝以来"王朝"兴衰的必然性，提出五德终始的历史循环论，为自己的政治主张披上必然的天命外衣。

众所周知，除法家之外，今不如昔是先秦诸子共同的历史观念，而且时代越久远，社会越清明，帝王品德越高尚，形象越完美，三皇高于五帝，五帝胜于三代，并且把自己的主张打扮成圣王之说。但是，有一个问题无法回答：为什么这些圣王的统治没有延续下来？为什么被后继者所取代？驺衍的五德终始说则巧妙地解决了这个矛盾，就是在圣王之上有着天命，天命是按照五德终始的规律运转的；圣王之圣就是发现天命，自觉地按照天命行事，从而获得上天庇佑而有天下，从而把自己主张的"尚德""仁义节俭，君臣上下六亲之施"嵌入天命之中，而增强其说服力。

驺衍撰著的《主运》《终始》《大圣》诸书失传，其五德终始的递代过程，《吕氏春秋·有始览·应同》保留了片段：

> 凡帝王者之将兴也，天必先见祥乎下民。黄帝之时，天先见大螾大蝼，黄帝曰："土气胜。"土气胜，故其色尚黄，其事则土。及禹之时，天先见草木秋冬不杀，禹曰："木气胜。"木气胜，故其色尚青，其事则木。及汤之时，天先见金刃生于水，汤曰："金气胜。"金气胜，故其色尚白，其事则金。及文王之时，天先见火，赤乌衔丹书集于周社，文王曰："火气胜。"火气胜，故其色尚赤，其事则火。代火者必将水，天且先见水气胜，水气胜，故其色尚黑，其事则水。水气至而不知，数备，将徙于土。

天帝不用语言和人交流，而是通过不同寻常的自然现象暗示人间，原来的国运已经到头，要改弦更张，这就是"天必先见祥乎下民"。先知先觉者善于观察，能洞悉自然异象的含义，按照天意行事，最终成就帝王之业，成为一代圣君。黄帝之所以能够一统天下,是因为率先领悟了上天"见大螾大蝼"所暗示的"土气胜",按土德行事。大禹"见草木秋冬不杀"而行"木德"之政建立夏朝。商汤因"金刃生于水"而行"金德",取代夏朝而建立商朝。周文王见"赤乌衔丹书集于周社",明白商朝金德已衰,火德兴起,行火德之政而兴起于西方,最终有周王朝的大一统。平王东迁,王室衰微,事实已经说明周王室的火德已经终结,"代火者必将水",水德的具体内容就是驺衍宣传的"君臣上下六亲之施"。从逻辑上看,驺衍是典型的神学目的论者,立足现实需要,利用五行相胜的自然知识,即木胜土、金胜木、火胜金、水胜火,推演出五德终始的理论,朝代兴衰,各有天命,明天命者得天下,主张"尚德""君臣上下六亲之施"就是天命。可惜的是,当时并没有哪一位国君能够接受。

## 第二节　水德与秦政

历史时常和人开玩笑,本来要走进这一间房的,结果却走进了另一间。驺衍的五德终始说没有对当时的政治产生什么影响,却在死后被秦始皇付诸实践,不过令驺衍想不到的是其"德"的内涵变了。

《史记·封禅书》云:"自齐威、宣之时,驺子之徒论著终始五德之运,及秦帝而齐人奏之,故始皇采用之。"这里的秦帝即是秦始皇。"及秦帝而齐人奏之"似乎是秦始皇称帝以后才有齐地学者把驺衍的"终始五德之运"奏上。事实并非如此,《吕氏春秋》已经采以为文,起码在嬴政亲政之前已经有吕不韦的宾客传入秦廷,司马迁不过是从秦始皇采纳该说的角度出发概括叙述而已。

《史记·秦始皇本纪》云:

始皇推终始五德之传,以为周得火德,秦代周德,从所不胜。方今水德之始,改年始,朝贺皆自十月朔。衣服旄旌节旗皆上黑。数以六为纪,符、法冠皆六寸,而舆六尺,六尺为步,乘六马。更名河曰德水,以为水德之始。刚毅戾深,事皆决于法,刻削毋仁恩和义,然后合五德之数。于是急法,久者不赦。

秦得水德的依据则是秦文公曾经抓到一条黑龙。《史记·封禅书》云:

秦始皇既并天下而帝,或曰:"黄帝得土德,黄龙地螾见。夏得木德,青龙止于郊,草木畅茂。殷得金德,银自山溢。周得火德,有赤乌之符。今秦变周,水德之时。昔秦文公出猎,获黑龙,此其水德之瑞。"于是秦更命河曰"德水",以冬十月为年首,色上黑,度以六为名,音上大吕,事统上法。

《封禅书》说的祥瑞是《吕氏春秋》的简写版,文公出猎得黑龙也不会是秦始皇的发明,而是早有人做好了准备;所谓秦得水德,绝非秦始皇个人的发明:一方面是列祖列宗实现"天命"的追求,另一方面是包括博士在内的群臣"集体的智慧"的结晶。这只要对议帝号的过程稍加分析就不难知晓:

丞相绾、御史大夫劫、廷尉斯等皆曰:"昔者五帝地方千里,其外侯服夷服,诸侯或朝或否,天子不能制。今陛下兴义兵,诛残贼,平定天下,海内为郡县,法令由一统,自上古以来未尝有,五帝所不及。臣等谨与博士议曰:'古有天皇,有地皇,有泰皇,泰皇最贵。'臣等昧死上尊号,王为'泰皇'。命为'制',令为'诏',天子自称曰'朕'。"王曰:"去'泰',著'皇',采上古'帝'位号,号曰'皇帝'。他如议。"制曰:"可。"……制曰:"……朕为始皇帝。后世以计数,二世三世至于万世,传之无穷。"①

这段史料,众所周知,这里要指出的是参与议帝号的人员构成,这就是除了丞相、御史大夫、廷尉等重臣之外,还有博士。按:秦朝博士员额不定,有正式博士和候补的待招博士,总人数起码在七十人以上。博士是官僚的组成部分,职责是议论古今,顾问应对,都是学识渊博之士。这些博士大都来自六国,齐地尤其多,他们聚集朝廷是真心实意为朝廷献策献力,建议改秦王为泰皇,确确实实是认为泰皇是最尊贵的圣明人君,只是没有想到秦王政的目光更为远大,独创了"始皇帝"这个称号。不过,要特别注意的是,对"始皇帝"这个称号,博士们也是发自内心赞同的。这从分封与郡县之争中可以窥见端倪:

始皇置酒咸阳宫,博士七十人前为寿。仆射周青臣进颂曰:"他时秦地不过千里,赖陛下神灵明圣,平定海内,放逐蛮夷,日月所照,莫不宾服。以诸侯为郡县,人人自安乐,无战争之患,传之万世。自上古不及陛下威德。"始皇悦。博士齐人淳于越进曰:"臣闻殷周之王千余岁,

---

① 《史记》卷六《秦始皇本纪》,第236页。

封子弟功臣,自为枝辅。今陛下有海内,而子弟为匹夫,卒有田常、六卿之臣,无辅拂,何以相救哉?事不师古而能长久者,非所闻也。今青臣又面谀以重陛下之过,非忠臣。"①

其时距离统一已经过去七年,按照秦的廷议制度,这样的争论不止一次。这一次之所以被记载下来,是因为招致了焚诗书、禁私学的后果。周青臣歌颂秦始皇的统一大业恐怕不是一味的阿谀奉承,很可能是发自内心的赞叹。而淳于越则是完全出于巩固秦始皇家天下的考虑。淳于越主张分封的理由虽然打着"师古"的旗号,借鉴的则是实实在在的历史教训。这就是"卒有田常、六卿之臣,无辅拂,何以相救"!郡县制固然有利于权力集中,但是一旦皇帝身边发生不测,后果难以想象,田氏之代齐、六卿之分晋,不可不防,劝秦始皇汲取历史教训。但是,这次劝谏一是不合秦始皇口味,在一片喜庆的"酒会"上讨论这个话题,不免令人扫兴。二是这"田常、六卿之臣"所指为谁?掌握重权的首选是身为丞相的李斯,大庭广众之下要秦始皇采用分封的方式防止田常、六卿之臣,等于说在以李斯为首的朝臣中存在乱臣贼子,李斯当然不能接受!李斯没有就田常、六卿问题直接质问淳于越,而是以西周之亡于分封为由,从集权的角度,谓"古者天下散乱,莫之能一,是以诸侯并作,语皆道古以害今,饰虚言以乱实,人善其所私学,以非上之所建立。今皇帝并有天下,别黑白而定一尊。私学而相与非法教,人闻令下,则各以其学议之,入则心非,出则巷议,夸主以为名,异取以为高,率群下以造谤。如此弗禁,则主势降乎上,党与成乎下"②,提出焚诗书、禁私学。

明白了秦统一以后东方知识分子的政治态度和内心世界,可对五德终始与秦朝政治关系有更为深刻的理解。这主要体现在如下几个方面:一是五德终始说契合了秦人固有的天命观念,为秦人的天命观念提供了新的历史论证。二是驺衍五德终始说所宣传的"仁义节俭,君臣上下六亲之施"没有什么新鲜的内容,不过是给流行的儒家理论换个包装而已,政治家不接受,普通学者亦未必是之。现实证明,秦始皇没有按照所谓的"仁义节俭,君臣上下,六亲之施"完成统一,说明该政治理论不具有实践性。三是秦的统一说明了秦的施政理念、具体制度的正确性,统治天下、巩固天下,自然以秦的行之有效的方针政策为最高纲领。

---

① 《史记》卷六《秦始皇本纪》,第254页。
② 《史记》卷六《秦始皇本纪》,第255页。

所以,既然秦得水德,那改度制、易服色、"上法",就是理所当然的历史选择!也就说,"更命河曰'德水',以冬十月为年首,色上黑,度以六为名,音上大吕,事统上法"云云,是六国士人所认同的。秦始皇之"刚毅戾深,事皆决于法,刻削毋仁恩和义",秦政"急法,久者不赦"与"合五德之数"有着深层的逻辑关系。这"水德"也是骀衍"尚德"的实践,只是"德"的内涵变了。明乎此,对秦朝政治的认识就不会局限于汉儒"过秦"之词,以为秦朝短命是法家思想使然。政治之"上法"和"法家思想"是性质不同的两个问题。

# 第四章　封禅与文化认同

## 第一节　封禅的发生

封禅是帝王举行的最隆重的祭祀天地的典礼。封,指在泰山之巅筑坛以祭天;禅,指以梁甫(泰山西南脚下小山丘)为坛以祭地。其目的是向天地报功,感谢上天任命他担任天子的好意,同时表示自己未辱使命,完成上天交给的任务,确立在人间的天子地位。《白虎通·封禅》说:"王者易姓而起,必升封泰山何?报告之意也。始受命之日,改制应天,天下太平功成,封禅以告太平也。所以必于泰山何?万物之始,交代之处也。必于其上何?因高告高,顺其类也。故升封者,增高也。下禅梁甫之基,广厚也。"根据《史记·封禅书》,封禅之事,由来已久,谓从伏羲以前的无怀氏到西周初年,曾有七十二个帝王举行过封禅,管仲称自己知道其中的十二个,第一个是无怀氏,最后一个是周成王。这十二个之外,都说不清楚了。齐桓公当上霸主以后也想效法古人,认为自己作为一代霸主,武功烈烈,"北伐山戎,过孤竹。西伐大夏,涉流沙,束马悬车,上卑耳之山。南伐至召陵,登熊耳山以望江汉。兵车之会三,而乘车之会六,九合诸侯,一匡天下,诸侯莫违我",自以为功业超过三代的受命之王,想效法古人封泰山、禅梁甫,以向天报功。管仲先是以"受命然后得封禅"劝阻未果,后又劝阻说以"古之封禅,鄗上之黍,北里之禾,所以为盛;江淮之间,一茅三脊,所以为藉也。东海致比目之鱼,西海致比翼之鸟,然后物有不召而自至者十有五焉。今凤皇麒麟不来,嘉谷不生,而蓬蒿藜莠茂,鸱枭数至,而欲封禅,毋乃不可乎?"[①]齐桓公这才打消了封

---

① 《史记》卷二八《封禅书》,第1361页,引者重新断句。

禅的念头。当然,从无怀氏到周成王,举行封禅的无论是七十二个还是十二个,都不是历史事实,只能作为思想史资料看待。

用历史的眼光看,封禅之说,是战国时代燕齐海岱地区主要是齐鲁学者的创造,是随着五德终始说的问世而问世的。按照五德终始说,天降符瑞,指示人君如何治理天下,那些圣主明君能够理解天意、按照上天指示改革制度与治国方针者,就是受命于天,从而实现天下太平。当天下太平实现之后,就要向天地诸神报告。不过,这个天下太平有着特定的政治内涵,就是"以德治国"。

按照五德终始说,人类历史是按照土、木、金、火、水各自所代表的"德"循环轮替的,前一德衰、后一德兴;何时衰、何时兴,都由上天决定。此说以驺衍为代表,流行于燕齐海岱地区,其本质是借天命宣传自己的政治主张。封禅说则是五德终始说的衍生物,是五德终始说的仪式体现:按照天命,以德治国,统一天下,向上天报功,希望继续得到上天庇佑。而祭天之所以选择在泰山之巅,就是因为在战国时代齐鲁学者的眼里,泰山是天下最高山,距离上天最近。司马迁谓"齐所以为齐,以天齐也",《集解》引苏林语:"当天中央齐。"① 说的应当是战国时代齐鲁学者的天下观。果如此,在战国时代,泰山不仅距离上天最近,齐国也居于天下之中,应该享有天子的荣耀和地位。对此,顾颉刚先生曾经有过深刻而生动的论述,本文不予详说。②

历史上首次举行封禅的是秦始皇。《史记·封禅书》记其事云:

> 即帝位三年,东巡郡县,祠驺峄山,颂秦功业。于是征从齐鲁之儒生博士七十人,至乎泰山下。诸儒生或议曰:"古者封禅为蒲车,恶伤山之土石草木;扫地而祭,席用葅稭,言其易遵也。"始皇闻此议各乖异,难施用,由此绌儒生。而遂除车道,上自泰山阳至巅,立石颂秦始皇帝德,

---

① 《史记》卷二八《封禅书》,第1367页。
② 封禅思潮兴起于战国,为齐稷下诸公所创造,顾颉刚先生曾有论说,参见顾颉刚:《"周公制礼"的传说和〈周官〉一书的出现》,《文史》第六辑。顾先生谓:"还有一项大典礼——封禅,也是从齐国鼓吹起来的……齐国人的眼孔小,他们错认了泰山是世界上最高的山,以为它最能接近上帝,而齐威王以下已经称王,称王即是做天子,该到泰山上去答谢。稷下先生们的议论和著作本来都是为齐王朝服务的,所以古代的七十二王就都该到泰山去封禅。"这已被学界普遍认同。葛志毅《战国秦汉之际的受命改制思潮与封禅——对封禅礼形成的学术思想探源》有详细讨论,见《学习与探索》2006年第5期。

明其得封也。从阴道下,禅于梁父。其礼颇采太祝之祀雍上帝所用,而封藏皆秘之,世不得而记也。

始皇之上泰山,中阪遇暴风雨,休于大树下。诸儒生既绌,不得与用于封事之礼,闻始皇遇风雨,则讥之。①

秦始皇是第一个把五德终始说和现实政治实践相结合的人,把秦的兴起和秦统一的原因归于秦得水德。不过,秦始皇之水德的政治内容和驺衍宣传的有着巨大的差异:驺衍的目标是"尚德",要实现的是"仁义节俭,君臣上下六亲之施",严格地说,属于儒家政治范畴,司马迁就把驺衍列入儒家之列。而秦始皇则是"刚毅戾深,事皆决于法,刻削毋仁恩和义,然后合五德之数。于是急法,久者不赦"②。据《史记索隐》的解释,秦始皇之所以"急法,久者不赦",就是因为"水主阴,阴刑杀,故急法刻削,以合五德之数"。这正应了"历史常使人走错房间"这句经典名言。驺衍奔走呼号的本意是实现"仁义节俭,君臣上下六亲之施",结果变成了秦始皇"急法"的神学依据;秦始皇的目的是向上天表明自己是应命之主,是按照上天旨意治理天下,希望子子孙孙、千秋万代做皇帝,结果二世而亡。不过,值得玩味的是,当时和后世的儒生认为,秦之二世而亡,是因为秦始皇封禅未果,或者是秦始皇行事不符合天命。司马迁记其事云:"始皇封禅之后十二岁,秦亡。诸儒生疾秦焚《诗》《书》,诛僇文学,百姓怨其法,天下畔之,皆讹曰:'始皇上泰山,为暴风雨所击,不得封禅。'此岂所谓无其德而用事者邪?"③所谓"不得封禅"是儒生的泄愤之词,不影响对秦始皇封禅的认定。而秦的二世而亡,则是对秦始皇封禅的讽刺,司马迁的一句"此岂所谓无其德而用事者邪",正是汉代儒者从宗教的层面对秦政的批评。本文不去讨论汉儒对秦始皇封禅以及秦政的评价,要讨论的是秦始皇封禅之举所体现的先秦区域文化的认同问题。

## 第二节　封禅所体现的文化认同

先谈区域文化的认同。从上举资料可知,秦始皇封禅时在齐鲁地区征召七

---

① 《史记》卷二八《封禅书》,第1366—1367页。《秦始皇本纪》记载稍略。
② 《史记》卷六《秦始皇本纪》,第238页。
③ 《史记》卷二八《封禅书》,第1371页。

十位儒生为博士①。这七十位博士主观上确实为秦始皇尽心尽力,无奈封禅本无统一仪典可循,理论阐释更是五花八门,而儒生们对秦始皇内心世界和政治主张所知甚少,结果人言甚殊,使人不知所从,引起了秦始皇的不快。

在秦始皇看来,封禅在报功于天地的同时,也在昭告天下:自己这个始皇帝是受命之主,有天地神明保佑,大秦帝国千秋万代是上天注定的,其仪典自然神圣而庄严,不应有任何瑕疵,更不应有任何的分歧。因为一旦有了分歧,封禅的神明之光就不那么耀眼了。这对于志得意满、以古今第一圣王自居的秦始皇来说,当然不能接受。而博士们号为精通古今,擅长封禅仪典,结果封禅在即却"议各乖异",提出的方案也是"难施用"。这对于在战争中长大、一向令行禁止的秦始皇来说,当然不可接受,认为儒生只能发发议论,不能解决实际问题,所以"由此绌儒"。而儒生们也因此对秦始皇心生不满,所以在秦始皇封禅遇雨时"讥之";当秦朝二世而亡以后,儒生们干脆说"始皇上泰山,为暴风雨所击,不得封禅",等于直接宣布秦朝根本没有得到天地神祇的承认,更不会得到天地神祇的保佑,因此才二世而亡。秦始皇从征召儒生任命为博士而"绌儒"、儒生们从积极为秦始皇封禅服务到讥笑秦始皇封禅之举,这个转变过程看上去简单,实际上反映了长期以来形成的秦与六国特别是齐鲁地区文化认同的曲折过程。这要从秦和六国的文化隔阂说起。

众所周知,秦兴起于西方,在春秋战国诸侯争雄序列中是后起之国,直到春秋时代,中原诸侯的礼乐俱乐部即将曲终人散的时候,秦国才带着西北边陲的戎人之俗加入诸侯争霸的队伍之中。不过,当时的中原各国并不把戎狄之俗当作洪水猛兽,尽管齐桓公打着"尊王攘夷"的旗号首登霸主宝座,但因为当时还没有后世的夷夏之防,更主要的是当时的大国如楚、齐、晋等都程度不等地融汇了

---

① 按:《史记·封禅书》载"征从齐鲁之儒生博士七十人",这是秦朝设立博士官的主体,《秦始皇本纪》载,秦始皇三十三年"始皇置酒咸阳宫,博士七十人前为寿"的博士七十人和"征从齐鲁之儒生博士七十人"应是同一群体。对这里的"儒生博士七十人"可以有两种理解:一是七十位都是儒生、都被任命为博士,则秦朝的博士官都有儒生担任;一是儒生和博士共七十位,任博士官的不限于儒生。如果按照后者,则儒生和博士应该分读。笔者采用第一种理解,因为秦始皇"征从齐鲁之儒生博士七十人"的目的是举行封禅典礼,儒生通晓礼乐,只有儒生才有资格担任博士官。下文因为博士们对封禅典礼看法不一、理论解说不合秦始皇心意,引起秦始皇不快,秦始皇"由此绌儒生",说明七十位博士均为儒生。

当地的蛮夷戎狄（楚之苗蛮、齐之莱夷、晋之山戎等）的文化成分，都经历过以夏变夷的历史过程，彼此谁也没有资格说长道短。所以，当秦穆公称霸西戎、成为春秋霸主以后，天子至胙、诸侯毕贺。

但是，降至战国，随着儒学影响的扩大，也因为中原各国和少数民族在地理空间上日渐分离和文化发展差距扩大与文化类型分野的日渐明晰，加上儒学影响逐渐广泛，特别是春秋公羊学、穀梁学兴起，夷夏之防兴盛，东方学者、政治家对秦国就不像秦穆公时代那样尊敬了。特别是东方六国先后进行变法、国力强大以后，"秦僻在雍州，不与中国诸侯之会盟，夷翟遇之"①。而在秦国强大以后，东方六国一方面在思想观念上继续夷狄视秦，另一方面则视秦为虎狼。这反映了战国中后期以儒家学派为代表的东方士人在文化上对秦国的排斥。这种文化上的排斥，一方面是以秦国历史特点为基础，另一方面则是基于秦孝公用商鞅变法，排斥言谈游说之士，奖励耕战、唯法是上、不避亲疏、薄仁寡恩，人与人之间是赤裸裸的利益关系，缺少儒家的温良恭俭让。

历史地看问题，若从习俗上看，一定要把不符合儒家礼乐文明的习俗称之为戎狄蛮夷之俗的话，只要稍稍对《史记·货殖列传》和《汉书·地理志》有关先秦风俗文化的叙述略加比较就不难得知：有戎狄之俗者绝非秦地，无论是燕赵大地，还是齐鲁之邦，无不如此，更不要说楚国和吴越地区了。②

然而，无论是文化上的贬低还是政治上的排斥，都要随着历史实践的变迁而变迁。秦国是夷狄也好，是虎狼也罢，秦统一天下之势是不可避免的。而统一是先秦诸子共同的追求，尤其是儒家和法家。所以，那些稷下学人，一方面高谈阔论自己的王者之道，一方面也在思考着如何把自己的主张变成现实，而齐国在思想文化上虽然开放，但在政治实践上距离王者之道更远，同时也非常清楚，秦政的短处在于"无儒"，如果把儒家的"王道"和秦的"霸业"相结合，"王业"就变成了现实。所以，当吕不韦为相，开门揖客以后，六国士人纷纷入秦，尽心竭力地用自己心目中的王者之道去补救秦政的不足，《吕氏春秋》就是荀子所说的"粹而

---

① 《史记》卷五《秦本纪》，第202页。
② 关于春秋战国时代各地风俗文化及其走向，参见本书第十三章、第十四章。

王"——"王者之道"的集中体现①。可以说,从荀子开始,以儒家传人为代表的东方士人对秦国的政治态度已经改变,由排斥到认同,并希望以其所学补益秦政之现实。

但是,这些士人忘记了这样一个真理:理论必须和现实需要相结合才能变成现实。统一之道、王者之业的理论久已有之,无数学人呕心沥血,奔走呼号,为什么没有变成现实?原因就是和各国政治实践相脱离。当学人们埋头几案、构造王者之业的蓝图时,忽略了秦国的历史特点和秦始皇的政治追求。所以,秦始皇亲政、统一全国以后,并没有像诸生们所希望的那样"以仁义德治"治天下,而是接过了五德终始和封禅说的外在形式,抛弃了其政治内涵,把秦政和秦制作为"圣王之业"的主体。五德终始和封禅说本来是要矫正现实政治弊端的,现在却成为歌颂、宣扬现实政治的工具,和云集秦廷的士人的理想自然产生距离。这是儒者诸生及其他学派的学者们没有想到的。究其原因,在于士人们对秦国历史实践缺少必要的了解。

## 第三节 封禅与秦统一正义性的论证

人们往往把宣扬五德终始说、行封禅、巡游天下、刻石记功归因为秦始皇权势欲的膨胀,这当然有历史依据,但是,若从历史的角度看问题,仅此是不够的,不足以揭示秦文化发展特点及其与六国文化的差异,尤其是秦人所独有的天命

---

① 秦政"无儒"是荀子入秦考察以后的概括。《荀子·强国篇》云:"应侯问孙(荀)卿子曰:'入秦何见?'孙卿子曰:'其固塞险,形势便,山林川谷美,天材之利多,是形胜也。入境,观其风俗,其百姓朴,其声乐不流污,其服不挑,甚畏有司而顺,古之民也。及都邑官府,其百吏肃然,莫不恭俭、敦敬、忠信而不楛,古之吏也。入其国,观其士大夫,出于其门,入于公门;出于公门,归于其家,无有私事也,不比周,不朋党,偶然莫不明通而公也,古之士大夫也。观其朝廷,其间听决百事不留,恬然如无治者,古之朝也。故四世有胜,非幸也,数也。是所见也。故曰:佚而治,约而详,不烦而功,治之至也。秦类之矣。虽然,则有其諰矣。兼是数具者而尽有之,然而县之以王者之功名,则倜倜然其不及远矣。是何也?则其殆无儒耶!故曰:粹而王,驳而霸,无一焉而亡。此亦秦之所短也。'"在荀子心目中,秦政虽然无儒,但在当时列国中,无疑是最为廉洁高效的,如果有"儒","王业"就实现了。

意识。

如前所述，按照礼制，天帝之祭是周天子的专利，诸侯只能祭祀封国内的山川神灵。但是，秦立国伊始就没有理会周礼的规定，直接祭祀天帝。秦襄公刚刚封侯，和戎人还处于艰难的争夺之中的时候，就以"居西垂，自以为主少暤之神，作西畤，祠白帝"。十六年之后，秦文公作鄜畤，祭白帝。其后秦宣公作密畤于渭南，祭青帝。后秦灵公作吴阳上畤祭黄帝，作下畤祭炎帝。①按当时宗教观念，四方各有天帝，尽管在灵公之时诸帝名称和方位还没有定型，如被秦视为天帝加以祭祀的黄帝和炎帝，在部分东方学者心目中还只是传说中的圣王，并没有神格。但是，我们可以得出结论：秦人从立国伊始就以受命于天自居，起码在宗教上就和周天子平起平坐了。这是历代秦君的共识。

不过，受命于天是一回事，如何完成所受之命是另一回事。限于当时的历史条件，秦襄公虽然自认为受命于天，而建国立业所走的路数只能是效法周人的礼乐制度，即使是秦穆公称霸西戎，在思想观念上向往的仍然是周人的礼乐文明。在秦的霸主地位丧失以后，历史的羁绊更使秦人在传统社会结构中艰难跋涉。降至战国初期，东方各国都先后展开了摆脱历史传统的社会变革，纷纷走向富强之路，秦国只能陷于被动挨打的境地。直到秦孝公找到了"霸道"，才使秦走上了强大的坦途。至秦始皇，奋六世之余烈，最终完成了统一大业。也只有到了这个时候，秦始皇才明白其列祖列宗所受天命及其实现之道的具体内容。所以，当齐鲁儒生把封禅说、五德终始说奉献予秦廷的时候，秦始皇毫不犹豫地接收过来，使秦由一个蕞尔小邦到统一帝国的历史演变获得更加完满的解释，同时得到天帝神明的进一步庇佑，表明了自己才是多少年来、众多学人孜孜以求的圣王之道的担当者、圣王之业的建立者！

然而，秦始皇的圣王之道和博士诸生的圣王之道是有区别的。秦始皇的圣王之道是秦国发展壮大、统一天下的历史经验，是商鞅变法以来的法律制度、治国思想。诸生们的圣王之道则是以西周礼乐社会为基础的"仁德之政"。而诸生入秦，在一定程度上坚守自己的主张，以其所学，裁量执政。这就注定了秦始皇"悉召文学方术士甚众，欲以兴太平"②的愿望不能实现。所以，秦始皇之"黜

---

① 《史记》卷二八《封禅书》，第 1358 页、第 1360 页、第 1364 页。

② 《史记》卷六《秦始皇本纪》，第 258 页。

儒"绝不仅仅因为诸生所提之封禅仪典"难施用"、所作的理论解说难以采信,更主要的是二者的治国主张不同,儒生们希望吸收三代之政、制,当然引起秦始皇的反感。也就是说,儒生们认同秦的统一,但认为这个统一还不是"王业",还须实行理想中的"王道",才能成就真正的"王业"。而秦始皇认为自己的"王业"就是"王道"的结果,是天命所至,封禅就是要以自己的方式把历代秦君所走过的艰辛和自己获得的成功上告于天地神明,所以,对于齐鲁诸生以周代礼乐为基础的封禅仪典不感兴趣,更无法接受其"法先王""师古"的政治主张。

上已指出,秦始皇封泰山,就是向天下宣布,只有秦政、秦制才是符合天命的。如果说战国时代的齐人是因为视野限制认为泰山是天下最高山、距离天帝最近而于泰山祭天,那么,对于秦始皇来说,这个理由是不成立的。因为终南山远高于泰山,距离天帝要近于泰山,在终南山向上天报功更易于为天帝所了解。而秦始皇没有这样做,是因为在齐鲁诸生心目中,只有在泰山举行祭天大典才是正宗,古往今来的众多圣王都在泰山祭天就证明了这一点。所以,秦始皇封泰山,固然有宗教目的,更主要的还是现实政治目的,即诏告天下,只有自己才是功高五帝、德过三皇的一代圣皇,至于具体仪式及其理论诠释必须符合这一政治需求。也就是说,秦始皇接受齐鲁诸生的封禅说,宗教目的固然重要,但现实的政治目的更为重要,是要通过封禅,圣化、神化自己的统治。

秦始皇屡屡出巡东方,刻石立碑,歌颂秦功,可以看作是封禅的政治属性的延续,刻辞中反复说明秦灭六国是如何正义,自己统治是如何上应天命、造福万民,都是在反复地向黎民百姓灌输其天命观念,要黎民百姓特别是东方士人归心于秦,是在改造六国士人的天命观(包括政治思想),所谓"悉召文学方术士甚众,欲以兴太平"的内涵也在这里。遗憾的是,秦始皇和这些文学方术士都坚守自己的政治理念,士人忽视了帝国皇权与以往的不同,继续其指点江山的传统;秦始皇则迷醉于已有经验和自己营造的神圣光环之中,无视诸生合理主张,最终酿成"焚书"的政治悲剧。从封泰山时的"黜儒"到议分封引发的焚书,再到卢生求长生不死药案导致的"坑儒",既体现了权势对思想的控制、认同与冲突,也体现了秦文化与六国文化——特别是齐鲁文化的认同与冲突。这种认同与冲突有其历史和现实的必然,其最终化解,也必须以新的现实为条件。当然,这只能是以后的事情了。

——中篇——
# 诸子与秦政

# 第五章 《墨子》、墨家与秦国政治

商鞅变法以后,墨子传人以其所学效力秦国,学者曾经指出,但是缺少系统的历史梳理和探讨,没有从思想与政治建设的层面分析其深层原因。这个问题,既是认识秦思想文化发展的需要,也是认识诸子思想与政治实践的需要。

## 第一节 墨子集团与秦政

《韩非子·显学》谓:"自墨子之死也,有相里氏之墨,有相夫氏之墨,有邓陵氏之墨。故孔墨之后,儒分为八,墨离为三,取舍相反不同,而皆自谓真孔墨,孔墨不可复生,将谁使定后世之学乎?"一般说来,学术界把"离为三"之前的墨家学派称为前期墨家,"离为三"之后称为后期墨家。当然,后期墨家是否就是如韩非所说分为这三派,还可以进一步研究。如《庄子·天下篇》谓"相里勤之弟子,五侯之徒,南方之墨者若获、已齿、邓陵子之属,俱诵《墨经》而倍谲不同,相谓别墨。以坚白同异之辩相訾,以觭偶不仵之辞相应,从巨子为圣人,皆愿为之尸,冀得为其后世,至今不决"。这里的"别墨"是相对于墨子学说的正统传人而言的,和韩非所说的"墨离为三"的三派关系如何,尚难以做出确切的判断。① 但无论其关系如何,这在战国时代,墨家学派名声极为显赫,故孟子总结说当时"圣

---

① 关于《庄子·天下篇》的"别墨"和《韩非子·显学》的"墨离为三"的关系,郭沫若谓《天下》的相里勤"不用说就是相里氏。五侯大概就是柏夫。这两派属于北方。邓陵与若获、已齿属于南方,与前两派相合仍是三派",见《十批判书·名辩思潮的批判》,《郭沫若全集》历史编第二卷,人民出版社,1982 年,第 284 页。侯外庐则认为:"《天下篇》与《显学篇》所讲的,或为时代相接的两件事。此两事虽同样讲述墨家后学的派别分裂,但《显学篇》所讲的是离为相里、柏夫与邓陵三派,文字语句甚明,而《天下篇》所讲的则似此一分裂的继续,在继续分裂的阶段上,对立的派别也未必仍为三派。"见氏著《中国思想通史》第一卷,人民出版社,1957 年,第 473 页。

王不作,诸侯放恣,处士横议,杨朱、墨翟之言盈天下。天下之言,不归杨,则归墨"①。孟子所说是专从"墨辩"一派立言的;但墨翟后学除了"墨辩"一派之外,还有不尚言谈而专一事功的一派,和为了公义理想不惜牺牲自己的墨侠。墨子本人就是一个理论和事功兼擅的人,他和公输般、楚王的一番对话和攻守战具的较量,最后使公输般、楚王心悦诚服地放弃了攻宋的计划,就充分地说明了这一点。②其后学既有继承其理论者,也有继承其事功传统的。只是尚事功的一派不像墨辩那样引人注目,后人未予注意罢了,倘若细析史实,我们还是不难发现其史迹的。《墨子·耕柱》云治徒娱、县子硕问墨子"为义孰为大务"?墨子回答说"譬若筑墙然,能筑者筑,能实壤者实壤,能欣者欣,然后墙成也。为义犹是也。能谈辩者谈辩,能说书者说书,能从事者从事,然后义事成也"。也就是说,"为义之大务"是没有一定的行为模式的,而是根据自身条件,发挥各自特长。这段话是否是墨子原话不可确知,但所表述的思想和墨子一致则无须怀疑。所谓"谈辩者"就是指与杨朱并称的名辩学派;"说书者"就是指阐发弘扬墨子政治思想、社会思想主张的一派;"从事者"则是指长于具体事功的一派。就墨子本人而言,这三者是集于一身的,其后学则各有侧重。今本《墨子》各篇的思想内容、文章风格、思维特点明显分为三个部分。从卷一到卷九的三十九篇(有八篇有目无文,实际为三十一篇),即系统论述墨子哲学与政治思想的《亲士》《法仪》《尚同》《非攻》诸篇,是墨子所著或由其门人笔录;卷十一到卷十三的《大取》《小取》《耕柱》《贵义》《公孟》《鲁问》《公输》诸篇与第一部分相同,间杂有墨子弟子的记述,抑或是"说书者"所言。卷十的《经上》《经下》《经说上》《经说下》,则是"谈辩者"的记录;卷十四的《备城门》以下各篇显然是"从事者"所为。这些只要细读原文就不难发现。前贤时哲则从不同的历史时代予以解释,认为《经上》以下是后期墨家所为,以上是前期墨家的思想;有的学者对《经》及《经说》以下诸篇避而不谈。其共同的结果都是忽略了墨学中"能从事者"这一派的存在,或者重视的程度不够。

战国时代,尽管墨家因其"名辩"和"说书"而成为"显学",大有和儒家一争

---

① 《孟子·滕文公下》,《十三经注疏》,第 2714 页。
② 孙诒让:《墨子间诂·公输》,《新编诸子集成》本,中华书局,1986 年(下同),第 443—449 页。

高下之势,但若以对当时军国政事的影响而言,其"从事"一派尤其应当予以重视。因为"名辩"之学只限于逻辑和学术的范围之内,说书派宣扬的"非攻""兼爱""尚贤"的政治主张被各国执政付诸实践者更少;而"从事"一派重事功、尚实效,对军事攻防之术用力尤勤,才真正地被各国所采纳。上文提到的墨子止楚攻宋事可视为墨家以其事功影响军政的最早史例。但是,若就"从事"一派对军政影响而言,七国各不相同,而以秦最为突出。《吕氏春秋·去宥》云:

> 东方之墨者谢子,将西见秦惠王。惠王问秦之墨者唐姑果。唐姑果恐王之亲谢子贤于己也,对曰:"谢子,东方之辩士也,其为人甚险,将奋于说以取少主也。"王因藏怒以待之。谢子至,说王,王弗听。谢子不说,遂辞而行。

秦之墨者在政治上已有一定影响,唐姑果才能通过惠王把"东方之墨者谢子"拒之门外。值得注意的是唐姑果挑拨惠王冷淡谢子的两条理由:一是说谢子是"东方之辩士也",二是"将奋于说以取少主也"。"少主"是指惠王太子,这大约是利用惠王年老、怕失去权力而对太子心存戒备,担心太子招徕游士扩大势力的心理,故意以"奋于说以取少主"挑起惠王对谢子的不满。但这只是第二位的,第一位的是称谢子为"东方之辩士"。先以"辩士"之名称谢子,后说谢子"将奋于说以取少主",说明惠王不喜"辩士",正说明唐姑果和谢子不是一个派别,唐姑果属于"从事派",起码是以"从事派"的面目活跃于秦惠王驾前。当然,秦国墨者并非唐姑果一人,而是一个群体。《吕氏春秋·去私》云:

> 墨者有钜子腹䩅,居秦,其子杀人,秦惠王曰:"先生之年长矣,非有它子也,寡人已令吏弗诛矣,先生之以此听寡人也。"腹䩅对曰:"墨者之法曰:'杀人者死,伤人者刑。'此所以禁杀伤人也。夫禁杀伤人者,天下之大义也。王虽为之赐,而令吏弗诛,腹䩅不可不行墨者之法。"不许惠王,而遂杀之。

钜子,是墨者集团的领袖,所属数十人或数百人不等;其徒众唯钜子之志是从。楚悼王时,有钜子孟胜和楚国的阳城君友善,为阳城君守城;楚悼王死后,阳城君参与攻杀吴起而辱及悼王遗体,按法当斩;阳城君逃亡,楚肃王下令收回阳城君封邑,孟胜率其徒众守城不降,死者百八十人。① 腹䩅以钜子居秦,"其子杀

---

① 陈奇猷:《吕氏春秋校释·上德》,学林出版社,1984年,第1257页。

人",依法量刑,有专门人员依律判定。惠王竟然要改变律条,以腹䵍"年长,非有它子"为由置律条于不顾,而"令吏弗诛",可见腹䵍和惠王关系的不一般。出乎秦惠王意料的是腹䵍坚守墨者之法,还是将儿子处死了。钜子是墨者集团领袖,腹䵍身为钜子,追随其左右的不在少数,这些人自然因为腹䵍和惠王关系而发挥着各自的作用。腹䵍之坚持用墨者之法处死亲生儿子,就是为了维护墨者之法的严肃性。腹䵍得到惠王的信任,凭借的是自己的真才实学和人品。唐姑果是否为钜子,不敢妄断,但是凭借其和惠王的关系,决非一介书生可以比拟,亦当有其追随者。可见,惠王时代,秦国墨者集团之活跃和数量之多。也正因为如此,东方之墨者才有意奔秦。

不过,惠王并非对所有的墨家传人都喜欢,对那些不务实务、专尚理论的墨辩一派就不喜欢。《吕氏春秋·首时》载"墨者有田鸠欲见秦惠王,留秦三年而弗得见",后来投奔了楚国。这个田鸠又作田俅,应该是个辩士,居秦三年而没能见到惠王,也是惠王不喜游士的缘故。① 商鞅变法,排斥以诗书礼乐仁义道德治国的同时,反对一切言谈游说之士,谓"辩慧,乱之赞也;礼乐,淫佚之征也;慈仁,过之母也;任誉,奸之鼠也"②。把游谈辩说之士列为"六虱"之一。惠王对商鞅虽然不满,即位伊始,就车裂了商鞅,但那只是权力之争,不仅法律制度全盘继承商鞅,连执政传统也一并继承了,不喜辩士就是其体现。

秦国的墨者是"从事"一派,那么这些墨者在秦所从何事?对秦国的社会、政治有何影响?窃以为,这至少体现在两个方面:一是从事兵法的应用研究,提供军事技术服务;二是从事官营手工业的生产管理或技术支持。先看其军事贡献。众所周知,作为墨家学派领袖的墨翟同时也是一位军事家,其兵学造诣甚深,这体现在其军事思想方面有鲜明的个性特点,如反对以兼并邻国土地人口为目的的战争,也就是著名的"非攻"论,但"非攻"论并不停留在一般性的道德层面的呼吁上,而是主张积极的防御战,也就是说,"非攻"并非一概反对战争,而是反对不义的战争,赞成正义的战争。当他国打到门前而进行的积极的防御是正义的战争,征讨不仁不义也是正义的战争。如有人诘问他:"以攻伐之为不义,非利物与?昔者禹征有苗,汤伐桀,武王伐纣,此皆立为圣王,是何故也?"墨子回

---

① 田鸠事见《韩非子·外储说左上》,其记载与《吕氏春秋·道实》各有详略。
② 《商君书·说民》,中华书局影印世界书局诸子集成本,1980年,第五册第10页。

答说:"子未察吾言之类,未明其故者也。彼非所谓攻,是谓诛也。"墨子所非之战争是属于"攻"这一"类"的,"攻"是非正义的;"诛"是正义的,是应予支持的。这只是墨子兵学的一个次要方面,其主要方面则是对军事技术的研究与创造,套用现代术语,就是对军事工程技术的研究和创造,这在当时可谓独步海内,其弟子更是尽传其学。上举墨子止楚攻宋事就是显例,公输般和墨子比试攻防技术,"公输般九设攻城之机变,子墨子九距之;公输般之攻械尽,子墨子之守圉有余"。公输般想杀墨子以绝其学,墨子对楚王说:"臣之弟子禽滑离等三百人,已持臣守圉之器,在宋城上而待楚寇矣。虽杀臣,不能绝也。"①这三百弟子当然不是墨子弟子的全部,而只是一部分,是精于军事技术的那一部分,也就是属于能"从事"的那一部分。墨子虽逝,其在军事技术方面的贡献则由其弟子代代相传。在兵争之世,他们较那些言谈游说之士更受各国的欢迎。秦孝公在秦处处被动挨打的情况下,下令求贤,各家各派蜂拥而至,墨家自在其中。及至孝公用商鞅之说,以"霸道"立世,急耕战之赏,排斥《诗》《书》、言谈之士,作为和儒家相对的墨家学派本来就受到欢迎,其军事之学自然更加受到重视。当然,以上所说只是逻辑的判断。由于秦之墨者属于"从事派",他们埋头于具体军事技术的研究与应用之中,在文献中没有留下多少个体活动的史影,故而其在秦的军事作为长期以来不为研究者所重视,直到云梦秦简的面世,我们才可以肯定秦国墨者在秦国军事上的作为与贡献:现有《墨子·备城门》以下各篇被确认为秦国墨者所作。

现存《墨子·备城门》以下凡十一篇,对其作者及成书时代首先提出讨论的是《四库全书总目提要》,认为是墨家门徒因墨子止楚攻宋、公输九攻、墨子九拒之事,采兵家学说为之而附会于《墨子》书后。孙诒让《墨子间诂》沿其说,而苏时学在《墨子刊误》中则进一步认为是商鞅一派的著作。1928年,朱希祖作《〈墨子·备城门〉以下二十篇系汉人伪书说》,提出四点理由:一是《备城门》以下多汉代官名;二是有汉代刑法制度;三是行文多抄袭战国末及秦汉诸子,抄袭《管子》尤多;四是多言铁器、铁兵,与墨子时代不符,决为汉人伪托。②蒙文通先生则明确提出为秦国墨者所作。蒙文通先生在《儒学五论·论墨学源流与儒墨汇

---

① 孙诒让:《墨子间诂·公输》,第447—449页。
② 顾颉刚:《古史辨》第四册,上海古籍出版社,1982年影印,第261—271页。

合》一文中指出,韩非所说"墨离为三"是指东方之墨、南方之墨和秦之墨。并将《备城门》以下各篇和《商君书·兵守》进行比较,从制度层面论证《备城门》以下诸篇为秦墨所作,谓"自《备城门》以下诸篇,备见秦人独有之制……其为秦墨之书无惑也"。①后之学者,或从朱说,或从蒙说,或避而不谈。比较而言,蒙说较朱说更为合理。因为不是墨子亲著,并不等于不是其门徒所著。汉代行政、法律沿自商鞅变法以后的秦制,与其说《备城门》诸篇的官制、刑名与汉相同,不如说与秦相同更贴近。墨子时代铁器、铁兵固然不如后世普及,并不等于战国中期以后还没有普及。战国后期,诸子之间语言杂错,相互融通是共同趋势,不能说明只有汉代士人才抄袭其他诸子书。所以,在逻辑上与其说是汉人伪作,不如说是战国中期以后的墨者所作。

如果说学术界对朱、蒙二说尚无定论的话,云梦秦简的面世,则为这一争论画上了句号。李学勤先生在《秦简与〈墨子〉城守各篇》一文中,除了以出土秦律为据,比较《备城门》以下各篇与秦法律、职官名称方面的一致性之外,还论证了计量制度的类似性、语词书写格式的相似性,认为《备城门》以下各篇"很可能是惠文王及其以后秦国墨者的著作"②。李先生的结论虽然表述得委婉,但就其所论已成定谳。对此,详细的讨论情况时贤已有详述,此不赘述③。这里只是指出秦之墨者对秦国军事的贡献。《备城门》以下各篇详细阐述了城防技术,是古代军事工程技术的瑰宝,这不是什么纸上谈兵,而是军事实践的规范,是秦国墨者集体智慧的结晶。④

说到这里,有一个疑问还须回答,这就是秦自商鞅变法之后,一跃而成七雄之首,锐意东进,兼并六国,在军事方面以主动进攻为主,而《墨子》城守各篇所述均为守城之术,立足于防守而非进攻,这是为什么?李学勤先生认为:"秦在战

---

① 刘梦溪主编:《中国现代学术经典·廖平蒙文通卷》,河北教育出版社,1996年,第587页。

② 李学勤:《秦简与〈墨子〉城守各篇》,刊中华书局编辑部:《云梦秦简研究》,中华书局,1981年(下同),第324—335页。

③ 史党社:《〈墨子〉城守诸篇研究述评》,《秦文化论丛》第七辑,西北大学出版社,1999年。

④ 对《墨子·备城门》以下各篇的研究,参阅岑仲勉:《墨子城守各篇简注》,《新编诸子集成》本,中华书局,1958年。

国后期十分注意对北方少数民族的防御。"《墨子》城守各篇,当即在此种需要下应运而生,其烽表守防等技术传于汉世,因而与西域汉简有很多相同之处①,所言甚是,但还不全面。战国后期的秦国虽然注意对西北少数民族的防御,但防守的重点依然是东方各国。攻防是一个问题的两个方面,秦在进攻三晋各国的同时,也时时防备各国的进攻,东方边防并未懈于西北少数民族地区。东方联军的几次进攻虽然没形成大的危险,但对秦的威胁要比西北少数民族大得多。此外,这和墨家的思想传统也有一定关系。"非攻"是墨子的基本政治主张,秦国墨学集团虽然服务于秦,但依然谨守"非攻"的祖训,故立足于防守之学,虽明于进攻,也不专为其事。但是,防守技术的进步,本身就刺激着进攻手段的发展,秦国墨者留下来的军事技术虽然立足于守,但丝毫不影响他们对进攻技术的贡献。从这一点讲,"非攻"的本身也是一种"攻"。

现在谈秦墨对秦官营手工业的贡献。在战国时代,以秦国的国有经济最为发达,官营手工业在经济结构中所占的比重最大。商鞅变法,国家控制山川林泽,垄断资源,抑制私营工商业,禁止弃农经商以一民于农亩。手工业生产主要由官府经营,云梦秦律中的关于手工业生产经营管理的一系列细密的规定均为国营手工业而设。这些众所周知,无须赘举。墨子本人就熟悉手工业制造技术,止楚攻宋、禽滑釐之徒为宋设防所用的器械是墨子设计的。其门徒更有众多的能工巧匠,一边宣传其政治主张,一边生产自给。庄子言墨子效法大禹"腓无胈,胫无毛,沐甚雨,栉疾风,置万国",其门徒"多以裘褐为衣,以跂蹻为服,日夜不休,以自苦为极。曰:不能如此,非禹之道也,不足谓墨"②。这是对墨家从事派的描述,谈辩派就未必尽然了。秦国发达的官营手工业、淳厚古朴的民风、严明的法律,既为他们施展其技术特长提供了舞台,又与其生活作风、价值观念相一致,而秦国政府对墨者这样的能工巧匠更是求之若渴。故而,我们可以肯定地说,在秦国官营手工业作坊中,包括兵器制造业在内,必然有墨者从事直接的生产活动,或从事管理。只是他们所从事的是默默无闻的生产活动,史籍中没有记载罢了。

---

① 李学勤:《秦简与〈墨子〉城守各篇》,《云梦秦简研究》,第324—335页。
② 《庄子·天下》,郭庆藩撰:《庄子集释》,《新编诸子集成》本,中华书局,1961年(下同),第1077页。

## 第二节　墨家参与秦政的原因分析

无论是军事技术,还是官营手工业的生产管理,东方各国都同样需要。而在时人的心目中,商鞅变法之前的秦国发展落后,和"夷狄"无异,连参与东方盟会的资格都没有;变法之后,被认为是"尚首功"的"虎狼之国"。墨学传人尽管分化为三,但在深层次的社会观念、政治伦理上与墨子的主张多少还有着一致性。那么,发端于鲁宋之地的墨家学派为什么却在秦国开花结果? 对此,前贤时哲无一人予以重视。笔者以为,这可以从两个方面予以探讨:一方面是秦自商鞅变法以后在排斥言谈游士的同时,大肆招徕实用人才,并以严明的法律、政策为保障,适合那些以技术见长的墨者发挥才干。另一方面,从墨家的政治主张和价值观念看,与秦国有其一致性,即在政治方面墨家的"尚同""尚贤"等主张与秦的集权政治一致,在价值观上墨家的功利主义价值观与秦一致。

众所周知,墨子是先秦时期对"用贤"进行系统论述的第一人,《墨子·尚贤下》的"官无常贵,而民无终贱。有能则举之,无能则下之""虽农与工肆之人,有能则举之"是先秦人才思想的最强音。其"贤"的标准是墨家的伦理道德和从事政治、军事、经济实务技能的统一,并要求能自觉地付诸实践。秦孝公发布求贤令,明布天下谓只要能使秦国富强,无论出身,都予以尊官高爵,所以当商鞅从魏到秦的时候,墨家传人自然也会到秦廷实现自己的理想。商鞅变法,以富国强兵为目的,以法律为手段,使上下有序,吏治清明,和墨子"尚同"的主张异曲同工。墨子"尚同"的中心思想是下同于上,以"上"之意志为意志,《尚同》三篇就是反复论证这个道理的,说穿了就是主张建立集权政治,这和商鞅变法的政治本质相通。墨子在世时没能把自己的"尚同"主张付诸实践,也没有找到"尚同"的理想国,墨子的传人在秦找到了,必然以积极的姿态投身于秦国的改革与建设之中。

若从价值观念的层面看,轻理论、讲实效是秦文化的本质特征。墨子的学说曾受孔子的影响,其具体的政治主张、社会观点和儒家有相通之处,如法先王、赞仁义、尚《诗》《书》等,但就思想体系而言,和儒家则有着本质的不同。汉人曾概括云:"墨子学儒者之业,受孔子之术,以为其礼烦扰而不说,厚葬靡财而贫民,

（奢）服伤生而害事。"①这儿总结的仅是其具体主张的不同，如果从哲学的高度看，儒家的价值观念属于伦理主义的范畴，即人活着就是为了维护、实现既定的以"亲亲尊尊"为基础的伦理价值，人必须克制自然本性去符合道德规范。而墨家虽然也讲道德，但道德是人谋取幸福的桥梁，其目的是使人的欲望得到满足。这里的"人"是全天下的人，即满足天下所有人的利益，而不是一小部分统治者的利益，更不能为了满足自己去损伤他人，因而墨家的价值观念是功利主义的。我们只要把儒、墨两家关于义利关系的分析稍作对比就清楚了。

孔子重义轻利，"君子喻于义，小人喻于利"是孔子的格言；孟子则完全把义和利对立起来，为了"仁义"要牺牲自己的生命，天下大乱就是讲"利"的结果，是"利"字残害了人的"仁义"天性，人活着就是为了"仁义"。"何必曰利，亦有仁义而已矣"，"上下交征利而国危矣"。墨家则与此相反。墨子从现实主义的立场出发，认为君臣父子、伦理道德都是以功利为前提的，"所谓贵良宝者，为其可以利也。而和氏之璧、隋侯之珠、三棘六异，不可以利人，是非天下之良宝也。今用义为政于国家，人民必众，刑政必治，社稷必安。所为贵良宝者，可以利民也。而义可以利人，故曰：义，天下之良宝也"②。什么是义？利人、利民才是义。作为道德，"义"就是"有力者疾以助人，有财者勉以分人，有道者劝以教人"③，讲义、讲德必须予人以实际利益，否则是为空谈。人与人之间的关系，君臣父子也是以利益为基础的，"故虽有贤君，不爱无功之臣；虽有慈父，不爱无益之子。是故不胜其任而处其任，非此位之人也；不胜其爵而处其禄，非此禄之主也。良弓难张，然可以及高入深；良马难乘，然可以任重致远；良才难令，然可以致君见尊"④。道德与利益一致，能力功劳与爵位相等才是"义"的体现。故而墨子把"兼相爱、交相利"互训，兼爱的目的是互利。墨子逝后，其传人干脆直接训义为利，《墨子·经上》云："义，利也。"什么是利？"利，所得而喜也"，"利，得是而喜，则是利也"。义就是利，人们得到自己所满意欢喜之物、之事就是利。这里，已把义的本质属性上升到哲学的高度，予以抽象表述了。对这儿的"利"如何

---

① 刘文典：《淮南鸿烈集解·要略》，《新编诸子集成》本，中华书局，1989年（下同），第709页。

② 孙诒让：《墨子间诂·耕柱》，第394页。

③ 孙诒让：《墨子间诂·尚贤下》，第63—64页。

④ 孙诒让：《墨子间诂·亲士》，第5页。

具体的细化,人们可以有不同的理解,但这足以说明墨家的功利主义价值观了。商鞅变法所推行的"霸道",以法治国,奖励耕战,不爵无功之士,不官无能之人,官爵与军功、事功一致,和墨家义利观完全相同,墨者事秦正是其价值观念的实现。这些,我们只要看看墨家心目中的理想政治就可以理解了。《墨子·尚贤中》有云:

> 贤者之治国也,蚤朝晏退,听狱治政,是以国家治而刑法正。贤者之长官也,夜寝夙兴,收敛关市、山林、泽梁之利,以实官府,是以官府实而财不散。贤者之治邑也,蚤出莫入,耕稼树艺,聚菽粟,是以菽粟多而民足乎食。故国家治则刑法正,官府实则万民富。上有以洁为酒醴粢盛,以祭祀天鬼,外有以为皮币,与四邻诸侯交接;内有以食饥息劳,将养其万民。外有以怀天下之贤人。是故上者天鬼富之,外者诸侯与之,内者万民亲之,贤人归之。以此谋事则得,举事则成,入守则固,出诛则强。故唯昔三代圣王尧、舜、禹、汤、文武,之所以王天下正诸侯者,此亦其法已。

> 既曰若法,未知所以行之术,则事犹若未成,是以必为置三本。何谓三本?曰:爵位不高则民不敬也,蓄禄不厚则民不信也,政令不断则民不畏也。故古圣王高予之爵,重予之禄,任之以事,断予之令,夫岂为其臣赐哉,欲其事之成也。

既要有"贤者之治国"的法令,还要懂得"所以行之本"(即"三本")。放眼战国诸雄哪一个能实现墨子理想?墨子在世时没能看到;墨子逝后,其传人在秦国找到了这一理想之地。

秦昭王时,荀子曾亲自前往秦国,考察了朝野吏民之后,对秦国的政治曾做出"古之民""古之吏""古之士大夫""古之朝"的评价,对商鞅变法以来的政治成果给予了全面肯定,认为秦国之所以"霸"是"驳"的结果,也正是墨子所主张的"法"与"术"的实践,唯一感到不足的是"无儒",因而还够不上"王业",但是,在七国之中,无疑是不可比拟的廉洁高效(详见本书第六章)。就当时各国政治来说,墨子的理想与秦国的现实无疑是合一的,墨者事秦无论是从理想追求,还是价值观念,还是施展特长,都是逻辑的必然。而对于秦国君臣来说,只要有益于霸业,无论何门何派,一律欢迎,量才使用,因功授官。

## 第三节　统一后墨学的政治影响

　　吕不韦为相之后,把商鞅以来的"驳而霸"的政治文化传统发展到新的阶段,即实现由"霸"到"王"的转变。但吕不韦对"王道"的认识和荀子有所不同,荀子认为"粹"而后才能"王"。吕不韦则认为各家各派均是实现"王治"的手段,要达到三王之治,必须兼采百家,而不是局限于哪几家,更不是只用哪一家,也不是排斥某一家,也就是说"王者之治"比"霸者之治"要更加"驳杂"。① 故而大规模招徕山东士人,采择其说,为实现"王者之治"制定蓝图,自然也把墨家的其余各派特别是"说书"一派包容在内。墨家的理论经过系统的筛选之后,被收进《吕氏春秋》中,诸如"兼爱""尚贤""节葬"等主张,成为《吕氏春秋·精通》《适威》《用民》《上谏》《长利》《听言》《求人》《不苟》《本位》《节表》《安死》等篇的思想来源。②

　　吕不韦之养士、编纂《吕氏春秋》,不是为了满足个人野心和沽名钓誉,而是为了即将到来的统一帝国做政治的和文化的准备,是为了国家而非为了个人。故而吕不韦对前来投附的士人能用其所长,能胜任吏职者则仕之,长于著述者则使之著书立说。后者有《吕氏春秋》的传世,前者虽无系统记载,但有限的记载已透露出这一重要历史信息。如李斯之仕秦,即是吕不韦推荐之功;吕不韦死后,有大批出身于秦和三晋的在职官吏不顾身家性命的危险前往吊唁,说明这些官吏和吕不韦的关系非同一般,他们不是凭着军功入仕,而是因其知识、技能入仕,是吕不韦给他们提供了机会,吕不韦对他们有知遇之恩,他们对吕不韦心存感激,对吕不韦之死满怀同情,故冒着危险参加祭礼。③ 因为吕不韦在思想观念

---

　　① 《吕氏春秋》为杂家的代表,《汉书·艺文志》谓杂家"兼儒墨,合名法,知国体之有此,见王治之无不贯,此其所长也"。颜师古注:"王者之治,于百家之道无不贯综。"关于荀子的主张,参见本书第六章"荀子眼中的秦国政治"。

　　② 关于《吕氏春秋》对墨家学说的分析与采择,参阅李峻之:《吕氏春秋中古书辑佚》;刘汝霖:《吕氏春秋之分析》,俱见《古史辨》第六册,上海古籍出版社,1982 年影印;洪家义,《吕不韦评传》,南京大学出版社,1995 年,第 164—171 页。

　　③ 参见本书第八章。

和操作程序上的改革而入仕的士人当然不止李斯和这些前往凭吊的人,还有一些在职官吏或不敢去或不能去。这起码从两个方面影响着秦国政治:一是改变秦国官僚队伍的组织成分,从整体上提高了其文化素质。因为此前之秦国官僚队伍主要是军功之士,至此才有士人凭其知识和智慧入仕。二是对政风和官僚的价值观的影响。军功官僚或准军事官僚重武轻文,其所掌握的文化主要是识字多少,作用是对法律政令的释读,而缺乏必要的理解和发挥,在执行上严格按章办事而缺少必要的变通,难以使法律与千变万化的民情协调起来,使国家机器刚性有余,张力不足。而士人官僚不仅仅能准确地把握国家法律政令,而且能把法律创造性地运用,使之顺民之情,更有利于社会的发展,使臣民不仅仅是被动地服从法律政令,而且能够主动地维护法律政令。在这些出仕秦廷的士人官僚中,墨家传人占有相当的比重。因为墨家的功利主义价值观比其他各派更主动地适应秦廷,而墨者集团优秀的自律性,更符合秦国的吏治传统,相比之下,吕不韦自然更愿意用墨家传人为官。如果说吕不韦相秦之前仕秦的墨家传人均为从事一派,仅仅限于部分技术吏职的话,那么此后"说书"一派则后来居上,任职不需要受技术岗位的限制,并把墨家思想逐步地吸收为官僚们的行为规范。这在出土材料中得到明确的说明。

云梦秦简中的《为吏之道》,是一般官吏的行为手册,至迟成书于庄襄王在位、秦始皇即位之初,也就是吕不韦为相不久的时候,在以后又有增加和续写(简文书体、文风不一,当非成于一时)。① 其主要内容是要求为吏者廉洁守法、敬畏长上、忠于职守、慈爱百姓。从行文来看,其宣传儒家的政治伦理思想甚浓。如简文有云:"以此为人君则鬼(怀),为人臣则忠;为人父则兹(慈),为人子则孝……君鬼(怀)臣忠,父兹(慈)子孝,政之本殴(也)。"② 从字面看,所云与儒家思想相似,因而研究者认为《为吏之道》所宣传的思想属于儒家,是秦儒法合流的体现,即使不云儒法合流者也谓秦在统一前夕已不再是"无儒"了,笔者也曾

---

① 据秦简编年记,墓主喜在秦始皇帝三年(前244)为史,而后相继为安陆御史、安陆令史、鄢令史,《为吏之道》一直陪伴喜走完一生,并被陪葬于地下,在其心目中其重要性要重于一起陪葬的法律条文。如果说喜在任史职之前未曾读过《为吏之道》的话,那么至迟在秦始皇帝三年其为史时读过并抄在手边,时时阅诵,故而《为吏之道》起码在此之前已成文并公布。

② 《睡虎地秦墓竹简》,第285页。

这样认为①。这虽然有其道理，但是不能就此断言。

　　社会道德并非儒家的专利，墨家也极力主张，打开《墨子》一书，类似论述信手拈来，如《兼爱》就曾把社会动乱的原因归之于"人之与人之相贼，君臣不惠忠，父子不慈孝，兄弟不和调""若使天下兼相爱……君臣父子皆能孝慈若此，则天下治"。这正是"君鬼(怀)臣忠，父兹(慈)子孝，政之本殹(也)"的原版。不仅如此，《为吏之道》中的其他内容在《墨子》书中都能找到其渊源。② 我们如果把《为吏之道》融会贯通作为一个思想体系而不是寻章摘句地分析其字面含义，就不难发现，与其说它是属于儒家，不如说和墨家更接近更符合史实：因为从思想主旨看，《为吏之道》更属于墨家价值体系。《为吏之道》所劝诫的目的有二：一是"除害兴利，兹爱百姓"；二是自我保护，追求自己的正当利益。如谓吏有五善，如都能做到就会有大赏，即"五者毕至，必有大赏"。这儿的"除害兴利，兹爱万民"正是墨家的座右铭，在《墨子》书中曾反复论证，如《节葬下》列举厚葬的种种弊端之后，批评厚葬是不仁不义之举，是一大害政，必须废除才能使国治民富。废除了久丧厚葬，"兴天下之利，除天下之害，令国家百姓之不治也，自古及今，未尝之有也"。《尚同中》云"古者之置正长也，将以治民也，譬之若丝缕之有纪，而网罟之有纲也，将以运役天下淫暴，而一同其义也……将以为万民兴利除害，富贵贫寡，安危治乱也"。③ 这不是抽象的说教，墨子在世时即曾以各种方式身体力行地把其学说付诸实践，为学界所周知，前文也有述及，这里不去赘述。秦简所说的"除害兴利，兹爱百姓"，不仅在行文上和《墨子》一致，而且有具体的要求，从如何执法到田间管理，从公物的保管使用到征发徒役、工程计算等一一详述，分析其利弊。对官吏自己而言，行五善有赏；与"五善"相对的是"五失"，犯了"五失"（实际上简文从三个角度各列"五失"，总计为十五失）则招来祸殃。这无论是在理论层面还是在技术层面都和墨家的功利主义价值观如出一辙。大概正是这种功利主义价值观为墨家所独有，所以像"兴利除害，兹爱万民"诸说在

---

　　① 高敏：《秦简〈为吏之道〉中所反映的儒法融合倾向》，见氏著《云梦秦简初探》（增订本），河南人民出版社，1981年。王辉：《儒与秦文化》，《秦文化论丛》第三辑，西北大学出版社，1994年。

　　② 江庆柏曾把《为吏之道》与《墨子》进行对照，见氏著《"睡简"〈为吏之道〉与墨学》，《陕西师范大学学报》1983年4期。

　　③ 孙诒让：《墨子间诂·尚同中》，第78页。

先秦子书中极为稀见,《论语》《孟子》《老子》《庄子》等儒、道之书中没有,《商君书》《韩非子》等法家书中也没有,就笔者所见,只在《荀子》中有类似的语例。《荀子·王霸》有云:"得百姓之力者富,得百姓之死者强,得百姓之誉者荣……汤武者,循其道,行其义,兴天下同利,除天下同害,天下归之。"但荀子所说是为宣传其礼义忠信、尚贤使能张目,远非其学说的主要内容,故此简文所反映的思想当源于墨家的成分更多,体现了墨家思想对秦官僚政治的影响。这既是吕不韦对秦国政治、文化传统变革的结果,也是墨家在秦的逻辑发展。

明白了上述墨家与秦国政治的关系之后,我们对秦统一之后墨子衰落的原因可以有进一步的把握。墨家在战国是显学,统一后的秦朝不见了墨者的踪影,在汉初诸子之学复兴时也没有墨家的席位,以至于司马谈在分析战国诸子时几乎没予涉及,个中原因,研究者无一例外地归结为大一统专制政治的建立窒息了学术的发展,代表着小生产者利益的墨家理论不适应统一帝国的政治需要。这无疑是正确的,但尚不全面,仅仅从具体主张上还不能全面说明墨家衰落的主观原因。秦始皇焚私书、禁私学,诸子百家都在受禁之列,汉初子学复兴,各家都有同等的机会。墨家固然充当过小生产者的代言人,但它所主张的尧舜文武之道和儒家的仁政德治相通,其"尚同"主张和大一统专制政体并无违背,为什么汉朝先选择黄老,后选择儒学,而只有墨学销声匿迹?

笔者以为,这是汉初墨者没能适应时代变迁,适时地进行理论更新以服务现实所致。黄老刑名之学是道法合流而又具有较大开放性的、形成于战国后期的学派,因其直接适应了汉初社会需求而显赫一时,早已是学界共识,无须多论。至于儒学,先秦时代在价值观上是属于伦理主义系统,政治上属于理想主义者,尽管这个理想是向后看的,梦寐以求的是"三王之治",但在剧烈的历史变动中,这个"王者之治"是因时而异而不断发展的,体现出自我更新的活力。焚书之难、秦汉鼎革等为儒者思考其所学提供了新的基础,适时地改造传统,不再以三皇五帝仁德之世为镜子批评现实,而是论证现实就是天定的理想盛世。在这一前提之下,再以具体的主张弥补现实政治的不足,谋取功名利禄,董仲舒《春秋》

公羊学的问世标志着这一转变的完成①。而墨家缺少这一自我更新的内动力。这在战国时已露其端倪。尽管墨子死后,墨离为三,墨家之言盈天下,但在政治理论上缺乏创造是显而易见的。"谈说"一派专注于名辩逻辑,"从事"一派专注于技术实践,"说书"一派从逻辑上说对墨子的政治、伦理、社会等学说应有新的发展,但在事实上没有做到。今本《墨子》书中论述政治、伦理、社会主张者只有少量是后期墨者所作,此外更无别的论述。尽管后期墨家在逻辑学、哲学、自然科学包括军事学诸方面取得辉煌成绩,但统治者需要的不是这些,统治者需要的是既能为其统治的合理性提供理论支持,又能解决其具体统治手段的学说。墨子本人限于历史条件做不到这些,后期墨家也没有做到,从事派虽然积极效力于秦国,但却只能充任技术官僚,无补于墨家政治理论的贫乏趋势。当功利主义的理论仅仅在个人的实践中被物化的时候,个人的功利高于一切,其理论的探索自然中止。

西汉初期,社会稳定、学术宽松,墨者也一度活跃,其时汉家君臣所希望的是如何使天下"尚同",这正是墨者发展其祖师"尚同"理论使之服务于现实的大好时机。但是,大约是墨者们认为"尚同"已经实现了的缘故,并没去进行什么政治理论的创新,放弃其思想阵地,最终被彻底挤出政治舞台,只能因其"天志""明鬼"诸说与民间宗教相结合,在民间流传下来。

---

① 董仲舒《春秋》公羊学的形成,完成了儒学从批判现实到服务现实的历史转变,也标志着中国知识分子从理想主义到实用主义人格转变的完成,其消极作用不可不察,参见拙文《"义不讪上,智不危身"发微——董仲舒〈春秋〉公羊学与汉代儒生人格蜕变》,《苏州大学学报》2000年第4期。

# 第六章 荀子眼中的秦国政治

秦昭王末年,荀子入秦,和时任秦相的应侯范雎就秦国政风民情有过一段精彩的对话,对我们理解秦国政治大有补益。《荀子·强国篇》记其事云:

> 应侯问孙(荀)卿子曰:"入秦何见?"孙卿子曰:"其固塞险,形势便,山林川谷美,天材之利多,是形胜也。入境,观其风俗,其百姓朴,其声乐不流汙,其服不挑,甚畏有司而顺,古之民也。及都邑官府,其百吏肃然,莫不恭俭、敦敬、忠信而不楛,古之吏也。入其国,观其士大夫,出于其门,入于公门;出于公门,归于其家,无有私事也,不比周,不朋党,倜然莫不明通而公也,古之士大夫也。观其朝廷,其间听决百事不留,恬然如无治者,古之朝也。故四世有胜,非幸也,数也。是所见也。故曰:佚而治,约而详,不烦而功,治之至也,秦类之矣。虽然,则有其諰矣。兼是数具者而尽有之,然而县之以王者之功名,则倜倜然其不及远矣。是何也?则其殆无儒邪!故曰:粹而王,驳而霸,无一焉而亡。此亦秦之所短也。"

众所周知,就先秦诸子的领袖而言,荀子是第一个深入秦国社会、考察其政风民情的学者。而荀子之学,贯通诸子,自成一家,若单就其政治主张来说,则偏重于孔子之儒学。历史上有孔子西行不到秦之说,而荀子则在深入秦国考察之后,对秦国的政风民情、政治得失做出了如上的系统评析,这既是秦国国势变化使然,也反映了东方诸子对秦态度的变化。显然,荀子的上述评论是深思熟虑之后做出的,并非对应侯的敷衍之辞。

荀子这段话的意思可分为四层:一是对秦国自然资源和地理形胜的赞赏,二是对秦国政风民情的概括,三是对秦国政治得失的分析,最后是对秦政特点的理论概括。对秦国自然形势之美的赞赏是客观的;对秦国政风廉洁高效、民风淳朴的肯定,以及对秦政"无儒"之失的批评,均有着坚实的现实基础。这也从一个方面反映了东方知识分子对秦国政治的认识。值得我们注意的不仅是荀子对秦政的具体肯定,而是荀子在分析秦政之后对"王"与"霸"的理论概括:即"粹而王,驳而霸,无一焉而亡"。"粹而王"是荀子的理想,是荀子奋斗的目标,在现实中尚不存在。"驳而霸"则是指秦国现实而言,至于东方各国是既不"粹"也不"驳"的,既无"王治",也无"霸业"。而秦之所以"霸",是因为"驳","霸"而未"王"是因为"无儒"。

这里要说明的是,杨琼注"粹而王"之"粹"为"全用儒道",是不合荀子原意的。"粹而王"不是说只有纯粹用儒家学说才能成就王治,而是指能用各家精华而言。荀子重儒是实,但绝非是人们所理解的儒家,尽管采纳了孔子的礼治说,但是法后王、人性恶、隆礼重法、制天命等,构成一个完整的理论体系,他的"粹而王"是指兼采诸家精华而成就王业,故而说秦政虽美,但"悬之以王者之功名,则倜倜然其不及远矣。是何也?则其殆无儒邪"。如果有儒,距王者之功名就不远了。若按杨琼解"粹"为专一,只有用儒学才能成就王业,荀子就不会把秦政"霸"而未"王"的原因单单归结为"无儒",而应指出秦政只有用儒学才能成就王业而摆脱其恐惧和担忧(即"则有其谞矣")了。"无儒"是缺少儒学,而不是只用儒学。只有这样,才能和下文"驳而霸"的意思一致起来。荀子在《王霸篇》云:"用国者,义立而王,信立而霸,权谋立而亡。三者,明主之所谨择也,仁人之所务白也。"并举历史事实说明之,谓商汤王、周武王是所谓"义立而王"。齐桓、晋文、楚庄、吴阖闾、越勾践是"信立而霸"。战国时的齐闵王、田文以权谋治国,虽然获誉一时,终不免"身死国亡,为天下大戮……唯其不由礼义而由权谋也"。故治国者必择道而从。治国之道既定,就要择人,"道王者之法与王者之人为之则亦王;道霸者之法与霸者之人为之则亦霸;道亡国之法与亡国之人为之则亦亡",最后总结说"故曰:粹而王、驳而霸,亡一焉而亡,此之谓也"。这儿的"粹"则是指治国之道和治国之人一致而言,而非专用儒术。因为荀子所说的"粹而王"是相对于"义立而王"而言的,"驳而霸"则是相对于"信立而霸"来说的。义和信都是儒家的学说范畴,岂可谓这里的"粹而王"是专用儒家之道,"驳而霸"就不是儒家之道?

"驳"本指马的毛色不一,后引申为杂而不纯。《庄子·天下篇》云:"惠施多方,其书五车,其道舛驳,其言也不中。"就是指惠施之学相互矛盾驳杂,驳者杂也,所谓"驳而霸",也就是"杂而霸"。荀子谓秦"驳而霸",实际上就是指秦国之治是杂而用之,杂而无儒,故霸而不王。众所周知,以诸子之学而言,杂家的形成是以吕不韦入秦之后编纂《吕氏春秋》为标志的,前此无所谓杂家。那么,怎样理解荀子所说的秦国的"驳而霸"?它对我们探索秦国的历史道路有何启示?这是值得我们深入探讨的。

《荀子》书中没有对"驳而霸"的"驳"字做过更多的说明,但对"霸"则有所论述,通过荀子对"霸"的论述可以探知"驳"的实义。《强国篇》云:"人君者隆礼尊贤而王,重法爱民而霸,好利多诈而危,权谋、倾覆、幽险而亡。"《王霸篇》曰:"义立而王,信立而霸。"即霸有两个前提:一是重法爱民,二是恪守信用。秦国的霸业就是以此为基础的。《强国》对秦政有进一步评论:

> 力术止,义术行。曷谓也?曰:秦之谓也。威强乎汤、武,广大乎舜、禹,然而忧患不可胜校也,諰諰然常恐天下之一合而轧己也,此所谓力术止也。曷谓乎威强乎汤、武?汤、武也者,乃能使说己者用耳。今楚父(指楚怀王)死焉,国举焉,负三王之庙而辟于陈、蔡之间,视可,司间,案欲剚其胸而蹈秦之腹。然而秦使左案左,使右案右,是乃使仇人役也,此所谓威强乎汤、武也。曷谓广大乎舜、禹也?曰:古者百王之一天下,臣诸侯也,未有过封内千里者也。今秦南乃有沙羡与俱,是乃江南也,北与胡、貉为邻,西有巴、戎,东在楚者乃界于齐……是地遍天下也。威动海内,强殆中国,然而忧患不可胜校也,諰諰然常恐天下一合而轧己也……然则奈何?曰:节威反文,案用夫端诚信全之君子治天下焉,因与之参国政,正是非,治曲直,听咸阳,顺者错之,不顺者而后诛之。若是,则兵不复出于塞外而令行于天下矣;若是,则虽为之筑明堂于塞外而朝诸侯,殆可矣。假今之世,益地不如益信之务也。

这是对秦国兼并之术的总结与建议。"力术"即武力兼并之术,"义术"即信义之术。"力术止"谓秦虽然凭借其国力和武力取得了超过商汤王、周武王的权威和大于舜、禹的国土,但并不能高枕无忧,不能达于王者之治,仍然是时时警惕东方各国联合伐秦。解决的办法是"益地不如益信",用"端诚信全之君子"参国政,正是非,治曲直,以"信"字令诸侯归心。这是有所指的。秦国在东向兼并过程中,远交近攻,政治欺诈和军事进攻并举,一切以拓展国土为目的,在东方各国眼里是乏"信"可陈的,如楚怀王之入秦、鄢郢之陷落就是一个典型。故而荀子认为秦国当务之急是"力术止,义术行""益地不如益信"。可见,在荀子心目中

"信"之于霸的重要。不过,荀子所说的"益地不如益信"是就秦国对外兼并而言的。若就内政而言,秦之"信"是以法律为保障的,"重法爱民"就是用法律手段立"信",商鞅在变法之初就曾徙木立信,表明新法的诚信度,保证新法的贯彻实施。秦律严密细致,极具可操作性,就是为了防止各级官吏钻法律的空子,在执法时上下起手,损害国家和平民的利益。荀子所说的"重法爱民而霸",实即针对秦国内政而言。

人们在研究秦史时,强调的是秦国"重法"而忽视其"爱民"的一面,其实,"重法爱民"是商鞅以法治国的指导思想。《商君书·更法》云:"法者所以爱民也,礼者所以便事也。是以圣人苟可以强国,不法其故;苟可以利民,不循其礼。"对此,荀子是知晓的。就七国政治来说,荀子是肯定秦政的,才有和应侯对话时对秦政的赞美。了解这些,我们对《荀子·议兵》中对秦兵善战的描述的理解又可深入一步。《议兵》云:

> 秦人,其生民也狭陋,其使民也酷烈。劫之以埶,隐之以陌,忸之以庆赏,鳅之以刑罚,使天下之民所以要利于上者,非斗无由也。陋而用之,得而后功之,功赏相长也,五甲首而隶五家,是最为众强长久,多地以正。故四世有胜,非幸也,数也。

杨倞注"其生民也狭陋,其使民也酷烈"云:"生民,所生之民。狭陋,谓秦地险固也。酷烈,严刑罚也。地险固则寇不能害;严刑罚则人民皆致死也。"郝懿行曰:"狭陋,犹狭隘也,谓民生计穷蹙。"王念孙同郝懿行之说。今按:杨倞解"狭陋"为地险固然不对,郝氏谓之为"生计穷蹙"亦未中其义。郭嵩焘释"劫之以埶,隐之以陌"为"其民本无生计,又甚迫蹙之,使亟骛于战以邀赏也"①,这系沿用郝说,亦流于皮相。在商鞅变法之前,秦国势虽弱,但其自然资源丰富,平民谋生手段多样,私营手工业、商业并不落后于东方,荀子指出的秦地"山川林谷美,天材之利多"并非秦孝公以后才如是。司马迁曾概括秦经济发展状况云:"关中自汧、雍以东至河、华,膏壤沃野千里,自虞夏之贡以为上田,而公刘适邠,大王、王季在岐,文王作丰,武王治镐,故其民犹有先王之遗风,好稼穑,殖五谷,地重,重为邪。及秦文、德、穆居雍,隙陇蜀之货物而多贾。献公徙栎邑,栎邑北却戎翟,东通三晋,亦多大贾。孝、昭治咸阳,因以汉都,长安诸陵,四方辐辏并至而

---

① 王先谦:《荀子集解·议兵》,《新编诸子集成》本,中华书局,1988年,第273页。

会,地小人众,故其民益玩巧而事末也。"①太史公所说的"其民益玩巧而事末也"是指西汉而言,但这和关中自周秦以来的经济发展密不可分。关中之地"膏壤沃野千里",自古农业发达,秦立国之后就因其自然资源和地利之便而农商并举,"及秦文、德、穆居雍,隙陇蜀之货物而多贾",秦献公徙都栎邑之后,"亦多大贾"。秦孝公移都咸阳,用商鞅变法,重农重战的同时亦重视手工商业的经营和管理,经济进一步繁荣进步,根本不存在什么秦民"生计穷蹙"的问题。故而,这里的"其生民也狭陋",不能释为秦民生计穷蹙,更不是如有的注家所理解的秦民所受压迫沉重,而应另寻别解。

　　笔者以为,统观荀子对秦政的评析总结,这里的"狭陋"是指政府限制平民用贫求富的方式,农民没有什么选择余地。众所周知,商鞅变法,一民于农战,使民"利出一孔",发展官营工商业而禁止秦民弃农经商,"耕织至粟帛多者复其身。事末利及怠而贫者,举以为收孥"②。秦民想通过经营工商业致富远不如通过农战的途径具有现实性,也就是荀子所说的"使天下民所以要利于上者,非斗无由也"。"狭陋"是指秦民"要利于上者"除了参战立功获赏之外别无他途而言。当然,荀子在这里是要突出军功对秦民"要利于上"的重要性而只强调一个"斗"字,在事实上秦民用贫求富当然还有其他途径,最起码还有"耕织至粟帛多者"这一途。而秦政府对军功赏赐确实优厚,秦民确能获得厚利,可以通过战功改变其政治、经济地位。所以,秦民勇于公战,怯于私斗,闻战而喜,奋勇向前,成为天下的"锐士"。所有这些,不正透露着"重法爱民""信立而霸"的事实基础吗?

　　法律是统治者思想主张的程序化,有什么样的思想目的就有什么样的法律内容。秦孝公求贤天下是为了寻找奇计以强秦,为了称霸天下。商鞅是"王道""帝道""霸道"兼通的政治家,因为秦孝公追求的是霸业,因而按"霸道"变法。变法的目的是求霸,对各种符合"霸业"需要的主张都以法律的形式贯彻下去。因而就秦孝公和商鞅本人来说,对于诸子百家学说并非一定是坚守某一家而排

---

① 《史记》卷一二九《货殖列传》,第3261页。
② 《史记》卷六八《商君列传》,第2230页。对"事末利及怠而贫者,举以为收孥"的理解,一般认为是把"事末利"和"怠而贫者"两类人均没为官奴隶,此说不合史实,这儿的收孥对象是"贫","贫"的原因是"事末利"和"怠",即等立连词"及"所联系的是致"贫"的两个原因。详见拙文:《"事末利及怠而贫者举以为收孥"试析》,《徐州师院学报》1983年3期。

斥其他，也不是坚守某几家而排斥某一家，而是便宜从事。李斯在随荀子受业时，曾问荀子："秦四世有胜，兵强海内，威行诸侯，非以仁义为之也，以便从事而已。"李斯的发问是针对荀子仁义之师的主张的。秦国兵强是实，但在荀子心中未合仁义之道，故而一再批评秦国强而未安，"諰諰然常恐天下之一合而轧己也"。然而，在李斯看来，仁义之兵虽好，但尚无成功实践，六国之人大讲仁义，但六国之兵并非什么仁义之师，也无法与秦抗衡，而秦兵之强恰恰是不讲什么仁义之道，而是"便宜从事"。"便宜从事"就是抛开任何既定的理论框架，一切以强兵求霸为准，也就是荀子一再总结的"驳而霸"。

人们宥于商鞅是法家代表人物，商鞅之法就是法家之政，秦国是法家独尊，而少有人注意其他诸子学派对秦国的影响。若跳出这一思维定式，明白秦国政治是求霸之政，一切便宜从事，霸业之成是因为"驳"，我们对秦政的分析视野就要开阔得多。只要稍加留意就不难发现，活跃于秦国政治舞台上的并不局限于哪一家、哪一派、哪一个诸侯国的人，只要有能力并愿效力于秦者均可一显身手，大量的六国士人投身于秦就是明证。若从学术渊源上看，这些人有的是纵横家，有的是法家，有的是兵家，也有的是儒家，有的是农家，有的是墨家，无论何门何派，只要有一技之长而不是只能言谈游说、徒乱人耳目者，都能得到任用。其上者可以平步青云，由布衣而卿相，人们常说的客卿都属于这一类；其下者，则效力于各个技能部门，当一般官吏。客卿为相，人们所熟知，是人们关注的焦点，毋须赘述。对六国士人出任秦国一般官吏的事实则无人提及，需稍加提示。

前贤已经指出，商鞅变法以后，墨家传人大量涌入秦国，墨者集团主要集中于秦国，对此，上节已经叙述。至于其余诸派，如农家、兵家等，虽无直接的明确记载，但还是有间接证据的，就以出土秦律内容所涉及的各个生产领域而论，有农业，有手工业，有商业，各项规定极具专业技术指标，其制定者显然是行家里手，既懂专业技术，又有相应的文化水准，应为各相关学派的传人所为。又如《商君书》中的《兵法》《境内》等篇，也都是出自入秦的东方兵家传人之手，这从一个侧面反映了东方士人在秦的活动情况。正因为入秦的士人太多，对他们的任用影响了原有官僚的既得利益，在秦昭王后期一度出现了权臣排斥游士入秦的事情，如范雎随王稽入秦就遭到穰侯盘查，颇费了一番周折才见到昭王。不过随着穰侯的失势，权臣阻止士人入秦就不复存在了。正是在这一传统下，吕不韦入秦为相之后，才能顺利地招来六国士人，能仕者仕之，不宜仕者就使之编书，兹有

《吕氏春秋》一书的问世。《史记·吕不韦列传》谓当时有春申君、平原君、孟尝君、信陵君"皆下士喜宾客以相倾。吕不韦以秦之强,羞不如,亦招致士,厚遇之,至食客三千人。是时诸侯多辩士,如荀卿之徒,著书布天下。吕不韦乃使其客人人著所闻,集论以为八览、六论、十二纪,二十余万言。以为备天地万物古今之事,号曰《吕氏春秋》"。这里值得注意的有三点:一是吕不韦招士的原因是"以秦之强,羞不如"四公子养士之众,四公子养士的目的是"相倾"。这里的"相倾"不是四公子之间或者四国之间"相倾",而是指四公子养士的目的在内部权力倾轧中扩大个人权势,并不是为了强大自己的国家,或者说增强国力不过是次要目的而已。而吕不韦是"以秦之强,羞不如"才养士的,养士的目的是强秦。其二是自商鞅变法以后,在六国权贵心目中,秦有"虎狼之国"的恶名,六国士人自然也有类似看法,所以吕不韦招士的消息传出,很快有三千之众归附门下,其原因固然与吕不韦的"厚遇"有关,但与秦国用人"驳"的传统也不无关系。荀子就是在吕不韦相秦之前到秦国考察的,同行的弟子不在少数,有的随荀子返回东方各国继续游学生涯,有的则留在了秦国,李斯之入秦不过是步其同门的后尘而已。其三是《吕氏春秋》以"杂"见长,是杂家的代表,对诸子百家,杂存杂用,兼收并蓄而整齐之,服务于即将到来的统一帝国,正是秦自商鞅变法以来"驳而霸"的传统的发展,可以说是在向荀子所说的"粹而王"的方向迈进。

荀子谓秦国之强是"驳而霸",但若就施政的意图来说则是"霸而驳",即为了求得霸业才有一系列的"驳"的施政纲领。秦孝公求贤令谓:"宾客群臣有能出奇计强秦者,吾且尊官,与之分土。"①只要有奇计强秦,一切手段都可以。当时的秦廷,"宾客群臣"定然是七嘴八舌,各逞其学,商鞅先说以"王道",后说以"帝道",最后以"霸道"说动孝公而变法,使秦由弱变强而成为七雄之首。《商君书·更法》《史记·秦本纪》所记商鞅与甘龙、杜挚等人对变法与否的争论,只是"宾客群臣"讨论的缩影而已。最后,商鞅的"霸道"被付诸实施,那些持反对态度的"宾客群臣"依然仕于秦廷。

回顾秦国历史,为强而"驳",因"驳"而强,并不始自秦孝公,孝公的列祖列宗早就如此做了。众所周知,秦人立国之初,就极向慕周朝文明,打败西戎、被列为诸侯伊始,就"与诸侯通使聘享之礼"。拥有周故地之后,极力吸取周人的礼

---

① 《史记》卷五《秦本纪》,第 202 页。

乐法度。文公东迁汧渭之会不久,就"民多化者"。以何化民?所化何民?答案显而易见,是以周人的礼乐法度化去所征服的戎人的落后习俗。随后,"收周余民尽有之",锐意东进,在扩大领土的同时,对东方的《诗》《书》《礼》《乐》是兼收并蓄。秦穆公就以此为豪并成为名列五霸的资本的一部分。穆公就曾向戎人由余以夸耀的口吻说:"中国以诗书礼乐为政",在听了由余的一番见解之后,千方百计把由余留在了秦国以弱西戎,而穆公的用人也是不分国别和族属的。这些,已见前述。

# 第七章　吕不韦、《吕氏春秋》与秦政

吕不韦以一介商人因奇计买国的成功执掌秦政13年(庄襄王元年至秦王政十年,即前249年—前237年),对秦的发展产生了重大影响。但是,后世史家从传统观念出发,鄙其商人出身,对其历史贡献采取视而不见的态度,个别学者甚至对其《吕氏春秋》的主编权也持否定看法①。直到20世纪上半叶,学者们才以现代史学的眼光对吕不韦其人和《吕氏春秋》其书予以系统研究②。郭沫若先生首次肯定吕不韦的历史贡献,指出:"吕不韦在中国历史上应该是一位有数的大

---

① 关于对吕不韦和《吕氏春秋》的评价问题,汉代学者一直持肯定态度。太史公在《史记·十二诸侯年表序》中说:"吕不韦者,秦庄襄王相,亦上观尚古,删拾《春秋》,集六国时事,以为八览、六论、十二纪,为《吕氏春秋》。"在《报任安书》中则把《吕氏春秋》和《周易》《春秋》《离骚》《孙膑兵法》等书并列,"大抵贤圣发愤之所为作也"。班固在《汉书·艺文志》中认为是"秦相吕不韦辑智略士作"。高诱在为《吕氏春秋》作注时称赞《吕氏春秋》"大出诸子之右"(《吕氏春秋序》)。但宋代以后,否定吕不韦编纂《吕氏春秋》的议论渐多,如宋人黄震《黄氏日钞》说:"吕不韦耻以贵显,而不及荀卿子之徒著书布天下,使其宾客共著八览、六论、十二纪,窃名《春秋》……今其书不得于诸子争衡者,徒以不韦病也,然不知不韦固无与焉者也。"明方孝孺在《逊志斋集·读吕氏春秋》中云:"不韦以大贾乘势而市奇货,致富贵而行不谨,其功业无足道者,特以宾客之书显其名于后世。"清代《四库全书总目提要》子部杂家类谓:"《吕氏春秋》二十六卷,旧本题吕不韦撰,考《史记·文信侯列传》,实其宾客之所集也。"这些评价,无论是就吕不韦与《吕氏春秋》的关系还是对《吕氏春秋》本身而言,都不如汉人符合实际。

② 以笔者所见,系统研究《吕氏春秋》的代表学者及著作有李峻之:《吕氏春秋中古书轶佚》;刘儒林:《吕氏春秋之分析》,均刊《古史辨》第六册,上海古籍出版社,1982年影印本;郭沫若:《吕不韦与秦王政的批判》,《郭沫若全集》历史编二,人民出版社,1982年;洪家义:《吕不韦评传》,南京大学出版社,1995年;熊铁基:《秦汉新道家》,上海人民出版社,2001年。这些著作对《吕氏春秋》的成书过程、思想内容及其对诸子之学的采择和改造、在思想史上的地位和价值,都做出过深入研究,但对《吕氏春秋》在秦国的学术基础和对秦朝政治实践的影响分析不够。

政治家。"①此后的研究者才开始恢复吕不韦的历史地位。降至今天,人们对吕不韦的观注越来越多,但研究的重点几乎无一例外地都集中在《吕氏春秋》这部书上,对吕不韦执政13年的政治作为的历史影响则认识不足。即使对《吕氏春秋》的研究而言,也多是就事论事而忽略了《吕氏春秋》的学术基础和对秦朝政治的影响以及文化地位。这不仅对吕不韦有欠公允,也影响到我们对秦国及秦朝历史的认识。

## 第一节 《吕氏春秋》的学术基础

若从历史实践的维度考察战国后期诸子思想与现实政治的关系,可见各家都试图在政治上不同程度地争取国家权力的支持,把自己的主张变成现实,士人在东方各国都得到相应的尊敬,而以齐国最为突出。但是,他们的主张并没有因为自身受到足够的尊敬而变成现实。稷下学宫的设立,学者们享受着列大夫的待遇,可以自由地著书立说,但仅仅是"不治而议论",其主张并没有变成现实。相反,他们的主张在秦国却得到了一定的实现。比如,孟子"仁政"的核心内容——治民之产,使民有恒产而后有恒心,也就是保证农民每家每户有百亩之田、五亩之宅,以保证农民养老抚幼的生活需求,这个主张只有在秦国真正地变成现实。商鞅变法以后实行的国家授田制度尽管在学理上和孟子主张的井田制差异巨大,但是孟子的经济主张起码是因为授田制度的普遍实行而部分地实现了。当然,主张授田制度的不仅仅是孟子一派,其他儒家各派以及其他学派也都有类似主张,只是具体分配方法有别而已。如《周礼·地官·大司徒》《小司徒》《遂人》《考工记》以及银雀山汉墓竹简关于土地制度的种种设计,本质上都是授田制度。这些设计并非完成于一人一时或某一个学派,也并非完全是向壁之作,有其一定的历史和现实基础,在各国都程度不同地实行过,但是真正地普遍实行

---

① 郭沫若:《十批判书·吕不韦与秦王政的批判》,收入《郭沫若全集》历史编二,人民出版社,1982年,第390—463页。

并收到良好效果的则是秦国①。也就是说，商鞅变法所推行的授田制度，从内容上来说，并非是法家的创造，而是各家尤其是儒家的共同主张，所不同的是，商鞅用法律手段把这些主张变成普遍的现实而已，东方各国虽然也实行过授田制，但远不如秦国那样普遍。

土地制度如此，其他内容亦然，就以儒家、墨家的忠、孝等伦理主张来说，同样是秦国将其法律化而严格执行。云梦睡虎地秦律对不孝罪的惩处，《为吏之道》关于政治道德的规范及所体现的伦理主张，和儒家、墨家等学派是相同的。本来商鞅就"王道""帝道""霸道"兼通，秦孝公采纳其"霸道"主张以后而以法律手段取信于民、推行新政，其新政内容并非都是学界所理解的法家创造，而是来自于各家各派的设计。比如最受后世思想家诟病的什伍连坐制度，即"令民为什伍而相牧司连坐"，即来自于六国学者的设计。《周礼·小司徒·族师》规定：族师的职责是"登其族之夫家众寡，辨其贵贱老幼废疾可任者，及其六畜车辇。五家为比，十家为联；五人为伍，十人为联；四闾为族，八闾为联。使之相保相受，刑罚庆赏，相及相共"。比长的职责是"各掌其比之治，五家相受相和亲，有罪奇衺则相及"。这"刑罚庆赏，相及相共""有罪奇衺则相及"就是商鞅变法的滥觞，二者起码有相通之处②。

从理论上区分，儒家重礼，法家重法，但是从统治的目的来看，礼与法都是手段，只要有利于富国强兵、调动农民积极性，手段是可以改变的。《商君书·更法》云："法者所以爱民也，礼者所以便事也。是以圣人苟可以强国，不法其故；苟可以利民，不循其礼。""法者所以爱民也，礼者所以便事也"是站在法家立场说的，在儒家看来，礼才是爱民的，这里不去详说。现在要说的是，商鞅立法推行新政，在主观上是以"强国""利民"为目标的，其法律规定的内容，只要有利于"强国""利民"，统统为我所用，而不局限于哪个学派。东方学者出于学派的隔阂和对自己理想的坚守，对秦政持怀疑和排斥的态度是可以理解的。但是，他们著书立说、课徒讲学、相互辩难的目的毕竟是为了现实政治的建设，当他们走出

---

① 关于战国时代授田制度，参阅田昌五、臧知非：《周秦社会结构研究》第二章第二节，西北大学出版社，1996年。
② 关于什伍连坐制度的起源和实行情况，参看拙文：《先秦什伍乡里制度试探》，《人文杂志》1994年1期；田昌五、臧知非：《周秦社会结构研究》第三章第二节及本书第十二章。

自己的思想空间，发现秦国的法律制度有许多正是自己所主张的内容以后，他们自然地改变对秦国的态度。荀子之隆礼重法，就是这一趋势的典型体现。这是《吕氏春秋》编纂的学术基础。

## 第二节　吕不韦养士的目的

关于吕不韦养士的缘起，司马迁有概括的叙述。《史记·吕不韦列传》云：

> 当是时，魏有信陵君，楚有春申君，赵有平原君，齐有孟尝君，皆下士喜宾客以相倾。吕不韦以秦之强，羞不如，亦招致士，厚遇之，至食客三千人。是时诸侯多辩士，如荀卿之徒，著书布天下。吕不韦乃使其客人人著所闻，集论以为八览、六论、十二纪，二十余万言。以为备天地万物古今之事，号曰《吕氏春秋》。布咸阳市门，悬千金其上，延诸侯游士宾客能增损一字者予千金。

学者们大都据此认为，吕不韦养士是效法四公子之举，编纂《吕氏春秋》是为了和荀子之徒一争高下，不过是奇计买国、沽名钓誉的组成部分而已。从文本解读的层面看，这样理解有其道理，但是，若历史地看问题，这样理解显然是不够的。只要稍加比较，就不难明白，吕不韦养士的动机和品位与四公子都有着巨大差别。

四公子集贵族和权臣于一身，其国家用人虽然也注意任贤使能，但时效有限，军政大权无一例外地由宗室贵族控制，即使地方长吏也多如此。如齐国从上到下均为田氏掌权，楚国则是屈、昭、景、怀诸族，赵、魏也是公子、公孙主政①。宗室之间你争我夺、倾轧不已。四公子执政之后，为了在内争中站稳脚跟，垄断权力，提高威望，遂招徕宾客，作为排忧解难的智囊团，虽然有着在兼并战争中获胜的目的，但首先是为了个人或者本集团利益。其中当然有真才实学之士，但更多的则是平庸之辈，甚至是鸡鸣狗盗之徒。其等而上者，以"士为知己者死"为信条，为排解主人的困难不惜自己的身家性命，令后人赞叹，如侯嬴之于信陵君，

---

① 关于战国各国宗室主政情况，参阅田昌五、臧知非：《周秦社会结构研究》第四章第二节，西北大学出版社，1996年。

但大多数则是为了生计，故而在主人失势之际往往是树倒猢狲散，或改换门庭，另攀高枝，如孟尝君免相，数千宾客只剩下冯驩一人。就四公子而言，也不是把他们看作国家的人才库，只是作为个人的智囊团。四公子执政时都位极人臣，有的就是实际上的国君，如春申君黄歇相楚二十余年，"虽名相国，实楚王也"①。就是这么一位春申君，在执政过程中除了任命过一个荀子为兰陵令之外，再未见任用任何士人为官。就以荀子而言，还是因为其名冠天下才做了个兰陵令。至于其余三位公子，就目前史料所见，连一个士人也没有推荐给国家出任公职。这固然与各国政治传统有关，但四公子个人意图则更加重要。就他们主观意图来说，养士的主要目的是为了个人而非为了国家。对于这一点，司马迁早已指出，在记述春申君养士时说："是时齐有孟尝君，赵有平原君，魏有信陵君，方争下士，招致宾客，以相倾夺，辅国持权。"②这"以相倾夺，辅国持权"八个字揭示了问题的实质，即四公子养士的原因是内争倾夺厉害，目的是"持权"，至于"辅国"则是指四公子主持国政而言，而不是用士人治国。因此之故，四公子养士虽多，号称人才济济，但对各国政治并没有起到什么改良效应，士人对各国的政治生活没有什么影响，他们的作用仅仅是通过四公子来体现，随着四公子的逝去，他们也就销声匿迹了。

吕不韦则不同，他养士的原因是鉴于四公子养士名噪一时，感到"以秦之强，羞不如"而"亦招士"。他不是因为自己身为相国加仲父，是实际上的秦王而不如四公子名气大才养士，而是"以秦之强"而养士；他养士不是或者说不完全是为了个人，实际上以当时吕不韦的地位也不存在什么通过养士来巩固个人地位问题，而是为了秦国，为国家延揽人才。

说吕不韦养士是为秦国挑选人才，并非望文生义，而是有其事实依据的。这就是吕不韦不拘一格选拔人才，发挥各人长处为秦国统一事业效力。著名者如李斯，本是上蔡布衣，后事吕不韦为舍人，才华出众，吏能超群，吕不韦没有把他当作个人的私产，用作个人专权的工具，而是推荐给了秦王政以发挥其更大的作用。很难想象，没有吕不韦的推荐和委任，怎会有李斯的后来。再如甘罗，本是甘茂的孙子，事吕不韦为庶子，后自告奋勇地去游说张唐出使燕国为相，建立秦

---

① 《史记》卷七八《春申君列传》，第 2397 页。
② 《史记》卷七八《春申君列传》，第 2395 页。

燕联盟,之后又受吕不韦之命出使赵国,使赵燕相攻,从而使秦国坐收渔人之利,在历史上被传为佳话。这只是见于记载的一个例子,实际上吕不韦的宾客出任吏职者远远不止一两人。吕不韦饮鸩自杀时,前往吊唁的宾客舍人就有许多是现任官吏,秦始皇诏令有云:"其(指吕不韦)舍人临者,晋人也逐出之;秦人六百石以上夺爵,迁;五百石以下不临,迁,毋夺爵。"①六百石以上是高官,处罚得相对严重,说明吕不韦舍人出任吏职的比较广泛,既有六百石以上的长吏,也有六百石以下的普通官吏(按秦制,六百石相当于县令以上官职);既有三晋包括其他各国士人,也有秦本国人,他们既有官也有爵。秦国对官员有着严格的考课制度,凡考课不合格或违法官员不仅本人受到惩处,推荐的人也要负连带责任。这些出自吕不韦门下的"舍人"没有一定的真才实学是难以出仕的,一定要有相应的能力和才干。对于那些不能或不愿意任官治事而适合或愿意坐而论道的人来说,吕不韦则让他们在议定的主题下著书立说,《吕氏春秋》就是这样问世的。推荐舍人出仕,是为秦国官僚队伍输入新的血液,而编纂《吕氏春秋》悬于市门之上,则是向天下宣布,学术中心在秦国,要知道"天地万物古今之事"请到秦国来,能"备天地万物古今之事"者,唯秦而已!无论是自我标榜,还是宣示天下,客观上都有利于秦国的进一步发展。

  吕不韦之任用宾客士人为官,对秦国政治的影响是广泛而深远的。这不仅仅是一般意义上的举贤使能,增加几个有才干的官僚,而在于有意识地改变秦国政治传统和官僚队伍的文化结构,弥补秦官僚队伍整体素质的不足。商鞅变法之后的用人途径基本有二:一是军功入仕;二是荐举对策。活跃于秦国政治舞台的"客卿"就是通过举荐对策进入秦廷的。前者是各级官吏特别是中下级官吏的主要来源,后者则限于朝廷公卿,均是谋略策士,主要是在外交中纵横捭阖发挥作用。就内政而言,则是军功入仕者起作用,国家政治运转也是以军事为轴心,是军事官僚政治,对百姓统治细密严酷,举国上下充满着刚戾气氛而温情不足。因而在东方六国心目中,秦是"虎狼"之国,甚至在太史公看来也是"论秦之德义不如鲁卫之暴戾"②。荀子批评秦国"无儒",实际上是批评秦国用人存在文化结构性的缺陷。为了开疆拓土,集中全国人力物力,严猛治民,可以理解,但在

---

① 《史记》卷六《秦始皇本纪》,第231页。
② 《史记》卷一五《六国年表序》,第685页。

统一天下指日可待、必须考虑如何治理统一后的天下的时候就要改弦更张,以适应变化了的形势。这就要考虑如何消除秦与六国的心理隔阂,改变秦在六国心目中的形象。对此,吕不韦是十分清楚的,故而在主政之后,在对外用兵方面注意改变以往残忍好杀的形象,如在灭东周(小东周)之后而不绝其祀,继续保留东周君的统绪;对内则试图改变军功入仕的传统,在继续推行军功爵制的同时,任用士人为官,以改变官僚队伍的文化结构,提高秦国官僚的文化素质,弥补军功官僚的不足。

招徕士人,任以为官,不仅仅在于提高官僚队伍的文化素质,更主要的还是能够进一步发挥国家机器的组织管理职能。因为斩首立功和临民莅政毕竟不是一回事。战场上的猛将不一定是治国的能臣,随着国家机器的发展,这一矛盾越来越突出。对此,韩非曾有过形象而中肯的批评,谓军功为官就像令有军功者做医生和工匠那样用非其人,结果是"屋不成而病不已",因为"夫匠者,手巧也;而医者,齐药也;而以斩首之功为之,则不当其能。今治官者,智能也;今斩首者,勇力之所加也。以勇力之所加,而治智能之官,是以斩首之功为医匠也"①。这并非韩非的逻辑推论,而是针对商鞅的军功入仕制度而发的,是在对秦国政治进行总结之后提出的批评。秦国法律严密细致,各级官吏的岗位责任规定得极为具体,这固然反映了秦国政治的法制化,但同时也说明军功官僚文化水平较低,在处理日常事务过程中理解能力不足的现实,对那些看上去十分简单的法律名词、岗位责任也必须加以解释和规定才便于各级官吏照章办事。吕不韦招徕士人、任以为官,正是为了弥补这一缺陷以提高行政质量,同时促使秦国政治由尚武向尚文转变。

正因为吕不韦的用人政策弥补了秦国用人传统的不足,秦始皇亲政以后才将这一政策继续下去。吕不韦免相以后,因宗室大臣对吕不韦招徕士人影响自身利益而心生不满和秦王政对吕不韦专权的憎恶,曾借口郑国间谍案下令逐客,但经李斯一通《谏逐客书》的陈述立即收回成命。这不仅仅是因为李斯奏章文采过人、论述精辟,更主要的是李斯的奏章使秦王政由冲动变为理智,正视秦国传统的短处和吕不韦所养文士对秦国发展的重要。吕不韦退居洛阳,依然和诸侯国往来频繁,宾客士子投附其门者依然不少,大有东山再起之势,秦王政遂逼

---

① 梁启雄:《韩非子浅解·定法》,中华书局,1980年(下同),第410页。

迫吕不韦自杀,并下令将那些暗中参与吕不韦葬礼的士人宾客"晋人也逐出之;秦人六百石以上夺爵,迁;五百石以下不临,迁,勿夺爵"。诸多在野和在朝的士人被免官夺爵、迁往巴蜀之地。有的论者曾据此认为秦王政此举是针对士人的,其实这是政治斗争的结果,秦王政没有因此而改变重用士人的方针,迁蜀的只是少数,是吕不韦的死党,大多数士人依然留在朝廷,六国人依然西向投秦。秦王政甚至将嫪毐的门客赦免,从蜀地迁回咸阳,补充到官僚队伍中来。因此之故,像尉缭、顿弱、姚贾等才能在秦国的统一事业中发挥作用。

## 第三节　吕不韦与秦始皇

按照通行看法,秦王政和吕不韦在思想上是处于对立的两派,并构成了二人矛盾的基础。郭沫若先生曾以表格的方式,从世界观、政治主张、一般倾向三个方面分18项内容对比了吕不韦和秦王政在思想和政见上的不同,"都完全立于两绝端"①。尽管当代学者从不同角度对郭老所说做过修正和补充,认为郭老的比较在某些方面并不准确,但在总体认识上并没有跳出郭老奠定的基调,依然认为吕不韦和秦王政的反目是源于政见的不同。秦王政是法家学说的信徒,在读了韩非的《孤愤》《五蠹》之书后曾慨叹:"嗟乎!寡人得见此人与之游,死不恨矣。"②可见其思想倾向,其一生行事都按法家学说进行,并把法家学说推向了极端,对其他学派则持排斥态度。随着吕不韦的自杀,《吕氏春秋》的影响也就销声匿迹了。但是,只要我们从总体上把握《吕氏春秋》的思想体系和秦王政一生的作为,就不难发现,上述认识无论是在逻辑上还是在史实上都有问题,《吕氏春秋》并没有因吕不韦之死而丧失其现实影响。

第一,秦王政自幼在吕不韦的教导之下长大,自13岁继位为王之后,吕不韦更是着力把他培养成为理想中的帝王,环绕在秦王政周围的不仅仅有法家人物,也有其他学派的传人;教给秦王政的不仅是法家学说,也有其他诸子的主张。吕

---

① 郭沫若:《十批判书·吕不韦与秦王政的批判》,《郭沫若全集》历史编二,人民出版社,1982年,第458页

② 《史记》卷六三《老子韩非列传》,第2155页。

不韦编纂《吕氏春秋》既是在绘制未来帝国的政治蓝图,也是为了集中向秦王政施教。《吕氏春秋·序意》说得十分明白:"良人请问十二纪。文信侯曰:尝得学黄帝之所以诲颛顼矣,爰有大圜在上,大矩在下,汝能法之,为民父母。"目的就是要秦王政像颛顼效法黄帝那样效法自己。尽管主观愿望和客观效果不一定一致,秦王政没有像颛顼对待黄帝那样对待吕不韦,而是在亲政之后就借嫪毐之乱将吕不韦免相,但吕不韦以经世致用为目的,广泛吸取诸家之长的思维方式和行为准则对秦王政不可能没有影响,因为吕不韦执政期间秦国国势的发展已证明其理论主张的正确。正因为如此,秦王政亲政以后才继续执行吕不韦的人事政策,东方士人才能继续入秦。

第二,秦统一之后,嬴政自称始皇帝,严刑峻法,行为暴虐,深为后世诟病。但是人们在批评秦朝政治苛酷的时候,往往忽视了这样一个史实:秦朝严刑峻法的理论基础不是法家学说,而是阴阳五行思想。阴阳五行思想是纲,严刑苛法是目。而阴阳五行思想与秦朝政治的结合正始于《吕氏春秋》。《吕氏春秋》系统整理吸收阴阳五行学说,把人事和天道合一。一方面主张一年四季的所有政治、经济、军事行为都要循天理、守阴阳,否则将遭天殃,这就是"阴阳之大顺";另一方面宣传驺衍提出的五德终始说,用五行相胜解释朝代兴衰的原因,为即将到来的秦的统一提供神学依据。所以统一之后,秦始皇立即宣布周得火德,秦代周,秦得水德,不仅改河水曰德水,以十月为岁首,数以六为纪,而且按照"水主阴,阴主刑杀"的理论指导国家政治运作,"于是急法,久者不赦"①。因阴阳学说的盛行,燕齐方士等阴阳学派的人才齐集始皇周围,鼓动始皇追求长生,寻找不死之药,把秦朝政治进一步推向黑暗。所以,我们有理由认为,《吕氏春秋》为秦朝政治残酷提供了哲学基础。当然,秦政残暴不能记在吕不韦和《吕氏春秋》的头上,因为《吕氏春秋》提倡阴阳五行学说的目的和日后秦始皇的作为恰恰相反,吕不韦的目的是借阴阳五行学说宣传德治,提倡宽猛相济以达到长治久安的目的,而秦始皇恰恰相反。但是,在秦始皇宣布秦为水德的时候,天下刚刚统一,这一套说教不是燕齐方士所授,就是承自《吕氏春秋》,或者兼而有之,只是在运用过程中背离了吕不韦的初衷罢了。

第三,《吕氏春秋》中儒家主张甚多,诸如君臣、父子、夫妇之理,以德治国、

---

① 《史记》卷六《秦始皇本纪》,第238页。

民本观念等大都来自儒家,以至于有的学者认为《吕氏春秋》是以儒家为主干之书。而秦始皇曾焚书坑儒,所焚之书又是《诗》《书》及百家语。于是有人举此为证,说明吕不韦和秦王政的对立。事实也非如此。吕不韦提倡儒学的目的是为了维护君臣秩序。秦始皇焚书是要杜绝诸子传人批评时政,坑儒是因为方士的欺诈行为与这些儒生有染,而不是出于对儒学的偏见,目的是保护君权的无上性。二者并无本质区别,区别仅在于对君权集中程度的认识有异:吕不韦主张在君权无上的前提之下达到君臣和谐,君主宏大纲而不问具体政务;秦始皇则主张君主绝对专制,只要保证君权神圣不可侵犯,诸子学说包括儒学家说都可以兼收并蓄,为我所用。秦王政称帝以后的作为正是如此,统一伊始就广招天下儒生,东巡泰山有鲁诸生相随,朝中设专职博士官(博士官不限于儒生,但以儒生为主)七十余人,随时顾问,讨论大政。卢生等批评秦始皇置博士备员弗用,其实,平心而论,这个批评是有失公允的,打开战国史籍,有哪一个国家真正地委政士人?就以好士著称的齐国而论,虽然曾在稷下筑学宫数百间以招徕四方之士,但这些学士不过是坐而论道而已,谁也没有进入过齐国的权力层。即使有秦鉴在前,备受后世赞誉的汉高祖刘邦在立国之后,也没有用过几位儒生和其他知识分子,国家权力都掌握在开国元勋等军功之士手里。因此,我们没有理由跟随古人去批评始皇不用儒士,相反,应当承认儒士在秦廷有一席之地本身就是一个进步,这和吕不韦执政时期形成的、《吕氏春秋》所提倡的政风是有因果关系的。

《吕氏春秋》综合百家,班固将其归之于杂家,其特征是"兼儒、墨,合名、法,知国体之有此,见王治之无不贯,此其所长也"。颜师古注说:"王者之治,于百家之道无不贯综。"①"杂"而成"家",是因为有完整明晰的思想逻辑体系。对此,秦始皇是十分明了的。在行政实践上,他虽然严刑峻法,但那是就制度建设而言,在教化方面,在施政过程中并不排斥其他学说,而且曾着意提倡以维护君权,既采用儒家提倡的礼仪制度,也采用儒家的道德教化。汉高祖刘邦曾命叔孙通制定朝议,因为秦礼仪繁琐,特地告诫叔孙通"令易知,度吾所能行为之"。叔孙通乃"采古礼与秦仪杂就之"②。这里的古礼、秦仪均为儒家所鼓吹提倡,是儒家主张的纲常伦理的外在体现。

---

① 《汉书》卷三〇《艺文志》,第1742页。
② 《汉书》卷四三《叔孙通传》,第2126页。

儒家所提倡的忠孝节义等纲常伦理决定于当时的社会结构,无论哪一个学派,不管在主观上对儒学持何种态度,在现实生活中都要自觉或不自觉地受到忠孝节义的制约,任何一个君主都不会不加分析地予以排斥,都会用作自己统治的工具,区别仅在于对其功能认识的程度有别,政治生活中是主动运用还是被动运用而已。而对于各级官僚来说,儒家的为人处世之道则可以使自己在波谲云诡的宦海之中立于不败之地,理所当然地被奉为做官箴言。所有这一切,和吕不韦的大力提倡自然是分不开的,是因了吕不韦的招徕宾客,使人人著其所闻,宣扬儒家的伦理道德,才改变了秦国的"无儒"传统,使人们认识到儒学的价值并渗透于政治生活之中。后世治史者,从秦始皇焚书、禁私学、坑儒的极端行为出发,认为秦始皇排斥儒学和其他各派,只用法家,对儒学和其他学派在秦朝政治生活中的影响习焉不察,从而忽略了吕不韦、《吕氏春秋》对秦朝政治的影响,是应予补充的。

## 第四节　吕不韦的学术地位

因为吕不韦出身商人,靠投机获得政治上的成功,最后饮鸩而亡,所编《吕氏春秋》系其宾客所为,又以"杂"著称,古往今来的学者谁也不把他当作一个思想家看待。其实,吕不韦固然不算是思想家,但是他组织宾客,系统整理先秦诸子,吸取百家精华,表现出了过人的学术见解和政治眼光,有力地推动了文化统一事业的进程,影响了我国学术走向,在文化史上是应该为吕不韦书上一笔的。

吕不韦编纂《吕氏春秋》的目的有二:一是为即将到来的统一帝国提供理论依据;二是"以为备天地万物古今之事"①。要为现实政治提供理论依据,以便王者之治吸取历代兴衰成败的经验和教训,遂总结百家而通于"王治"之需要,以备天地万物古今之事,是有意识地总结先秦诸子。这二者的有机结合,遂有《吕氏春秋》的问世。因而《吕氏春秋》成为杂家的代表作,真正地做到了"兼儒、墨,合名、法,知国体之有此,见王治之无不贯"。

以往学者对《吕氏春秋》这部杂家之作的认识颇不一致,有的认为是无所归

---

① 《史记》卷八五《吕不韦列传》,第2510页。

心的拼盘,除了十二纪之外,其他各篇之间缺乏逻辑关联,只是各派作品汇编;有的认为"杂"中有一根主线,但对主线的看法又各有不同,或认为是儒家,或认为是道家,等等。其实,明白了吕不韦的编纂主旨,系统地把握全书思想,我们就不难发现,吕不韦是以一个政治家的眼光,居高临下地审视诸子百家的,根据"王治"的需要,选择各派精华,兼收并蓄,而不是用某家去兼并其余各家,也不是要取消哪一家,从而组成新的理论框架。如对道家,选取其"法自然"的思想,抛弃其以自然排斥社会的主张;选取墨子的节葬、用贤、尚俭而弃明鬼、非乐诸说;对儒家的君臣父子道德伦理大加提倡,将其繁琐的礼节、迂腐的理论则视为敝屣;对法家,取其赏罚分明、通变古今、以法治国,而弃其轻罪重罚的极端主张,等等。从政治层面把握《吕氏春秋》的"王者之治",不难看出吕不韦"王者之治"的核心集中在权力运作上就是君道无为、臣道有为、尊贤重道、仁政爱民等几个方面。就此而言,各家各派都有其独到之处,都可以为我所用。所以,我们完全有理由说,吕不韦虽然不是思想家,但他对诸子学派长短的认识超过了所有学派的领袖人物,对诸子学说政治功能的把握,确实站在了历史的制高点上。

吕不韦编纂《吕氏春秋》,主观上是为了提供治国理论,客观上则开创了汇通百家的学风。众所周知,到战国后期,诸子学派已出现了相互融合的趋势,在争鸣的过程中,吸取对方观点主张以适应变动了的现实并不鲜见。但是,这种吸取和融合都是在不自觉的状态下进行的,就其主观来说是不承认其他学派有什么合理性的,无论是课徒授业还是游说诸侯,总是扬己之长,揭人之短,甚至是进行人身攻击,总想使自己的学派独领风骚。尽管他们的目的基本一致,都要服务于现实,建立有序社会,但彼此却难以携手共进,常使那些有心争雄天下的诸侯们无所适从。吕不韦利用自己特殊的身份地位,招徕宾客,使诸子传人求同存异,按照王者之治的标准,总结各个学派的理论,取其精华,弃其糟粕,集众人智慧,成《吕氏春秋》一书,第一次有计划、有目的、主动地系统总结先秦学术,留下了先秦时期最后一部理论著作,也为先秦百家争鸣的历史画上了句号。

当然,吕不韦清楚地知道,王者自有王者的主张,自己的主张能否变成现实,取决于秦王嬴政也就是后来的秦始皇的认识。吕不韦对此持乐观的态度:凭借自己的辅佐之功和仲父地位,嬴政是会接受自己思想主张的,所以在《吕氏春秋·序意》中不无自得地回答"良人请问十二纪"时说:"尝得学黄帝之所以诲颛项矣,爰有大圜在上,大矩在下,汝能法之,为民父母。盖闻古之清世,是法天地。"①显然,吕不韦以黄帝自居,希望嬴政像颛顼师从黄帝那样接受自己的学说。但是,吕不韦只是一厢情愿,传说中的圣王是美好的,现实的"王权"是严峻的,黄帝、颛顼毕竟是存在于传说中的人物,嬴政则是现实中的君王,现实和理想之间毕竟距离遥远,嬴政所经历的宫廷争斗、所看到的有关人性本质的种种分析,更主要的是专制权力的排他性,嬴政不会分权给臣下,更不会允许他人凌驾于自己之上,而是要集权于一人,这注定了吕不韦的悲剧结局。所以,嬴政亲政伊始,就意味着吕不韦政治生命的结束。此后的诸子传人终于明白了"王治之无不贯"的道理,无论是游说庙堂,还是闭门著述,必须开阔眼界,吸取诸家之长,为我所用,使自己的主张逐步地切合现实需要,为已经形成的"王治"服务,昔日的指点江山、激扬文字、将道义凌驾于"王治"之上的理想追求让位于服务现实,理想主义为现实主义所取代,进而演变为实用主义,是大一统政治下思想家们的历史归宿。这既有客观上的权力作用,也有主观上的自我选择。

---

① 《吕氏春秋·序意》,第 273—274 页。

# 第八章　韩非、《韩非子》与秦政

韩非和秦始皇、秦代政治是分不开的,当秦始皇尚未称帝时,读到他的《孤愤》《五蠹》等著作,赞叹说:"嗟呼,寡人得见此人与之游,死不恨矣。"而后猛攻韩国,必致韩非于秦而后安。韩非入秦之后,"秦王悦之",但"未信用",不久即被李斯、姚贾陷害而死①。从个人作为来说,韩非在秦国政坛上没有什么作为,也没有看到秦统一天下,但在后世知识分子、政治家、评论家及现代学者眼里,韩非的"刑名法术之学"、《韩非子》一书对统一后秦政的影响是深刻且巨大的。韩非其人虽死,其学则被付诸了实践。秦朝政治的指导思想就是韩非的学说,秦始皇专制、秦政之残暴、秦朝之短命均系韩非刑名法术之学使然,其甚者说秦二世的种种恶行也是从韩非那里学来的,这些似乎已成为史学界的定论②。但是,若对史实和秦代政治稍加分析就不难发现,上述结论是缺乏必要的史实支持的。澄清这一问题,不仅有助于还历史以本来面目,更有助于深入把握秦朝政治的特质。

## 第一节　秦政非本于韩非

说秦朝统治思想本于韩非学说的依据有三:一是秦始皇对韩非学说特别赞

---

① 《史记》卷六三《老子韩非列传》,第2155页。
② 认为秦朝将韩非学说作为统治思想是史学界绝大多数人的看法,认为秦二世的昏庸暴戾是学自韩非则是郭沫若首发其义,其《十批判书·韩非子的批评》云:"韩非虽然身死于秦,但他的学说实为秦所用,李斯、姚贾、秦始皇、秦二世实际上都是他的高足弟子。""韩非之学,实在是有秦一代的官学。"见《郭沫若全集》历史编卷二,人民出版社,1982年,第386—388页。当代的哲学史、思想史、文化史论著多持类似看法。

同;二是李斯、秦始皇推行的焚书、禁私学、坑儒的暴政系韩非所提出的"以法为教""以吏为师"等政治理论的实践;三是韩非的轻罪重刑说和秦朝的严刑酷法相一致。这有一定的道理,但并不能说明秦朝的统治思想就是韩非的学说。这首先要区分韩非的主张和秦朝政治实践的同与异,然后分析韩非之学的历史渊源,最后还要分析秦代统治思想的属性。只有这样,才能真正把握韩非思想与秦朝政治的关系。

现在先谈焚书坑儒与韩非所提出的"以法为教""以吏为师"的关系问题。《韩非子·五蠹》云:

> 今境内之民皆言治,藏商、管之法者家有之,而国愈贫,言耕者众,执耒者寡也。境内皆言兵,藏孙、吴之书者家有之,而兵愈弱,言战者多,被甲者少也。故明主用其力不听其言,赏其功必禁无用,故民尽死力以从其上……故明主之国无书简之文,以法为教;无先王之语,以吏为师;无私剑之捍,以斩首为勇。是境内之民,其言谈者必轨于法,动作者归之于功,为勇者尽之于军。是故无事则国富,有事则兵强,此之谓王资。

这就是韩非的"以法为教""以吏为师"的由来。秦始皇三十四年(前213),李斯所奏焚书之议从文字上看与此确有相同之处。《史记·秦始皇本纪》云:

> 丞相臣斯昧死言:古者天下散乱,莫之能一,是以诸侯并作,语皆道古以害今,饰虚言以乱实,人善其所私学,以非上之所建立。今皇帝并有天下,别黑白而定一尊。私学而相与非法教,人闻令下,则各以其学议之,入则心非,出则巷议,夸主以为名,异取以为高,率群下以造谤。如此弗禁,则主势降乎上,党与成乎下。禁之便。臣请史官非秦记皆烧之。非博士官所职,天下敢有藏《诗》《书》、百家语者,悉诣守、尉杂烧之。有敢偶语《诗》《书》者弃市。以古非今者族。吏见知不举者与同罪。令下三十日不烧,黥为城旦。所不去者,医药卜筮种树之书。若欲有学法令,以吏为师。

比较以上两段文字,李斯的"若欲有学法令,以吏为师"和韩非所说的"明主之国无书简之文,以法为教;无先王之语,以吏为师"确乎如出一辙。在《诡使》《显学》《八说》诸篇,韩非还有和《五蠹》相似的论述,批评言谈游说之士、仗剑流浪之人无益于国、无益于民,尤其对儒生和侠士不满,认为"儒者用文乱法,而侠者以武犯禁"①,应将其逐出政坛,而不应该尊显富贵之。这和李斯所说的"语皆道古以害今,饰虚言以乱实"精神完全相同。但是,若将韩非上述主张置于其学说体系之中,然后再与李斯的奏议相比较,我们就不难发现:绝不能把李斯的奏议视为韩非上述主张的延续和实践。因为韩非的主张是针对韩国现实而发的,但在秦国,韩非所论大都成为了现实。

战国末年,韩国国弱民贫,内政荒乱,国家权力被宗室贵族所分割把持,各营私利,亡国迫在眉睫而群臣争权不休②。韩非身为宗室成员,迫切地感到亡国的危险,要想使韩祚绵延,必须像商鞅变法那样革除弊政,历行法制,改变宗室贵族专权、王纲不振的局面,同时趋民于农战以富国强兵。有鉴于此,韩非曾多次上书韩王,阐述自己的主张,但"韩王不能用",这才就"疾治国不务修明其法制,执势以御其臣下,富国强兵而以求人任贤,反举浮淫之蠹而加之于功实之上"的现实,"悲廉直不容于邪枉之臣,观往者得失之变,故作《孤愤》《五蠹》《内外储》《说林》《说难》十余万言"③。也就是说,今存《韩非子》一书基本上都是韩非在韩国所作,只有少数几篇是其门徒在韩非死后所为,该书的政治主张均系针对韩国的弊政而发,希望韩王能从历史上吸取经验教训,从实际需要出发刷新政治、富国强兵以改变韩国命运,考虑的是国家利益。而李斯奏议的提出是韩非死后二十年的事④,其目的完全是为了加强秦始皇个人专制独裁,实际上也是间接的加强李斯个人的权力。禁止士人议论国家法律政令的短长,认为士人议论政令有损于君主权威,会导致"主势降乎上,党与成乎下"的结果,完全是为皇帝个人服务,不能简单地视为韩非理论的延伸和实践。

若从历史渊源看,"以法为教""以吏为师"更非韩非的发明,而是历史传统使然,更是秦国自商鞅变法以来历史的政治特质。在商周时代,法律是贵族手中的密器,庶人要学法只能向官吏学习,不过,那时的庶人是没有资格去学习法令的,当然,那时还不存在所谓的"法令"。春秋以降,成文法公布示众,但依然由

---

① 《史记》卷六三《老子韩非列传》,第2147页。
② 关于韩国内部权力的分割和政争状况,参阅田昌五、臧知非:《周秦社会结构研究》第四章第二节,西北大学出版社,1996年。
③ 《史记》卷六三《老子韩非列传》,第2147页。
④ 《史记》卷六《秦始皇本纪》、卷一五《六国年表》均谓韩非死于秦始皇十四年,李斯奏议在秦始皇三十四年,相距二十年。

官吏掌握,庶人可以学习法令,但要学习法律也只有向官吏学习,官吏也有义务教民以法律。这些只要看看《周礼》《管子》诸书的有关论述就足够了。如果说《周礼》《管子》诸书的论述还有士人的理想成分在内的话,尚不能完全地视为历史的真实,那么视之为当时社会思潮的一个组成部分则是完全可以的。也就是在这一社会实践和社会思潮的影响之下,商鞅变法才切实地把"以法为教""以吏为师"变成了历史的现实,并成为秦国的政治特点①。《商君书·农战》《去强》《说民》诸篇反复阐明传习《诗》《书》、游说人主不利于农战;只有农战才能富国强兵,要禁止农民学习儒家的仁义道德以及其他学派的学说,诸如长短纵横权谋之术等。《农战》云:"诗、书、礼、乐、善、修、仁、廉、辩、慧,国有十者,上无使战守。"《说民》谓:"辩慧,乱之赞也;礼乐,淫佚之征也;慈仁,过之母也;任誉,奸之鼠也。"都必须在法律上、制度上予以禁止。百姓唯一能学的就是法令,都要以吏为师。这里的"吏"不仅仅是一般官吏,而是包含了专职的法官法吏。《商君书·定分》详述了法官法吏的设置状况,其职能一是保管法令文书,防止篡改。二是宣传、解答百姓和其他职能部门官吏对法令条文的询问,"诸官吏及民有问法令之所谓也于主法令之吏,皆各以其故所欲问之法令明告之。各为尺六寸之符,明书年月日时、所问法令之名,以告吏民。主法令之吏不告,及之罪,而法令之所谓也,皆以吏民之所问法令之罪,各罪主法令之吏"。规定之细,处罚之严,实令人叹为观止。《定分》虽然不是商鞅所作,但从其行文的语气、文中频繁使用"诸侯""天子"诸语及秦国行政制度的演变情况来看,当是商鞅后学作于商鞅死后不久,起码在韩非的《五蠹》诸篇问世之前。这不是书生议论,而是秦国现实制度的写照,云梦秦简中的《法律答问》就是法官法吏释疑所用的教科书。韩非的"以法为教""以吏为师",正是商鞅变法以来秦国一直实行的制度。李斯的奏议"若欲有学法令,以吏为师"是秦国传统的延续,而不是采自于韩非。只是李斯进一步发展了商鞅的政策,商鞅虽然禁止百姓学习《诗》《书》,但并没有下

---

① 关于秦"以吏为师"问题,可参见张铭洽:《秦代"以吏为师"政策的考察》,《陕西历史博物馆馆刊》第五辑,西北大学出版社,1998年。另参见本书第十二章。

令焚烧《诗》《书》及百家语①。

至于坑儒,和韩非之学更无干系。坑儒起因是方士侯生、卢生等为秦始皇求取仙药不果,害怕秦始皇追究,批评秦始皇刚愎自用、大权独揽、不用儒生而用狱吏,不值得为他求取仙药,然后逃亡。秦始皇原来对方士信任有加,没想到仙药没求成,反被批评了一顿,遂恼羞成怒,严令追查诽谤自己、"为妖言以乱黔首"之士,当然包括批评朝政的人,最后四百六十余人被定为诽谤罪,全部活埋。这四百六十余人既有儒生也有方士,也不排除其他学派的传人,他们被杀的原因不是传习儒学,而是批评朝政;他们不是因身份被杀,而是因为说了不该说的话。

其次,看韩非重刑主义和秦朝严刑酷法的关系问题。韩非主张轻罪重罚,《韩非子》一书不仅集先秦法制主义之大成,更反复论证其重刑主义的必要性,如《六反》云"故明主之治国也,众其守而重其罪",《奸劫弑臣》谓"善为主者,明赏设利以劝之,使民以功赏而不以仁义赐;严刑重罚以禁之,使民以罪诛而不以爱惠免"。因为,"严刑者,民之所畏也;重罚者,民之所恶也。故圣人陈其所畏以禁其邪,设其所恶以防其奸。是以国安而暴乱不起,吾以是明仁义爱惠之不足用,而严刑重罚之可以治国"。《守道》又援引史例说明"古之善守者,以其所重禁其所轻,以其所难止其所易"。在《五蠹》《难二》诸篇中更是从不同层面论述了重刑的重要性,诸如以重刑治军,士卒就不会临阵脱逃;以重刑代替师长教诲子弟、父母教诲儿女,则不肖子弟自然因恐惧而变节易行、尊师敬长。重刑可以整齐民俗、矫正道德,最后达到消灭犯罪、天下大治的目的。如《六反》所云:"重一奸之罪而止境内之邪,此所以为治也。重罚者盗贼也,而悼惧者良民也,欲治者奚疑于重刑……上设重者而奸尽止,奸尽止则此奚伤于民也。"秦统一之后的政治,在汉朝人眼里,最大的特点就是法网严密,刑罚残酷,以至于用"密如凝脂""繁如秋荼"来形容。特别是在焚书坑儒之后,专任刑罚达到了登峰造极的地步。如吾丘寿王说:"秦兼天下,废王道,立私议,灭《诗》《书》而首法令,去人

---

① 《韩非子·和氏》云:"商君教秦孝公以连什伍,设告坐之过,燔诗书而明法令,塞私门之请而遂公家之劳,禁游宦之民而显耕战之士。"好像焚书之举商鞅已实行,今人如林甘泉先生即如是观,见氏著《论秦始皇》,刊《历史研究》1978 年第 4 期。但仔细推究,此说不能成立,因为除《和氏》所记之外没有其他任何佐证。从商鞅变法时秦国的社会发展状况看,当时之秦国尚无必要"焚诗书"。而《和氏》是否为韩非亲著,尚待考证。详见曾振宇《前期法家研究》,山东大学出版社,1996 年,第 99—102 页。

恩而任刑戮。"①谷永谓"秦居平土,一夫大呼而海内崩析者,刑罚深酷,吏行残贼也"②。班固《汉书·刑法志》概括说秦始皇"毁先王之法,灭礼谊之官,专任刑罚,躬操文墨,昼断狱,夜理书,自程决事,日悬石之一。而奸邪并生,赭衣塞路,囹圄成市,天下愁怨,溃而叛之"。类似论述在汉朝人著作中不胜枚举。但是汉朝人在批评秦政时,并没有把秦政和韩非连在一起,而是归之于商鞅。如人们所熟知的董仲舒批评秦始皇"用商鞅之法,改帝王之制"③云云。严安谓秦始皇统一之后没有"缓刑罚,薄赋敛,省徭役,贵仁义……",而是"循其故俗,为知巧权利者进,笃厚忠正者退,法严令苛"④。这里的"故俗"是商鞅变法以来的政治传统。陆贾曾向刘邦论说"逆取"与"顺守"的道理,"逆取"就是在取天下的时候可以忽视平民追求安定的心愿以及牺牲平民百姓的利益以夺取天下,"顺守"就是改变过去取天下的方略,顺应民心,与民休养生息,实现社会稳定。秦始皇以"逆取"的方式治理天下,结果导致了秦朝的速亡。这"逆取"之法也就是秦朝的"故俗"。贾谊在《过秦论》中说秦始皇不明"攻守之势异也"的道理而亡于陈胜吴广起义。其所述之"攻势"均指商鞅变法以后的政治军事而言,和韩非之学无涉。在盐铁会议上,文学博士对秦政的批评都是把矛头指向商鞅而不是韩非。其原因何在?原因就在于韩非的理论对秦朝政治没有产生如后人所认为的影响,秦始皇并没有如后世所想象的那样用韩非学说治国,而是用秦国"故俗"来治理统一后的王朝。秦朝的严刑酷法系秦国"故俗"的发展,而不是韩非学说使然,韩非的法制理论只不过是想把商鞅及其后学的理论与实践搬到韩国以振国势而已。当然,韩非对商鞅重刑论并非照搬,而是有所发展和完善,但无论其发展和完善的程度如何,对统一后的秦朝政治谈不上多大影响,不能因此谓秦朝政治是韩非理论的实践。这些点破即明,毋庸详说。

第三,关于秦始皇对韩非之学态度的理解问题。人们之所以认为秦始皇采用韩非学说治国,说韩非在秦身死而法术用⑤,与秦始皇看过韩非之书后发出的

---

① 《汉书》卷六四《吾丘寿王传》,第 2796 页。
② 《汉书》卷八五《谷永杜邺传》,第 3449 页。
③ 《汉书》卷二四上《食货志上》,第 1137 页。
④ 《汉书》卷六四《严安传》,第 2811 页。
⑤ 孙叔平云:"韩非的命运和商鞅、吴起两个法家先驱人物一样,法术被采用,自身却惨死。"见孙叔平著《中国哲学史稿》上册,人民出版社,1980 年,第 200 页。

感叹"寡人得见此人与之游,死不恨矣"有很大关系。堂堂秦国之君,统一天下在即,对韩非之学如此赞赏,以至于为见韩非而出兵攻韩,必致韩非于秦,用其学说治国自然是顺理成章。此解不能成立,已见上文。那么,秦始皇为什么又对韩非如此称赞?究竟称赞韩非什么?难道仅仅是在口头上赞赏而在实践上没受其影响?答案当然是否定的。但是,秦始皇所接受的并非韩非的法治学说,而是韩非的术论和势论。众所周知,韩非重法亦重术、重势,故而有集法、术、势之大成之说。韩非认为,商鞅知法而不知术,没能巩固自己权力,落得个功成身死的下场,从而指出君王既要有法,更要知术,用法和术保证"势"的无上性,并对历史上形形色色的权力斗争逐一剖析,从人性的角度深刻地论证了法、术、势缺一不可。而这正符合了秦始皇的心理要求。

秦始皇幼年随父为质于赵,返秦为王之后,先是太后、吕不韦主政,后是嫪毐弄权,吕、嫪政争,秦始皇先铲除嫪毐集团和太后权力,然后解除吕不韦相权并逼其自杀,彻底清除其势力,这才真正地掌握权力。目睹和经历了权力斗争的残酷性之后,秦始皇深知掌握和巩固权力的重要与艰辛,自然苦思冥想专权之道,探讨包括夫妇、父子、兄弟亲情在内的权力场上彼此倾轧、不拘人伦之情的深层原因。韩非的理论恰在此时传入秦国,既从理论上回答了秦始皇的困惑,又从技术层面提供了操作程序,诸如把君主专权防奸的手段概括为"七术""六微""八说""八经",等等,不仅在认识上令年轻的秦始皇茅塞顿开,在技术上更是使其获益匪浅,秦始皇自然是大喜过望而倍加赞赏。

我们说秦始皇接受的是韩非的术论和势论而非其法制学说,还因为韩非的法制学说是一个系统,其法制是包括了法治在内的。法制指的是法律制度建设,法治则指对法制权威的维护和执行。法律一经公布,社会各个阶级、各个阶层包括国君在内都必须依法行事,君主的意志不得凌驾于法律之上而必须接受法律的约束,君主的任务就是依法行令,把国家机器的运作纳入法治的轨道,从而实现君权的集中和巩固,而君主则可以收到垂拱而治之效,做一个无为之君。《韩非子·有度》谓"当今之时,能去私曲就公法者,民安而国治;能去私行行公法者,则兵强而敌弱。故审得失有法度之制者加以群臣之上,则主不可欺以诈伪;审得失有权衡之称者以听远事,则主不可欺以天下之轻重","明主使法择人,不自举也;使法量功,不自度也"。《韩非子·饰邪》云:"明主之道,必明于公私之分,明法制,去私恩。夫令必行,禁必止,人主之公义也。必行其私,信于朋友,不可为赏劝,不可为罚沮,人臣之私义也。私义行则乱,公义行则治,故公私有分。"公私分明,以公为先,一切责成臣下,君主则可以而且应当清虚自守。《韩非子·主道》云:"人主之道,静退以为宝。不自操事而知拙与巧,不自计虑而知福与咎;是以不言而善应,不约而善增。言已应则执其契,事已增则操其符。符契之所合,赏罚之所生也。故群臣陈其言,君以其言授其事,事以责其功。功当其事,事当其言则赏;功不当其事,事不当其言则诛。"人主不应事必躬亲,而应该以法律责成臣下,同时自律,去私恩,守公义。参以史实,秦始皇的作为与韩非的"明君"要求显然是有距离的。秦始皇自以为功过三皇,德高五帝,视天下为私有,恣意妄为,哪里管什么"公义"不"公义",至于"静退"二字就更谈不上了。如侯生等所言"始皇为人,天性'刚戾自用',起诸侯,并天下,意得欲从,以为自古莫及己。专任狱吏,狱吏得亲幸。博士虽七十人,特备员弗用。丞相诸大臣皆受成事,倚辨于上……上至以衡石量书,日夜有呈,不中呈不得休息"①。这和韩非眼里的"明君"显然相背。至于秦始皇追求长生不老、穷奢极欲,和韩非更无干系。岂可不加分析地把秦始皇以至秦二世的种种行为都记到韩非头上?

韩非初到秦国,秦始皇对他的态度是"未信用"。人们认为"未信用"韩非的原因是韩非出身韩国公子,入秦是为了存韩,自然难以信任。其实这种看法是表象的,秦虽然禁止本国民众从事言谈游说活动,但并不排除六国游士入秦,更有重用客卿的传统,其中不乏东方诸侯宗室之后。在统一六国在即,秦廷正在用人之际,韩非又是秦始皇心仪之人,如二人思想果然符合若契,秦始皇断然不会因为韩非身份而"未信用"。其根本原因在于二人的政见不合,韩非的理论并非秦始皇所希望的那样,相反还有许多与其追求相反的主张,所以当李斯、姚贾向秦始皇进谗言说:"韩非,韩之诸公子也。今王欲并诸侯,非终为韩不为秦,此人之情也。今王不用,久留而归之,此自遗患也,不如以过法诛之。"②秦始皇居然不假思索地接受了这一建议,把韩非下狱,结果韩非被李斯毒死。所以,我们有理由说秦始皇只是部分赞赏和接受韩非的主张,那就是他的术论和势论,而非其思想的整体。

---

① 《史记》卷六《秦始皇本纪》,第 258 页。
② 《史记》卷六三《老子韩非列传》,第 2155 页。

## 第二节　秦朝统治思想问题

欲进一步明白韩非学说与秦朝政治的关系，还必须对秦朝的统治思想做一番分析。人们之所以认为秦朝以韩非思想治国是因为秦以法家思想作为统治思想，韩非集先秦法家思想之大成，秦朝自然是以韩非学说为指导了。这已经成为思维定势，无人提出疑问，这若从当时人如卢生和侯生以及汉代学者对秦政的论述来看，确有其道理。但是，据此认为秦朝以法家思想治国则值得探讨。因为法网严密并不等于以法家思想治国，更不等于严刑酷法、政治暴戾。

众所周知，刘邦入关，曾与关中父老约法三章："杀人者死，伤人及盗抵罪。余悉除去秦苛法。"①尽管西汉统一之后萧何即根据秦朝法律制定汉律，但在人们的观念中汉律总比秦律轻得多。其实，这纯粹是一个误解。萧何出身狱吏，入关时即收秦朝图书文集（包括法律文书在内），所定之汉律不过是因袭秦朝而已，如挟书律是汉惠帝四年（前191）废除的，"诽谤妖言"罪在汉文帝二年（前178）才废除，在废除部分秦律条文的同时又因时需要而增加新的条文。张家山汉简《二年律令》《奏谳书》等说明西汉前期法律的篇名、条文内容和秦无异，有些律文完全沿用了秦律，有些律条甚至更早。单从法律条文来说，汉初的法网不可谓不严，盐铁会议上文学博士们说的秦律"繁如秋荼""密如凝脂"也同样适合于汉。不仅如此，汉初的执法之吏也大都是秦朝故吏，这在刘邦入关之时就是如此。刘邦在约法三章的同时曾"令吏民皆案堵如故"，令吏民各安其业、各司其职，并"使人与秦吏行至县乡邑告谕之"②。如果说这还只是当时的权宜之计的话，那么称帝以后依然如故。《汉书·高帝记》载汉高祖五年（前202）"复故爵田宅诏"有云：

> 诸侯子及从军归者，甚多高爵，吾数诏吏先与田宅，及所当求于吏者，亟与。爵或人君，上所尊礼，久立吏前，曾不为决，甚亡谓也。异日秦民爵公大夫以上，令丞与亢礼。今吾于爵非轻也，吏独安取此？且法

---

① 《史记》卷八《高祖本纪》，第362页。
② 《汉书》卷一上《高帝纪上》，第23页。

以有功劳行田宅,今小吏未尝从军者多满,而有功者顾不得,背公立私,守尉长吏教训甚不善。其令诸吏善遇高爵,称吾意。且廉问,有不如吾诏者,以重论之。

诏令中反复提到的"吏"显然不是汉朝新任命的地方官吏,而是秦朝的故吏。他们没有从军跟随刘邦争夺天下,而是一直在地方政府为官,故而利用职权之便先满足私利,置复员的有功士卒的权益于不顾,对中央政令(包括诏书在内)也是阳奉阴违。其原因何在?就是因为他们本是秦朝故吏,从秦到汉一直掌握着本地区的权力,复员返乡的士卒本是他们的臣民,如果按照命令执行,这些士卒都获得相当的爵位,经济上有田宅土地,政治上则"令丞与亢礼",昔日颐指气使的威风将不复存在,心理上是极不情愿的。而返乡士卒出于历史的惯性,对这些"故吏"依然心有余悸而难以理直气壮地索要自己应得的田宅土地及其他权益,才出现"久立吏前,曾不为决"的奇怪现象。既然从法律条文到基层执法之吏均与秦朝没有大的差异,我们能说汉初的统治思想是法家思想吗?答案显然是否定的。那么,秦朝的统治思想是什么?显然应当另行探讨。

所谓统治思想,是指指导国家机器运作并为统治阶级所普遍接受的意识形态。以此衡之,秦朝在短短十五年的统治过程中尚未形成系统的统治思想,尚处于探索过程中。秦始皇统一之后,视天下一切为个人所有,对待思想界也是如此,无论诸子百家,何门何派,都要为我所用。《史记·秦始皇本纪》载秦始皇诏云:"吾前收天下书不中用者尽去之。悉召文学方术士甚众,欲以兴太平。"这里的"前收天下书"和"悉召文学方术士"并列,指的是统一初期事,所去的"不中用"之书的标准就是看是否符合权力需要,召文学方术士的目的亦然。在这里,并不存在用法家思想取代其他各派的目的在内。这一方面是秦国招徕士人的传统使然,秦廷已有六国各派传人在内,并参与朝政。另一方面,诸子门派虽异,学说有别,但维护君权则是统一的,在秦始皇眼里均可为我所用,均是"兴太平"的工具,故而在秦廷上是诸说并陈,起码在焚书之前是如此。这些"文学方术士"并非政治摆设,而是发挥了切实的政治作用。所谓的"文学方术士"是指文章博学之士和握有各种长生不老仙方之人。关于秦始皇追求长生不死、信任方士以致于受骗是人所共知的,无须赘言。文章博学之士则泛指各派的传人,六国士人(起码部分士人如此)在其统一之初也曾发自内心地想为统一王朝效力而云集秦廷,贾谊在《过秦论》中曾指出:"秦并海内,兼诸侯,南面称帝,以养四海,天下之士斐然乡风,若是者何也？曰：近古之无王者久矣……今秦南面而王天下，是上有天子也。既元元之民冀得安其性命，莫不虚心而仰上。"①秦始皇也能根据需要而用之。

稽诸史实，各个学派在秦廷都有其地位和影响。法家学说是秦国老传统，统一之后当然不会丢掉，云梦秦简中的《语书》就是在统一过程中推行秦律的明证。统一之后，秦始皇更是念念不忘强化法制建设，在东巡过程中的刻石篇篇都有强调法令的词句，如"作制明法""端平法度""普施明法"，等等②。儒家学说亦有其显著位置，设博士七十，其中主要是儒家传人，参与讨论各种政事，提供决策依据，著名的如议分封、议礼仪等。不仅如此，对于吏治问题、社会风俗的改变，也采用儒家说教。云梦秦简《为吏之道》就反复阐明忠孝节义之理，如"一曰中（忠）信敬上，二曰清（廉）勿谤，三曰举事审当，四曰喜为善行，五曰恭敬多让。五者毕至，必有大赏"。明确提出"君鬼（怀）臣忠，父兹（慈）子孝，政之本殹（也）"③。在秦始皇的刻石中自然少不了这方面的内容，如"合同父子""圣智仁义""六亲相保""男女絜诚"等④。又如，当扶苏收到赵高伪造的令他自杀的诏书时，蒙恬怀疑其中有诈，劝扶苏问个明白再死不迟，扶苏说："父而赐子死，尚安复请。"公子高请求殉葬时也说："臣当从死而不能，为人子不孝，为人臣不忠。"胡亥篡位时也曾犹豫说："废兄而立弟，是不义也；不奉父诏而畏死，是不孝也。"⑤这起码说明儒家思想是各个阶层教育内容之一。但是，无论是法家还是儒家，都没有在意识形态层面对国家政治运作起到指导作用。如果说诸子之学中有哪一家把秦朝政治推向严刑峻法极致的话，那就是五德终始说之秦得水德说，导致秦始皇"刚毅戾深，事皆决于法，刻削毋仁恩和义，然后合五德之数，于是急法，久者不赦"⑥。不过这个"水德"与驺衍"水德说"的内容相比已经发生了本质的改变，不是"仁义节俭，君臣上下六亲之施"⑦，而是"刚毅戾深，事皆决于法，刻削毋仁恩和义，然后合五德之数。于是急法，久者不赦"。说已见前，此处不赘。

---

① 《史记》卷六《秦始皇本纪》，第 283 页。
② 《史记》卷六《秦始皇本纪》，第 243 页、第 245 页、第 249 页。
③ 《睡虎地秦墓竹简》，第 168—169 页。
④ 《史记》卷六《秦始皇本纪》，第 245 页、第 262 页。
⑤ 《史记》卷八七《李斯列传》，第 2549 页。
⑥ 《史记》卷六《秦始皇本纪》，第 238 页。
⑦ 《史记》卷七四《孟子荀卿列传》，第 2344 页。

## 下篇
## 统一与思想控制

# 第九章　秦简所见官德建设

因为传世文献缺乏,学者对秦朝政治思想的认识只能停留在汉儒"过秦"之论的基础上。然而,地不爱宝,从 20 世纪 70 年代以来,一系列出土资料的问世,不仅为我们重新认识秦朝法律制度提供了崭新的资料,也为我们认识秦朝思想提供了全新的资料,使我们了解秦朝政治与思想的关系成为可能。本节即以云梦睡虎地秦简和岳麓秦简为基础,讨论官德建设及其对社会伦理的影响。

## 第一节　云梦秦简的伦理思想

云梦睡虎地 11 号秦墓的出土文献,和思想史研究有着直接联系,一是南郡郡守腾发布的《语书》,一是秦统一前后官吏日常守则《为吏之道》。《语书》说明统一过程中教化进程的艰难和基本思想,《为吏之道》则是官吏的品德修养、职责履行守则,都体现了诸子思想对秦政治实践影响的历史轨迹。《语书》云:

廿年四月丙戌朔丁亥,南郡守腾谓县、道啬夫:古者,民各有乡俗,其所利及好恶不同,或不便于民,害于邦。是以圣王作为法度,以矫端民心,去其邪避(僻),除其恶俗。法律未足,民多诈巧,故后有间令下者。凡法律令者,以教道(导)民,去其淫避(僻),除其恶俗,而使之之于为善殹(也)。今法律令已具矣,而吏民莫用,乡俗淫失(泆)之民不止,是即法[废]主之明法殹(也),而长邪避(僻)淫失(泆)之民,甚害于邦,不便于民。故腾为是而修法律令、田令及为间私方而下之,令吏明布,令吏民皆明智(知)之,毋巨(岠)于罪。今法律令已布,闻吏民犯法为间私者不止,私好、乡俗之心不变,自从令、丞以下智(知)而弗举论,是即明避主之明法殹(也),而养匿邪避(僻)之民。如此,则为人臣亦不忠矣。若弗智(知),是即不胜任、不智(知)殴(也);智(知)而弗敢论,是即不廉殴(也)。此皆大罪殴(也),而令、丞弗智(知),甚不便。今且令人案行之,举劾不从令者,致以律,论及令、丞。有(又)且课县官,独多犯令而令、丞弗得者,以令、丞闻。以次传;别书江陵布,以邮行①。

这里的"廿年"即秦始皇帝二十年(前227)。秦昭王二十九年即公元前278年,秦攻陷楚国都城郢,于新占领的楚地设立南郡,距离秦始皇帝二十年已经整整五十年,其间,郡守更迭不知凡几,秦国的法律制度的施行效果始终有限,才有腾发布的《语书》。《语书》也就是后世的布告,其基本内容一是在理论上说明不同地区都有自己的风俗习惯,人们内心追求和行为方式各不相同,存在矛盾而引发冲突,造成伤害,圣人为了改变人心,统一行为,实现公平幸福,因而制定法律。二是以往虽然颁布过法律,但是法律不够完善,存在着很多漏洞,那些巧诈之民钻法律空子,不断有违法犯罪的事情发生,既危害国家,也危害平民,所以重新修订法律令,公布全郡,人人知晓。三是新法实行效果不佳,"吏民犯法为间私者不止,私好、乡俗之心不变",原因在于县、道长吏存在着抵触或者畏难情绪,或者知情不举,或者有法不依,或者执法不严。因而要求县、道长吏带头守法,严格职守,否则根据具体情况,治以"不知""不廉""不忠"之罪。"知""廉""忠"是普遍的道德观念,不同的思想家对其内涵实践方式有不同的规定。《语书》的特点是将知法守法作为"知""廉""忠"的首要要求,这体现了秦国依法治国、依法治吏的政治特点。

我们要特别注意的是"圣王"与新法的关系。《语书》首先指出,自古以来,法律制度是"圣王"为了"矫端民心,去其邪避(僻),除其恶俗"而设的,秦国法律最为明白公开,从来都是"圣王"法度,并且根据具体情况不断修订完善。本来"法律令已具",现在"腾为是而修法律令、田令及为间私方而下之,令吏明布,令吏民皆明智(知)之,毋巨(岠)于罪"。这里的"修"是调整、修订的意思,修订旧法条,补充新内容以突出地方需要,腾所颁布的就是修订过的内容。但是,无论是原来"已具"之法,还是修订过的"法律令、田令及为间私方",都是圣王之法的延续,和秦人历代先王的"天命观"有历史关系。议帝号时,因为在人们心目中

---

① 《睡虎地秦墓竹简》,第17—18页。

泰皇是最尊贵的圣王,百官和博士们给嬴政上泰皇之称,而嬴政用的是"皇帝",说明在统一之前的朝廷上下已经普遍认同"圣王"观念,并且在法律制度层面予以贯彻。

让占领区的民众接受秦的"圣王"观念是一个长期的历史过程,因为这个"圣王"是秦始皇自封的,间或有那些来自东方学者建议的成分在内,但不是楚人的"圣王"。要使楚人接受这个"圣王",可不是一朝一夕可以完成的,因为战争给楚人带来的直接感受是家破人亡。在这个背景之下,首先要从官吏自身抓起,通过官吏队伍建设,使秦王即"圣王"、秦制即"圣制"社会化,《语书》体现了这一点:

> 凡良吏明法律令,事无不能殹(也);有(又)廉絜(洁)敦愨而好佐上;以一曹事不足独治殹(也),故有公心;有(又)能自端殹(也),而恶与人辨(别)治,是以不争书。恶吏不明法律令,不智(知)事,不廉絜(洁),毋(无)以佐上,谕(偷)随(惰)疾事,易口舌,不羞辱,轻恶言而易病人,毋(无)公端之心,而有冒抵(抵)之治,是以善斥(诉)事,喜争书。争书,因恙(佯)瞋目扼捾(腕)以视(示)力,讦询疾言以视(示)治,訑谇䤈斫以视(示)险,阮阆强肮(伉)以视强,而上犹智之殹(也)。故如此者不可不为罚。发书,移书曹,曹莫受,以告府,府令曹画之。其画最多者,当居曹奏令、丞,令、丞以为不直,志千里使有籍书之,以为恶吏①。

良吏是圣王的良吏,恶吏则违背圣王要求。良吏通晓法律制度,各种事情都能依规、依法办理,廉洁忠诚,自觉为主上效力,不计较个人得失;知道一个部门的事务不能由一个人独断专行,而是集体处理,办事公正;能够自我反省,发现问题,自己承担责任,不去争功请赏。而恶吏则不懂法律制度,不了解办事程序,品质不端,不想为主上效力,只想着自己的利益,遇事推诿,得过且过,搬弄是非,伤害别人,没有羞耻之心,处处和别人争功,动辄瞪眼挥拳,威吓他人,欺瞒上司,结果是老实人吃亏,败坏风气。圣王需要良吏,严惩恶吏。

当然,布告是布告,布告说的再详细,也不可能面面俱到,可操作性总要受到局限,吏治建设还要有更加明确的标准。《为吏之道》则对官吏的人品、能力、善

---

① 《睡虎地秦墓竹简》,第19—20页。

恶标准、日常注意事项列出具体要求，是各级官吏手边必备之书，从中可以看出统一前后秦的吏治建设，也可以窥见秦政治思想建设的一斑。这主要体现在如下几点：

第一，以"君子"之道要求自己，把握处世原则，准确自我定位，处理好同僚之间、上下级之间关系。

> 凡为吏之道，必精絜（洁）正直，慎谨坚固，审悉毋（无）私，微密纖（纤）察，安静毋苛，审当赏罚。严刚毋暴，廉而毋刖，毋复期胜，毋以忿怒夬（决）。宽俗（容）忠信，和平毋怨，悔过勿重。兹（慈）下勿陵，敬上勿犯，听间（谏）勿塞。审智（知）民能，善度民力，劳以衔（率）之，正以桥（矫）之。反赦其身，止欲去顋（愿）。中不方，名不章；外不员（圆）。尊贤养孽，原埜（野）如廷。断割不刖。怒能喜，乐能哀，智能愚，壮能衰，恿（勇）能屈，刚能柔，仁能忍，强良不得。审耳目口，十耳当一目。安乐必戒，毋行可悔。以忠为干，慎前虑后。君子不病殿（也），以其病病殿（也）。同能而异。毋穷穷，毋岑岑，毋衰衰。临材（财）见利，不取句（苟）富；临难见死，不取句（苟）免。欲富大（太）甚，贫不可得；欲贵大（太）甚，贱不可得。毋喜富，毋恶贫，正行修身，过（祸）去福存①。

这段话包括了人品、能力、处世方式多方面的要求，可以分为如下几层意思：一是清正廉洁，做事谨慎，诚实守信，意志坚定，明察秋毫，赏罚分明，不感情用事，做事公正，对事不对人，不争强好胜强压别人，不把愤怒情绪带到事务处理过程中去，以平和宽容的心境对待任何人和事。二是善待下属，尊敬、不冒犯上级，善于听取不同意见，不能阻塞言路，敬贤使能，自我反省，遏制私欲，不犯以往出现过的错误。三是了解民情，爱惜民力，以身作则，给民众做出榜样，在野和在朝一样严格要求自己，不贪财，不逐利，不嫌贫爱富，不见利忘义，能舍生取义。四是能够控制、掩藏自己的真实情绪，做到大智若愚，能屈能伸，能刚则刚，当柔则柔。

第二，把握行为标准，在主观认知层面把官吏的行为分为"五善"和"五失"。

> 吏有五善：一曰中（忠）信敬上，二曰精（清）廉毋谤，三曰举事审

---

① 《睡虎地秦墓竹简》，第281—282页。

当,四曰喜为善行,五曰龚(恭)敬多让。五者毕至,必有大赏①。

这吏有五善和《语书》所说的良吏内容基本相同。基本意思是清正廉洁,忠于职守,尊敬上级,不生怨言,思考谨慎,处事恰当,助人为乐,谦逊他人。能够做到这五个方面,就一定能够得到奖赏。与此相反,"五失"为:

> 吏有五失:一曰夸以迣,二曰贵以大(泰),三曰擅裚割,四曰犯上弗智(知)害,五曰贱士而贵货贝。一曰见民倨敖(傲),二曰不安其朝(朝),三曰居官善取,四曰受令不僂,五曰安家室忘官府。一曰不察所亲,不察所亲则怨数至;二曰不智(知)所使,不智(知)所使则以权衡求利;三曰兴事不当,兴事不当则民伤指;四曰善言隋(惰)行,则士毋所比;五曰非上,身及于死②。

这"吏有五失"分为三类,实际上是十五失。第一类是夸夸其谈,言过其实,自以为处处高于他人,擅自决断,肆无忌惮地冒犯上级,贪财好利,轻视人才。第二类是对待下属傲慢无礼,不甘于本职,以为大材小用;有了权力就巧取豪夺,接受上级指令毫无恭敬之心;私而废公,为了小家庭而忘记公家职责。第三类是对亲近的人百般袒护而不去考察其行为,导致不满的人日益增多;不知道如何正确行使权力,结果必然是以权谋私;做事不当,该做的不做,不该做的乱做,被百姓批评;说得多,做得少,属下不主动亲近;非议上级,陷自己于危险的境地。

第三,明确官吏行为职责。"五善"和"五失"都是"为吏"一般意义上的注意事项,对于具体职责,《为吏之道》有着明确的提示:

> 孤寡穷困,老弱独转,均繇(徭)赏罚,勶(傲)悍衺暴,根(垦)田人(仞)邑,赋敛毋(无)度,城廓官府,门户关籥(钥),除陛甬道,命书时会,事不且须,贳责(债)在外,千(阡)佰(陌)津桥,囷屋蘠(墙)垣,沟渠水道,犀角象齿,皮革橐(纛)突,久刻职(识)物,仓库禾粟,兵甲工用,楼椑矢阅,枪蘭(籣)环殳,比(庇)臧(藏)封印,水火盗贼,金钱羽旄,息子多少,徒隶攻丈,作务员程,老弱癃(癃)病,衣食饥寒,槀靳漤(渎),扁(漏)屋涂漽(墍),苑囿园池,畜产肥牂(牷),朱珠丹青。临事不敬,倨骄毋(无)人,苛难留民,变民习浴(俗),须身旇(递)过,兴事不

---

① 《睡虎地秦墓竹简》,第283页。
② 《睡虎地秦墓竹简》,第283—284页。

时,缓令急徵,夬(决)狱不正,不精于材(财),法(废)置以私①。

这一段说的是不同部门、各个岗位官吏的职责内容,涉及土地垦辟、田间管理、赋役征收、沟渠道路、官府城邑、仓储园囿、禽畜统计、财务管理、兵工器械、民政司法、社会治安、文书往来,等等,从内容到程序都一一列举。要赈济孤寡老弱贫苦之民,组织民户开垦土地,增加人口、兴建工程、征发徭役、组织生产,制度与法律的执行不得过"度",其工程计算要准确,分配要公平公正,以严厉手段打击、惩罚那些违背伦常、不忠不孝、为非作歹的傲悍之徒。保证仓库财物安全,核察粮食是否霉变、器物标识是否清晰、封印是否破坏。园圃池泽所产无论是犀象马牛,还是禽畜生息、皮肉良否、矿冶出产,都要按规定登记在册,标识清楚。及时发现道路坍塌、房屋破损,门户开闭,锁钥保管,防火防盗,同时对水患等自然灾害保持警惕。对这所有的一切都要持之以恒地严肃对待,凡是"临事不敬,倨骄毋(无)人,苛难留民,变民习浴(俗),须身籇(遂)过,兴事不时,缓令急徵,夬(决)狱不正,不精于材(财),法(废)置以私"者,都是违法行为。

第四,正确处理官民关系,使百姓安宁。

> 处如资(斋),言如盟,出则敬,毋施当,昭如有光。施而喜之,敬而起之,惠以聚之,宽以治之,有严不治。与民有期,安骖而步,毋使民惧。疾而毋谡,简而毋鄙。当务而治,不有可苴。劳有成既,事有几时。治则敬自赖之,施而息之,犠而牧之;听其有矢,从而贼(则)之;因而徵之,将而兴之,虽有高山,鼓而乘之。民之既教,上亦毋骄,孰道毋治,发正乱昭。安而行之,使民望之。道傷(易)车利,精而勿致,兴之必疾,夜以楼(接)日。观民之诈,罔服必固。地修城固,民心乃宁。百事既成,民心既宁,既毋后忧,从政之经②。

这一段话的大意是要求官吏以恭敬、诚信、谦和之心对待百姓,始终严肃认真,取信于民,以安定民心为最高目标。不苟且随意,日常生活也要如斋戒一样严肃,说话要像盟誓一样说到做到,举手投足都要符合法度,为百姓做出榜样,给百姓带来实惠,宽厚治民,使百姓生活安宁,发自内心欢喜,自会主动顺从。落实在具体行为上,如和百姓有约,车子要缓慢行进,不要惊扰百姓;说话慎重,快而

---

① 《睡虎地秦墓竹简》,第285—286页。
② 《睡虎地秦墓竹简》,第288页。

不犯错,简而不粗俗;目标明确,按程序和时间处理,不得擅自改动,令自己后悔;百姓有意见,耐心听取,正确的采纳。在此基础上征发兵徭之役,身先士卒,无论困难多大,都无往而不利。行得端,做得正,做出榜样,不炫耀自夸,百姓自然化俗成行。

官民关系是普遍关心的话题。在战争年代,民心向背、人口增减直接决定国力盛衰。控制人口、开垦土地、国富民强,是诸子百家的共同理想,也是政治家们的共同追求,只是具体措施不同而已。秦国自商鞅变法以来,用法律手段严控户籍,统一授田,奖励耕织,惩罚怠惰,是秦国迅速壮大的基础。但是,仅仅用强制手段还不能充分调动民众积极性。官吏既能知法守法,又能尊重百姓,为民表率,使编户之民发自内心的拥护、遵守法律,不仅能激发其生产积极性,而且能使其心甘情愿地为国而战、为国而劳。

第五,治国根本,以德为先,忠臣孝子,合而为一。

> 戒之戒之,材(财)不可归;谨之谨之,谋不可遗;慎之慎之,言不可追;綦之綦之,食不可赏(偿)。术(怵)悐(惕)之心,不可不长。以此为人君则鬼,为人臣则忠;为人父则兹(慈),为人子则孝;能审行此,无官不治,无志不彻,为人上则明,为人下则圣。君鬼臣忠,父兹(慈)子孝,政之本殹(也);志彻官治,上明下圣,治之纪殹(也)①。

简文的"谋不可遗",整理者解为"计谋不可泄露",于意未妥。这里的"遗"是"遗漏",指考虑不周。"人君则鬼"之"鬼",整理者认为汉代"怀"多写作"褱",鬼、褱形近,是"怀"的异写,柔和之意。但文献中"君惠臣忠"习见,人君以恩惠之心对臣下,臣下自然忠心,通观《为吏之道》文意,理解为"惠"更为贴切,鬼、惠形近,这里的"鬼"应该是"惠"的误写②。"为人下则圣"之"圣",整理者认为"疑读为'听'",其依据大约是"聖""聽"形近通假,学者认为圣的一般含义是聪慧,于意更加顺达③。这一段大意是要求为吏者时时保持警惕敬畏之心,不贪

---

① 《睡虎地秦墓竹简》,第284—285页。
② 陈伟主编:《秦简牍合集》第一册,武汉大学出版社,2014年(下同),第331页。
③ 陈伟主编:《秦简牍合集》第一册,第331页。

财,不谋私利,做事计划周全,谋定而后动;要牢牢记住错误一旦发生就无法挽回①。为君者以恩惠对待臣属,为臣者自然尽心职守,为父者慈爱子女,为子者孝敬父母。以此治国自然政清人和,政令通达("无志不彻"),上级明晰下情,下级领会上级意图。以"君鬼(惠)臣忠"之心、慈父孝子之道治国理民,人人在家为孝子,在国为忠臣,是治国的根本要道。

为了便于记忆传诵,亦将上述思想内容、行为原则编成韵文:

凡治事,敢为固,谒私图,画局陈卑以为耤。肖人聂心,不敢徒语恐见恶。

凡戾人,表以身,民将望表以戾真。表若不正,民心将移乃难亲。

操邦柄,慎度量,来者有稽莫敢忘。贤鄙溉辞,禄立(位)有续孰歆上?

邦之急,在膌(体)级,掇民之欲政乃立。上毋间陕,下虽善欲独可(何)急?

审民能,以赁(任)吏,非以官禄夬助治。不赁(任)其人,及官之歔岂可悔?

申之义,以彀畸,欲令之具下勿议。彼邦之罾(倾),下恒行巧而威故移。

将发令,索其政,毋发可异史(使)烦请。令数囚环,百姓榣(摇)贰乃难请。

听有方,辩短长,囷造之士久不阳②。

将这段韵文和上举《为吏之道》其他内容稍加比较就不难发现,思想内容没有大的差别,都是为官之道中的以身作则、识人、用人、处理上下级关系的注意事项,只是表达方式不同,更加朗朗上口和形象化。学者早已指出,这个文体和当时流行的韵文"相"相同,是民间流行的为人处世的警言妙句、人生经验的总结。《荀子》有《成相篇》,简文的句式结构、内容与《成相》几乎一致,简文很可能是

---

① "食不可赏(偿)"之"食",整理者未出注,陈伟主编《秦简牍合集》云:"食,疑为亏损义。《易·丰》:月盈则食"(《秦简牍合集》第一册,第329页)。笔者以为,解释为"蚀"的同音通假更通顺些,指欠缺,引申为做事不当或错误。

② 《睡虎地秦墓竹简》,第290—291页。

《成相》的简写版,也许简文所抄和《成相》本来没有什么大差别,只是出土文本不全而已。

## 第二节 岳麓秦简的官德思想

岳麓秦简有《为吏治官及黔首》专篇,因为文字漫漶,有的内容不连贯,但是就以现有文字而论,其性质和《为吏之道》相同,其内容大同小异,都记述着对官吏的一般要求,如"吏有五善""五失""五过""五则"和《为吏之道》的"五善""五失"(实际是十五失)以及要求官吏以"君子"自律,在家为孝子、在官为忠臣。其异表现在对处理人际关系技巧、公务内容、修养观念方面比《为吏之道》更加丰富,其"恶吏""良吏"的标准更加细致具体。《为吏治官及黔首》云:

吏有五善:一曰忠信敬上,二曰精廉无旁(谤),三曰举吏审当,四曰喜为善行,五曰龚(恭)敬多让。五者毕至,必有天当。

吏有五失:一曰视黔首渠骜,二曰不安其朝,三曰居官善取,四曰受令不僂,五曰安其家忘官府,五者毕至,是胃(谓)过主。

吏有五过:一曰夸而央,二曰贵而企,三曰亶(擅)折割,四曰犯上不智(知)其害,五曰间(贱)士贵货贝。

吏有五则:一曰不祭(察)所亲韦(违)数至,二曰不智(知)所使则以雚(权)索利,三曰举事不当则黔首嚣指,四曰喜言隋(惰)行则黔首毋所比,五曰善非其上则身及于死。

吏有六殆:不审所亲,不祭(察)所使,亲人不固,同某(谋)相去,起居不指,扁(漏)表不审①。

与《为吏之道》相比,这"五善""五失""五过""五则"除了排列顺序和个别文字差异之外,二者思想内容完全一致,"吏有六殆"的名称虽然不见于《为吏之道》,内容则散见于《为吏之道》。其异者体现在:关于官吏职责、处理人际关系和日常公务的原则和技巧更加丰富,既有理论上的一般原则,又注重实践的可操

---

① 朱汉民、陈松长主编:《岳麓书院藏秦简》(壹),上海辞书出版社,2010年(下同),第188—189页。

作性。如做事要敬业,与人交往要把握言多必失的原则,要有自知之明等。本节对"吏"职之同与异对比于下。

第一,二者内容完全相同者,《为官治吏及黔首》云:

> 敬给县官事……
> 
> 多言多过……勿言可复,疾言不可悔,【受】令唯若。
> 
> 非亲勿亲,多所智……莫(?)亲于身,毋劳心。毋弃亲鏾(贤),【恭】敬毋亡(忘),毋喜细说,毋犯大事。虇(敬)让礼,敬长兹(慈)少,绝甘分少,让大受小,合同禾(和)平,毋行可悔。
> 
> 毋信毚(谗)言,苦言乐也,甘言毒也。
> 
> 毋非(诽)旁(谤)人,安乐之所必戒,好言塞责。上交不胜乐,下交不胜忧。安徐审祭(察)之,择人与交,择言出之,丑言出恶。胜人者力,自胜者强。智(知)人者智,自智(知)者明。愸(厌)忿止欲,唯怒必顾。遇上毋恐,谨敬侍之。精絜(洁)正直,慎谨擎(坚)固。审悉毋私,徵(微)密咸祭(察)。安倩(敬)毋苛,审当赏罚。厰(严)刚毋暴,廉而勿帒(?)。復悔其(期)胜,毋忿怒以夬(决)。宽俗(裕)忠信,禾(和)平毋悁。悔过勿重,兹(慈)下勿凌(陵)。敬士〈上〉勿犯①。

第二,可补《为吏之道》之不足者。《为官治吏及黔首》云:

> 擅叚县官器,□死〈列〉(裂)弗补,臧(藏)盖联屚(漏)。毋荐毋草,【卑】苴不亶。履槩(絓)鑢支(屐)……当毛缮治……麃畜斗数……塗溉(墍)陀(阤)隋(堕),苑水歈(饮)不利……
> 
> 水渎不通,毋池其(?)所。门户难开,关龠不利。衣联弗补,不洗沐浴。丈量斗甬(桶)□升痟(籥)不正。畜马牛羊,赀责(债)不收。□殀(朽)败粮(垦)靡,臧(藏)盍不法。□官中多草,容内直(置)蘩。塗溉(墍)骚(扫)除,栈歷(枥)浚除。□不洒除,毋朵不年别。□官赢不备。□□□□亡器齐(齎)赏(偿),衡石权赢(累)。
> 
> 院垣陕(决)坏,里中备火……行者质(滞)留,啬夫弗行。部佐行田,度稼得租。奴婢莫之田,黔首不田作不孝。小男女渡量,其能田作,举苗□不□。弗治以蓝(监)它人,数觐醯(酤)弗言。毋积聚畜产,疏

---

① 《岳麓书院藏秦简》(壹),第187页、第188页、第189页、第187页、第188—189页。

食蓄采(菜)。牛饥车不攻间,发徵不尽不倭,群盗亡人不得。室屋联扅(漏),出入不时,歙(饮)食不节……

船隧毋庀,深楫(?)不具,船人不敬(警)。治奴苑如县官苑。五谷禾稼,吏弗论治。兴繇勿擅,主吏留难。租税轻重弗审,垦(垦)田少员,案户定数。移徙上椯(端),桥陷弗为。城门不密(闭),难开不利。术尌(树)毋有,田道冲术不除,田径不除,封畔不正,□□□□,草田不举。

弃妇不☐。用兵不濕,盗贼弗得。发弩材官,徼迣不数。要害弗智(知)☐求盗备不具。卒士不肃,郭道不治,进退不击,亭障不治。与氓同宫,囷氾毋榡〈搜〉。畏盗亭障,春秋肄试……①

概括地看,简文内容包括治安、人口、土地、田税、徭役各个方面,和《为吏之道》基本相同。但稍加比较就不难发现,《为官治吏及黔首》叙述的更加具体细致,有些内容为《为吏之道》所未及。如以土地、赋役和田间管理为例,《为吏之道》是概括性地提示"根(垦)田人(仞)邑,赋敛毋(无)度""阡陌津桥"。《为官治吏及黔首》则详细得多:"部佐行田,度稼得租。奴婢莫之田,黔首不田作不孝。小男女渡量,其能田作,举苗□不□""田道冲术不除,田径不除,封畔不正,□□□□,草田不举""租税轻重弗审,垦(垦)田少员,案户定数"。又如治安问题,《为吏之道》以"水火盗贼"四个字概括,《为吏治官及黔首》则细化为"里中备火""群盗亡人不得""城门不密(闭),难开不利""盗贼弗得"等内容。至于"丈量斗甬(桶)……升瘉(箅)不正","亡器齐(齎)赏(偿),衡石权赢(累)",以及"发弩材官,徼迣不数,要害弗智(知)☐求盗备不具。卒士不肃,郭道不治,进退不击,亭障不治。与氓同宫,囷氾毋榡＜搜＞。畏盗亭障,春秋肄试,谢室毋庀"等内容则是《为吏之道》所未及。

第三,《为吏之道》之所无者。《为官治吏及黔首》云:

正而行,修而身,祸与畐(福)邻。欲人敬之必先敬人,欲人爱之必先爱人。亲戚(贤)不机(沉)不欲外交,事无冬(终)始不欲多业,举事而不意不欲多闻,邇(祸)所道来毋云莫智(知)之。缯织(戈)者百智

---

① 《岳麓书院藏秦简》(壹),第187—188页、第190—191页、第187—188页、第190—191页、第187—188页。

之长也,须臾者百事之祖也。可伤可伤过之贵也,刃之刃之福之基也
……故曰道无近弗行不到,望之不往者万世不到。事无细弗为不成,虑
(虑)之弗为与已钧(均)也。故君子日有兹兹(孜孜)之志,以去其輸
(偷)也①。

这段话大部分不见于《为吏之道》,更具有哲理性,更偏重于道家思维。如"正而行,修而身"的首要内容是明白"祸与畐(福)邻,欲人敬之必先敬人,欲人爱之必先爱人"。这"祸与畐(福)邻"明显是《老子》的"祸兮福之所倚,福兮祸之所伏"的缩写,"欲人敬之必先敬人,欲人爱之必先爱人"颇似"将欲取之,必先予之"的扩展。至于"矰织(弋)者百智之长也,须臾者百事之祖也",也都是来自道家的思维方式。

《为吏之道》和《为官治吏及黔首》都是秦统一前后的官德教育文本,前者可能略早一些。这两个文本表明,其时官德建设有着统一要求,但是并没有标准文本,具体行文和内容可详可略。因为在统一前后,不同地区的官吏及政府所面临的具体问题千差万别,要根据使用人员的理解能力和面临问题的具体特点,提醒具体事项,同时也渗透着长官的主观要求和社会行为习惯。

从思想史的层面分析《为吏之道》和《为官治吏及黔首》的内容,给我们揭示的是和传统认识不一样的历史轨迹:秦统一前后并非如汉儒评论的那样只有严刑峻法、无视伦理道德。昭王时,荀子曾盛赞秦国政治清明,是"古之朝""古之吏""古之士""古之民",是当时各国治理最好的"霸政",但是和"王者之治"还有相当的距离,实现了"驳而霸",远未达到"粹而王"的理想政治,原因是"无儒也"!且不论其时有儒还是无儒,这"古之朝""古之吏""古之士""古之民"的形成和官吏的道德自律是有内在关联的,仅仅依靠严刑峻法,怕是难以取得这样的效果。荀子的"儒"有着自己的内涵,和孔子、孟子及其后学所主张的"儒"有所不同,是以其制天命而用之、人性恶、法后王为基础的隆礼重法、礼法并重的"王政",是以"道"高于"势"为哲学基础和历史基础的,要求君臣上下自觉遵守并实践王者之道。不过,这个"王道"仅仅是理想追求,远远没有成为现实,以此衡量,秦国"无儒",其他各国同样"无儒"。若就一般意义上的伦理层面的君、臣、民关系而言,秦国并非"无儒",秦昭王和齐湣王相约共同称"帝",尽管很快取

---

① 《岳麓书院藏秦简》(壹),第190—191页。

消,但说明了秦昭王和齐湣王都在追求"帝业",这个"帝业"和"儒"的理想是有内在关联的,这从一个方面说明秦政与"儒"的关系。而《语书》所说的"圣王",《为吏之道》《为官治吏及黔首》强调的"君鬼(惠)""臣忠""父慈""子孝",从另一个层面说明了秦政与"儒"的关系,当然,这"君鬼(惠)""臣忠""父慈""子孝"并非儒家的专利,其他诸子也都程度不同地主张,是共同的伦理观念,但是这起码说明秦政并非如汉儒所批评的那样,我们不能就文字论文字地解读荀子的"无儒"。

《吕氏春秋》是"王道"的蓝本,其政治思想主要取自于儒家,其哲学思想则以道家为主。简牍资料说明,《吕氏春秋》的政治思想并非停留在理论宣传的层面,而是贯穿于吏治建设中,起码在一定程度上如此。如果说"君鬼(惠)""臣忠""父慈""子孝"是一以贯之的儒家思想的话,《为官治吏及黔首》中的道家元素更大的可能是因楚地文化特点而增加的新内容。当然,无论是哪一家、哪一派的思想主张,都以现行的法律制度为基础,以秦国的政治传统为前提,是"为官""治吏""治民"的手段,是为了维护王权的无上性,这是贯穿《语书》《为吏之道》《为官治吏及黔首》的一根主线。强调自律,尽心职守,遵纪守法,对上敬畏,对下怀柔,相互谦让,安抚民心,目的都是为了官位,为了升迁,为了大赏,体现了秦政的事功追求。也就是说,纳入秦政的思想,无论各家各派,都是实现事功的手段,都服务于现实权势,而不再具有分析现实、批判现实、规划现实的思想性!这是王权控制思想、思想服务王权的结果,既是现实权力的要求,也是诸子主动选择的取向。因为脱离战乱,实现"统一",实现"王政",是诸子共同的追求,区别在于道路不同、方式不同,但均立足于现实"问题"的思考,从现实总结教训,从现实总结经验,站在不同的立场,有着不同的结果。而秦国的发展已经表明,天下统一于秦指日可待,各种理论已经失去了实践的空间,学者们自然立足现实,重新思考其所学,重新认识秦政,服务于秦。

孔子说过,"君子之德风,小人之德草,草上之风,必偃"①。这"君子""小人"之分,固然充满着贵族式的傲慢,但是,若用作统治者与被统治者的比喻倒是形象的,揭示了统治阶级的思想就是被统治阶级思想这一真理!官吏所提倡的道德教化,必然影响到平民的生活方式和社会风气,这在客观上无疑有利于"君

---

① 《论语·颜渊》,《十三经注疏》,第 2504 页。

鬼(惠)""臣忠""父慈""子孝"以及礼让、恭顺等伦理观念的传布和社会功能的发挥。特别是在国家控制一切、编户民的生产生活以及荣华富贵都要仰赖于国家和以吏为师的历史条件下,"君子之德风,小人之德草,草上之风,必偃"确实反映着官之与民的教化作用,官僚的品德、行政能力直接影响着民众对"国家"的向心力和对现实法律制度的拥护与服从,决定着所谓的圣王形象能否在民众心目中扎下根基,决定着民众伦理取向和知识追求,决定着诸子思想的生存土壤。

## 第十章　儒生对"秦德"的认同

秦王政称帝,"悉召文学方术士甚众,欲以兴太平"①。这是秦始皇对执政以来自我行为的总结。所谓"文学",是指文章博学之士,"方术"是指握有各种秘术的方士。"文学方术士"包括了战国诸子的传人及燕齐神秘术士各类人等,目的是为秦王朝的长治久安服务。这说明秦始皇在统一的过程中及统一之后,尽管一直推行秦制于六国地区以规范统治秩序,但在意识形态领域则采用兼容并蓄的开放政策。尽管在统一过程中,需要的是外交上的纵横捭阖之士,战场上的攻城搴旗之将,但始皇并没有从纯功利的目的出发,排斥六国文学之士,相反是千方百计地招之入秦,甚至采用威逼利诱的手段迫使六国名士入秦。如李斯追随始皇不久,首献反间计,始皇"听其计,阴遣谋士赍持金玉以游说诸侯。诸侯名士可下以财者,厚遗结之;不肯者,利剑刺之"②。这些"名士"并不局限于长短纵横权谋之士,也包括了文学之士在内。尽管在战争年代文学之士的军事作用不大,但是其社会号召力是不容忽视的,特别是在统一指日可待的历史时刻,把文学之士召归秦廷,无疑昭示着天下归心于秦,对于瓦解六国士庶意志无疑有着无可替代的影响,对如何治理统一帝国也有着重要的意义。

"悉召文学方术士甚众"的目的是"欲以兴太平",就是要这些文学方术士参与到统一帝国的建设中来,设立博士官,讨论帝号、讨论分封与郡县,以及秦得水德的论证和礼仪制度的讨论都是参与"兴太平"的体现,同时也希望文学方术士能从理论上歌颂秦皇之制、秦皇之业、秦皇之德,是前无古人、后无来者的圣王之业、圣王之德,包括"悉召文学方术士"也是圣王之业和圣王之德的一部分。但历史的结局却是,这些本来抱着"兴太平"之心投到秦廷的"文学"之士最终等来

---

① 《史记》卷六《秦始皇本纪》,第258页。
② 《史记》卷八七《李斯列传》,第2540—2541页。

的是"焚诗书、坑术士"的悲惨结果。这一转变,是把握秦朝思想与政治关系演变的重要方面。本节先讨论六国士人对秦始皇圣王之德的认同,后分析"焚诗书、坑术士"历史悲剧,以明这一转变的过程和影响。

## 第一节 刻石的思想史考察

秦始皇称帝后曾五次出巡,其中三次东巡,立石纪功,歌颂自己的伟大功业。《史记·秦始皇本纪》记载的有泰山刻石、琅琊刻石、之罘刻石、碣石刻石、会稽刻石,主题相同,都是"颂秦德"。分析"秦德"之"颂",有助于把握思想与秦朝政治的关系。

《史记·秦始皇本纪》载,秦始皇帝二十八年(前219),"始皇东行郡县,上邹峄山。立石,与鲁诸儒生议刻石颂秦德,议封禅望祭山川之事。乃遂上泰山……刻所立石"。铭文云:

> 皇帝临位,作制明法,臣下修饬。二十有六年,初并天下,罔不宾服。亲巡远方黎民,登兹泰山,周览东极。从臣思迹,本原事业,祗诵功德。治道运行,诸产得宜,皆有法式。大义休明,垂于后世,顺承勿革。皇帝躬圣,既平天下,不懈于治。夙兴夜寐,建设长利,专隆教诲。训经宣达,远近毕理,咸承圣志。贵贱分明,男女礼顺,慎遵职事。昭隔内外,靡不清净,施于后嗣。化及无穷,遵奉遗诏,永承重戒。

封泰山之后,秦始皇继续东行,"登之罘,立石颂秦德焉而去"。至琅琊,"作琅邪台,立石刻,颂秦德,明得意"。刻石云:

> 维二十八年,皇帝作始。端平法度,万物之纪。以明人事,合同父子。圣智仁义,显白道理。东抚东土,以省卒士。事已大毕,乃临于海。皇帝之功,勤劳本事。上农除末,黔首是富。普天之下,抟心揖志。器械一量,同书文字。日月所照,舟舆所载,皆终其命,莫不得意。应时动事,是维皇帝。匡饬异俗,陵水经地。忧恤黔首,朝夕不懈。除疑定法,咸知所辟。方伯分职,诸治经易。举错必当,莫不如画。皇帝之明,临察四方。尊卑贵贱,不逾次行。奸邪不容,皆务贞良。细大尽力,莫敢怠荒。远迩辟隐,专务肃庄。端直敦忠,事业有常。皇帝之德,存定四

极。诛乱除害,兴利致福。节事以时,诸产繁殖。黔首安宁,不用兵革。六亲相保,终无寇贼。欢欣奉教,尽知法式。六合之内,皇帝之土。西涉流沙,南尽北户。东有东海,北过大夏。人迹所至,无不臣者。功盖五帝,泽及牛马。莫不受德,各安其宇。

这是著名的琅琊刻石。司马迁记述其缘起云:

维秦王兼有天下,立名为皇帝,乃抚东土,至于琅邪。列侯武城侯王离、列侯通武侯王贲、伦侯建成侯赵亥、伦侯昌武侯成、伦侯武信侯冯毋择、丞相隗林、丞相王绾、卿李斯、卿王戊、五大夫赵婴、五大夫杨樛从,与议于海上。曰:"古之帝者,地不过千里,诸侯各守其封域,或朝或否,相侵暴乱,残伐不止,犹刻金石,以自为纪。古之五帝三王,知教不同,法度不明,假威鬼神,以欺远方,实不称名,故不久长。其身未殁,诸侯倍叛,法令不行。今皇帝并一海内,以为郡县,天下和平。昭明宗庙,体道行德,尊号大成。群臣相与诵皇帝功德,刻于金石,以为表经。"

从司马迁记述来看,泰山刻石是"与鲁诸儒生议"的结果,琅琊刻石未见"鲁诸儒生"参与,而是随行众臣的讨论意见。但是,泰山刻石定下了"颂秦德"的基调,统一是"治道运行"的开始,"治道"按照皇帝"圣意"运行,士"皇帝躬圣,既平天下,不懈于治",臣民的任务就是明"大义""承圣志""顺承勿革""祗诵功德"。"鲁诸儒生"是否参与泰山刻石的文本撰写不得而知,但是参与"颂秦德"这一主题的拟定应是没有问题的,说明在"鲁诸儒生"的心目中,秦的统一、秦始皇的功业是"秦德"的体现,此后一系列刻石对秦始皇的歌颂都是泰山刻石的扩展。

"鲁诸儒生议,刻石颂秦德,议封禅望祭山川之事"对于我们认识秦朝士人与秦政的关系有着特别的启示。秦始皇"悉召文学方术士甚众"是就在咸阳参政议政而言的,其骨干均纳入官僚序列,授予博士官。也就是说,活跃在咸阳的"文学方术士"大都是官僚或者准官僚。就全国而言,还有着数量更多的士人没有到咸阳。对此,秦始皇是清楚的。应召的"文学方术士"是体制内的,他们歌颂秦德、为秦奉上天命的光环理所当然,而那些没有应召的、体制外的"文学方术士"对秦统一的态度更值得我们关注。

鲁地是儒家的发源地,东方学者以夷狄视秦即是从对《春秋》的解读开始,战国时期以鲁地为核心的儒家学者对秦政是排斥的。随着齐国稷下学宫的设立,东方学术中心转移到齐国,但是鲁国仍不失为儒家学人的聚集地,所谓"鲁诸儒生"无疑是以儒生为主的士人群体,他们对其先辈们的政治追求、伦理学说起码有一定的了解,对秦国的崛起过程和文化传统也应有一定的把握,经历了秦统一天下的过程之后,即使没有目睹秦军的"攻城略地",也会有所耳闻,更是秦统一以后所采取的各项制度直接的见证人。所有这些,和孔子、孟子及其后学们所主张的"仁政""德治"是存在距离的,甚至相反。但是,现实则是"鲁诸儒生议,刻石颂秦德,议封禅望祭山川之事"其态度的变化不能谓之不大。值得玩味的是,"颂秦德"并非始于这些鲁诸生之"议刻石""议封禅望祭山川之事",早在议帝号的时候就成为时代的政治话题了,"泰皇"之称就是丞相、御史、廷尉与"博士议"的结果。"博士"不一定都是儒生,但是对三皇五帝所代表的"王道"是了解的,上"泰皇"之号,开启了"圣化"秦王的新里程,以周青臣为代表的博士对秦始皇的歌颂,更是对秦始皇帝之"德""圣"的膜拜,淳于越等人建议行分封,则是希望秦始皇的圣德之业能够千秋万代。所以,我们有理由说,"鲁诸儒生"之"议刻石颂秦德,议封禅望祭山川之事",是博士工作的继续。也就是说,这些"鲁诸儒生"和博士们的政治态度是一致的。个中原因,如果排除功利的因素,贾谊的分析具有一定的客观性:"秦并海内,兼诸侯,南面称帝,以养四海,天下之士斐然乡风,若是者何也? 曰:近古之无王者久矣。周室卑微,五霸既殁,令不行于天下,是以诸侯力政,强侵弱,众暴寡,兵革不休,士民罢敝。今秦南面而王天下,是上有天子也。既元元之民冀得安其性命,莫不虚心而仰上。当此之时,守威定功,安危之本在于此矣。"①贾谊说的"天下之士斐然乡风"是有事实依据的,原因是"近古之无王者久矣","今秦南面而王天下,是上有天子也"。统一是诸子的追求,诸子之分歧,从政治层面分析,是因为实现统一的方式不同。当统一成为现实,诸子自然面对现实而重新思考其所学,为巩固统一添砖加瓦。贾谊说的"莫不虚心而仰上"者不仅仅是"元元之民",也包括了"天下之士"。秦始皇"悉召文学方术士甚众,欲以兴太平"并非完全的自我夸饰,而是以相应的事实基础为依据的。

---

① 《史记》卷六《秦始皇本纪》,第283页。

## 第二节 "焚诗书,坑术士"的历史分析

"焚诗书,坑术士",历史上又简称为"焚书坑儒",是秦朝也是中国政治史、思想史、文化史上的大悲剧,古今学者论述众多,一致意见认为是秦始皇独尊法术、禁止儒学的暴力事件。这需要跳出简单的价值判断,从思想与政治关系演变的角度,揭示其历史逻辑,庶几获得新的认识。

焚书发生在秦始皇帝三十四年(前213)。《史记·秦始皇本纪》云:

> 始皇置酒咸阳宫,博士七十人前为寿。仆射周青臣进颂曰:"他时秦地不过千里,赖陛下神灵明圣,平定海内,放逐蛮夷,日月所照,莫不宾服。以诸侯为郡县,人人自安乐,无战争之患,传之万世。自上古不及陛下威德。"始皇悦。博士齐人淳于越进曰:"臣闻殷周之王千余岁,封子弟功臣,自为枝辅。今陛下有海内,而子弟为匹夫,卒有田常、六卿之臣,无辅拂,何以相救哉?事不师古而能长久者,非所闻也。今青臣又面谀以重陛下之过,非忠臣。"始皇下其议。丞相李斯曰:"五帝不相复,三代不相袭,各以治,非其相反,时变异也。今陛下创大业,建万世之功,固非愚儒所知。且越言乃三代之事,何足法也?异时诸侯并争,厚招游学。今天下已定,法令出一,百姓当家则力农工,士则学习法令辟禁。今诸生不师今而学古,以非当世,惑乱黔首。丞相臣斯昧死言:古者天下散乱,莫之能一,是以诸侯并作,语皆道古以害今,饰虚言以乱实,人善其所私学,以非上之所建立。今皇帝并有天下,别黑白而定一尊。私学而相与非法教,人闻令下,则各以其学议之,入则心非,出则巷议,夸主以为名,异取以为高,率群下以造谤。如此弗禁,则主势降乎上,党与成乎下。禁之便。臣请史官非秦记皆烧之。非博士官所职,天下敢有藏《诗》《书》、百家语者,悉诣守、尉杂烧之。有敢偶语《诗》《书》者弃市。以古非今者族。吏见知不举者与同罪。令下三十日不烧,黥为城旦。所不去者,医药卜筮种树之书。若欲有学法令,以吏为师。"制曰:"可。"

众所周知,分封与郡县之辩,淳于越只是旧话重提,分封皇子为王,本来是朝

中重臣的意见,淳于越予以新的论证而已。统一伊始,丞相王绾和廷尉李斯就曾争论过。《史记·秦始皇本纪》云:

> 丞相绾等言:"诸侯初破,燕、齐、荆地远,不为置王,毋以填之。请立诸子,唯上幸许。"始皇下其议于群臣,群臣皆以为便。廷尉李斯议曰:"周文武所封子弟同姓甚众,然后属疏远,相攻击如仇雠,诸侯更相诛伐,周天子弗能禁止。今海内赖陛下神灵一统,皆为郡县,诸子功臣以公赋税重赏赐之,甚足易制。天下无异意,则安宁之术也。置诸侯不便。"始皇曰:"天下共苦战斗不休,以有侯王。赖宗庙,天下初定,又复立国,是树兵也,而求其宁息,岂不难哉。廷尉议是。"

王绾见"燕、齐、荆地远",不稳定因素众多,如果发生不测,大小事务要待上报朝廷批准之后再行动,小动荡可能变成大变乱,影响王朝的稳固,故而"请立诸子"为王,授予他们专制一方的权力,一旦发生风吹草动,可以便宜行事,事半功倍。李斯认为分封制只能见效于一时,不能收效于久远,一旦"诸侯"势力坐大,中央失去对"诸侯"的控制,统一也就不存在,周王朝就是因为"子弟同姓"之"后属疏远,相攻击如仇雠,诸侯更相诛伐,周天子弗能禁止"而灭亡的,郡县制是"陛下神灵一统"的体现,是不存在这一危险的。秦自商鞅变法,统一县制,集权中央,此后陆续实行郡制,是秦始皇统一天下的行政基础,而李斯明确把统一郡县作为"陛下神灵一统"的体现,既满足了秦始皇的权势欲,又歌颂了秦始皇之"圣",所以赢得秦始皇的支持。不过,淳于越再次在朝会上公开主张分封皇子为王,给出了新的理由,这就是防止"田常、六卿之臣"。

淳于越以防止"田常、六卿之臣"为依据,再次提出分封皇子为王的问题,无疑是出于巩固统一王朝的一片忠心,但是,主张"师古"无疑会引起秦始皇的不快:既然是功高三皇、德过五帝,周代的分封制何来"师"之价值?反之,以"师古"立说,等于对"皇帝"之"圣德"持怀疑态度。这是秦始皇所不满意的。而"卒有田常、六卿之臣,无辅拂,何以相救哉",不仅仅怀疑秦始皇所宣称的"大义休明""训经宣达,远近毕理,咸承圣志"的真实性,更引起以李斯为首的重臣的不满。田常、六卿执掌国政而代齐、分晋,行分封以防备"田常、六卿之臣",实际上是提醒秦始皇防止身边重臣篡权,警惕宫廷政变。这个"田常、六卿之臣"所指为谁?自然是皇帝身边权力最重的人。李斯身为丞相,"掌丞天子,助理万机",一人之下,万人之上,是百官之首,对淳于越的主张无论是从思想分歧、还是权力之争,必然坚决反对。当然,对淳于越所举的"田常、六卿之臣"之于王权的危害是不能反驳的,那是历史事实,是任何一个君主都坚决制止的,李斯也不能正面反驳淳于越所言为非。于是李斯给"淳于越"们扣上一个是古非今、结党营私、"非上""非法教""造谤"的政治帽子,否定分封主张的同时,建议焚烧私"藏《诗》《书》、百家语",禁止私学,"有敢偶语《诗》《书》者弃市。以古非今者族。吏见知不举者与同罪"。"所不去者,医药卜筮种树之书。若欲有学法令,以吏为师"。中国历史上的文化悲剧就这样地发生了。

焚书、禁私学并非偶然事件,是士人和以李斯为代表的朝臣公卿治国理念和权力矛盾发展的结果。李斯对诸生言行无限上纲,显然是经过长期准备的,淳于越的上奏不过给李斯焚书禁学提供了一个机会而已。没有淳于越的上奏,李斯也会运用其他机会。

众所周知,秦自商鞅变法以来,官僚集团的主体是军功和文法吏;统一之后,迁六国贵族和关东豪强大姓于西北和巴蜀之地,地方郡县长吏及所属吏员逻辑地由秦人担任,依然以军功爵者和文法吏为主,六国故吏保留旧职者微乎其微。如原楚国和齐国的地方长吏基本上都由宗室成员出任,随着国家的灭亡,自然地成为秦人的阶下囚,自无留仕秦朝之理,至于朝廷公卿就更无缘染指了。秦人统一天下,以征服者自居,本不把六国吏民看在眼里,对亡国士人亦持轻视态度。而六国士人和各国宗室、豪强大姓本来有着千丝万缕的联系,其价值观念和行为方式与军功出身的官僚集团多有不同,始皇将其召入朝廷,"欲以兴太平",但在以李斯为代表的军功和文法出身的官僚和文法之吏看来,这些六国士人应该俯首帖耳,唯命是从,一切看着始皇和公卿的脸色行事,根本没有资格对朝廷政策、国家制度评头论足,像分封制和郡县制这样关乎中央集权与地方分权的根本大计更无资格评议。在郡县制已普遍实行、统一程度空前提高的情况下,诸生还在一个劲地鼓吹分封制,无疑是对现行制度的轻视,更是对决策者们权威的挑战;任其发展,势必影响到现行法律制度的权威性,同时也威胁到居于权力要津的军功官僚们的既得利益,甚至导致权力结构和利益的调整。这是以李斯为代表的军功官僚们和文法之吏无法接受的,必须予以制止,焚诗书、禁私学就成为历史的必然。所以,焚书看上去是始皇和李斯一两个人的决策,实际上有着深刻得多的政治背景,而不能简单地视为儒法之争。

焚书与禁私学具有标志性的历史意义,标志着秦的文化开放政策彻底地走向文化专制。这里说的文化开放是就秦自商鞅变法以来奉行法家政治的传统认识而言的,一方面指商鞅变法以后秦并非人们认为的那样只有法家之治,另一方面指吕不韦执政,为了实现"王业",招徕宾客,开放门户,对诸子之学兼收并蓄,开启了秦国政治由"驳而霸"向"粹而王"的转变。秦始皇统一,以千古圣王自居,为了自己的"圣王之业"添光加彩而"悉召文学方术士甚众,欲以兴太平",是要文学诸生补充完善现行法律制度,提高皇权的神圣性,而不是要改变现行制度,分割皇权。秦始皇没想到的是,这些文学方术士固然有发自内心地歌颂盛世的,但部分士人还保留着以往的习惯,以心中的"王道"衡量现实,对现实评头论足,影响了自己的神圣形象,引起心中不快,经李斯的一番上纲上线的分析,遂批准了焚书、禁私学的建议,在国家层面终止了诸子思想在民间的传播进程,把那些对秦朝统治持期盼、观望态度的知识分子推向了反面。

"坑儒"发生在秦始皇帝三十五年(前212),一般认为是焚书的发展,所以历史上合称为"焚书坑儒"。但是,对相关事实稍加考分析就不难发现,"焚书"和"坑儒"是性质不同的两件事。"焚书"是不同的治国理念和制度之争的结果,和法律无关,"坑儒"则是法律使然。用现代的语言表述,前者是思想路线问题,后者是刑事问题,"儒"之被坑不是因为其学术,而是因为其触犯了法律。众所周知,"坑儒"是侯生、卢生等方士受命求取仙药不果引起的,而侯生和卢生把原因归结为秦始皇,《史记·秦始皇本纪》谓:

> 侯生卢生相与谋曰:"始皇为人,天性刚戾自用,起诸侯,并天下,意得欲从,以为自古莫及己。专任狱吏,狱吏得亲幸。博士虽七十人,特备员弗用。丞相诸大臣皆受成事,倚辨于上。上乐以刑杀为威,天下畏罪持禄,莫敢尽忠。上不闻过而日骄,下慑伏谩欺以取容。秦法,不得兼方,不验,辄死。然候星气者至三百人,皆良士,畏忌讳谀,不敢端言其过。天下之事无小大皆决于上,上至以衡石量书,日夜有呈,不中呈不得休息。贪于权势至如此,未可为求仙药。"于是乃亡去。始皇闻亡,乃大怒曰:"吾前收天下书不中用者尽去之。悉召文学方术士甚众,欲以兴太平,方士欲练以求奇药。今闻韩众去不报,徐市等费以巨万计,终不得药,徒奸利相告日闻。卢生等吾尊赐之甚厚,今乃诽谤我,以重吾不德也。诸生在咸阳者,吾使人廉问,或为妖言以乱黔首。"于是使御史悉案问诸生,诸生传相告引,乃自除。犯禁者四百六十余人,皆

坑之咸阳,使天下知之,以惩后。

秦始皇迷信长生不老,一心追求成仙,诸多方士为了利禄齐集咸阳,献上各种成仙秘方,秦始皇信以为真,赏赐大量的金银财物令方士们求取仙药。仙药当然是不存在的,可是按照法律,受命而不能完成是要负法律责任的,侯生、卢生、韩众等方士无法交差,把始皇批评一番之后逃亡。侯生曾建议"愿上所居宫毋令人知,然后不死之药殆可得也",因为"人主所居而人臣知之,则害于神"。秦始皇为此大兴土木,"二百里内宫观二百七十复道甬道相连,帷帐、钟鼓、美人充之,各案署不移徙。行所幸,有言其处者,罪死",对侯生可谓言听计从。秦始皇想不到的是,自己如此信任的人,竟然说自己根本就不是什么圣王,而是"刚戾自用"的暴君:专权、好杀、不容真话,为神明所不齿,所以求不到仙药;真心实意地"悉召文学方术士甚众,欲以兴太平",礼贤下士,倾心听取博士们的不同意见,其中就有侯生的建议;辛辛苦苦地处理军国政务,给自己定下阅读文件的数量,可现在都成了自己的罪证!明明是欺君在前,诽谤在后,妖言惑众,陷君王于不义,故而下诏彻查,牵连出"犯禁者四百六十余人"。这460余人中肯定有儒生,但他们的被杀绝对不是因为儒生的身份,而是"犯禁"——"诽谤""为訞言以乱黔首"。因此之故,西汉前中期学者并没有用"坑儒"一词,而称之为"坑术士"。伍被云:"昔秦绝圣人之道,杀术士,燔《诗》《书》。"①司马迁谓:"焚《诗》《书》,坑术士。"②班固谓:"及至秦始皇兼天下,燔《诗》《书》,杀术士。"③"坑儒"之词,源出于刘歆的"移让太常博士书":"陵夷至于暴秦,燔经书,杀儒士,设挟书之法,行是古之罪,道术由是遂灭。"④后世遂有"坑儒"名之。刘歆从学术史角度,站在儒家立场,为了立古文《尚书》《左传》等为官学,以秦始皇文化专制为依据,谓秦始皇焚诗书、坑儒士之后,儒学只能口耳相传,录以成书,是为今文,难免残缺,古文经书正可以补今文的不足,使儒经趋为完璧,而博士们"保残守缺,挟恐见破之私意,而无从善服义之公心,或怀妒嫉,不考情实,雷同相从,随声是非"⑤,异口同声地拒绝,实属"专己守残,党同门,妒道真"的错误行为,"违明诏,失圣意,以

---

① 《史记》卷一一八《淮南衡山列传》,第 3086 页。
② 《史记》卷一二一《儒林列传》,第 3116 页。
③ 《汉书》卷八八《儒林传》,第 3592 页。
④ 《汉书》卷三六《楚元王传》,第 1968 页。
⑤ 《汉书》卷三六《楚元王传》,第 1970 页。

陷于文史之议,甚为二三君子不取也。"①刘歆是出于自己论证的需要,为了"过秦",把秦始皇的"杀术士"称之为"杀儒士",并非历史地看问题。班固身为经学家,对刘歆的观点是熟悉的,但班固又是史学家,担负着修国史的重任,深知"良史"必须实事求是,不能用个人好恶影响事实的陈述,所以没用"杀儒士"而用"杀术士"之语。这一字之差,内涵大不相同,今人是应该注意的。只有如此,才能把握秦朝思想与政治的关系。

---

① 《汉书》卷三六《楚元王传》,第1968页、第1971页。

# 第十一章 "书同文字"的政治思想史考察

公元前221年,秦始皇统一全国以后,在统一各项政治、经济、军事制度的同时,下令"书同文字"①。这是我国文化发展史上划时代的大事,古今学者均认为这是统一文字。这固然有一定依据,但是细析之下,在历史和逻辑上,均存在问题。笔者以为,"书同文字"不仅仅是统一字形书体,更主要的是统一文书格式、制度名称,是秦大一统政治建设的重要组成部分。

## 第一节 "书同文字"不限于统一字体

讨论"书同文字"的历史内涵,首先要从许慎《说文解字》说起。许慎在《说文解字·序》中曾对"书同文字"实施的原因和内容有总结性的叙述:

> 其后诸侯力政,不统于王。恶礼乐之害己,而皆去其典籍。分为七国。田畴异亩,车涂异轨,律令异法,衣冠异制,言语异声,文字异形。秦始皇帝初兼天下,丞相李斯乃奏同之,罢其不与秦文合者。斯作《仓颉篇》,中车府令赵高作《爰历篇》,大史令胡毋敬作《博学篇》,皆取史籀大篆,或颇省改,所谓小篆者也。是时秦烧灭经书,涤除旧典,大发吏卒、兴戍役,官狱职务繁,初有隶书,以趣约易,而古文由此绝矣。

许慎认为,在西周时期,统一使用籀文,但周室东迁以后发生了变化,"文字异形","秦始皇帝初兼天下"之后,命"斯作《仓颉篇》,中车府令赵高作《爰历篇》,大史令胡毋敬作《博学篇》,皆取史籀大篆,或颇省改,所谓小篆者也"。又因为"是时秦烧灭经书,涤除旧典,大发吏卒、兴戍役,官狱职务繁,初有隶书,以

---

① 《史记》卷六《秦始皇本纪》,第239页。

趣约易,而古文由此绝矣",即李斯、赵高、胡毋敬将"史籀大篆"改为小篆,同时为了使用的方便,又采用隶书。许慎是从文字学的角度以寓论于史的方法,评价秦始皇"书同文字"历史影响的,成为千百年来的不易之论,引导着人们认识秦统一文字的历史价值。但是,许慎的概括过于简略,人们的理解有偏差。

其一,从文字发生学的层面看,任何一种字体都不是一朝一夕形成的,都有一个长期的发展过程,所谓"初有隶书,以趣约易",是以隶书的流行为基础的,不可能是为了治狱的"简约"而推行的新字体。也就是说,隶书不是因为"秦烧灭经书,涤除旧典,大发吏卒,兴戍役,官狱职务繁"才产生,而是在秦统一以前已经流行。考古资料提供了证明,如云梦睡虎地秦简的书写年代绝大部分是在统一以前,其书体和汉代隶书基本一致。又如天水放马滩秦简是秦始皇帝八年(前239)以前之物,其书体也是隶书而略带篆书风格,起码说明在秦统一以前二十年的秦地已经流行隶书。当然,在秦统一以前,隶书不仅在秦地使用,在六国地区也在流行。如包山楚简,有明确纪年最晚者是公元前316年①,则其书写年代应在此后不久,距离秦统一全国尚有百年之久,其书体以篆书为主,但明显透露出隶书的特点,说明在秦统一百年之前的楚国文字已经开始了由篆书向隶书的转变,说明了隶书绝非形成于某一个具体的年代,更不是由某一人或几个人所创造。

其二,秦朝统一短短十四年即灭亡,其"烧灭经书,涤除旧典"则是秦始皇三十四年(前213)即统一后第八年的事情,距离秦始皇病死沙丘仅仅三年,距离陈胜、吴广起义不过四年,在这短暂的时间内无论如何也是无法完成隶书的统一和推广工作的,即使勉强地"初有隶书",也难以被社会所接受,在汉初"过"秦的思潮中也会被时代所抛弃。而事实说明,汉朝自建立之日起,使用的就是隶书,出土的汉初简牍、帛书都是证明,这正说明了隶书早已有着广泛的使用基础,不是秦统一以后推行的新书体。

其三,就"文字异形"来说,不仅是诸侯分立、各自为政的结果,更是时间差异所致。作为语言的载体,同一个国家的文字随着时间的流逝自然地处于变动之中,就是在相同的时空里,也会因为书写者和书写材料的不同而有所差别。如以秦国文字而言,其石刻文字、铜器文字、陶器文字、简牍文字,排除其书体差别

---

① 湖北省荆沙铁路考古队:《包山楚简》,文物出版社,1991年。

之外,许多文字的差别完全可以用"文字异形"来概括①。所以,秦始皇之"书同文字"不仅仅是统一六国文字,也包括对以往秦文字的统一在内。

现在讨论秦朝小篆的施用范围问题。许慎谓李斯的《仓颉篇》、赵高的《爰历篇》、胡毋敬的《博学篇》"皆取史籀大篆,或颇省改,所谓小篆者也"。也就是说,秦朝所统一推行的是根据大篆变通而来的小篆。从出土文字看,秦统一以后广泛使用的是隶书,无论是法律文本还是民间书信等,只是这里的隶书时代较早,和定型的汉隶相比,还带有一定的小篆的风格,而篆书主要应用于铜器铭文。像写于简牍上的法律文书如云梦睡虎地秦律、云梦龙岗秦律等,非法律文书者如云梦睡虎地四号墓出土的十一号和六号木牍记录的私人家书,云梦《日书》、天水放马滩《日书》等,也都是隶书。而铜器铭文,除去早期的秦公钟等礼器铭文之外,就目前所见商鞅变法以来至统一前后的铜器,无论是兵器还是度量衡器铭,使用的都是篆书。另外,陶器文字字体则比较复杂,有的是篆书,有的是隶书;有的字体工整,有的则比较潦草,这大约是制陶者的文化水平所致。总的说来,隶书的使用要比小篆广泛得多,无论是官府使用的法律文本,还是往来公文;无论是官学教材,还是私人藏书,都以隶书为主。这样,我们对李斯的《仓颉篇》、赵高的《爰历篇》、胡毋敬的《博学篇》在统一书体过程中的作用就要重新估量了。

## 第二节 "书同文字"与统一"文书"

笔者以为,秦始皇之"书同文字"并不仅仅是统一字形,也不是要求全社会的人都使用一种书体,事实上也不存在全社会只使用一种书体的问题,除了统一字形和规范字体之外,更有着统一官府文书格式、制度名物的称谓等内容在内。长期以来,人们关注的焦点都集中在前者而忽略了后者,现在是应该予以补充的时候了。

从训诂的层面看,"文"的本意是"刻画",划而为文,字源于刻、画,在这一点上,"文"和"字"同源同意。但在古代,"文"的含义十分广泛,"字"仅是其众多

---

① 参见袁仲一、刘钰:《秦文字类编》,陕西人民教育出版社,1993年。

义项的一种。其抽象者可以泛指自然或社会的某些规律性的现象，如《易·贲》"观乎天文，以察时变；观乎人文，以化成天下"。其具体者可以指典章仪制，如《论语·子罕》："文王既没，文不在兹乎？"这"文不在兹乎"之"文"即是文王所定之礼乐制度。由礼乐制度又引申为政令条文，《国语·周语上》："有不祭则修意，有不祀则修言，有不享则修文。"韦诏注云："文，典法也。"这是正确的。《史记·货殖列传》："吏士舞文弄法，刻章伪书。"这里的文、法同意。因此之故，官府往来的书面材料，都称之为文书、公文等，能否正确按照法律规定、准确使用法令条文、是否符合行文规范就成为考核官吏的标准，所谓"文无害"就是指此而言。

明白了"文"的这一层含义以后，我们对"书同文字"的理解就要多一层考虑，而不能简单地理解为统一文字的形体，还有着其他的内容，即包括统一文书格式、程序、制度名物称谓在内。

众所周知，秦始皇在军事上完成统一大业的同时，立即着手各项制度的统一以加强中央集权，自然包含着公文的统一。在"田畴异亩，车涂异轨，律令异法"的时代，各国制度不同，公文的格式和称谓、上呈下达的程序也千差万别，随着制度法律的统一，自然要统一公文的格式、称谓和程序。如秦统一前后的官营手工制造业，都有"物勒工名，以考其成"的制度，这是西周"工商食官"传统的延续和发展，也是各国通制。但是，因为各国官营手工业管理制度的差异，其铭文的内容是不同的，有的是"物勒工名"，有的则是"物勒主名"。以兵器铭文而论，齐国的兵器以"物勒主名"为主，"物勒工名"的很少见，铭文格式也较简单，或是地名，或是主名，其地名者如"胶阳右戟"（为便于印刷，部分铭文直接使用现在文字，下同）、"齐城右造车戟"①。其"物勒主名"者如"陈发乘戈""闾丘子造戟"②，等等。胶阳、齐城为地名，陈发、闾丘子则为兵器主人名，这些铭文记录的是兵器的制造地点和属主。而三晋兵器铭文则以"物勒工名"为主，记录的是兵器监制者、制造机构、制造者，并有确切的制造年份，尤其以赵国最为典型，反映

---

① 林仙庭、高大美：《山东栖霞出土战国时期青铜器》，《文物》1995年第7期。
② 分别见孔繁刚、刘洪伟：《山东沂水县近年发现的几座战国墓》，《文物》2001年第10期；于中航：《先秦戈戟十七器》，《考古》1994年第9期。

了当时兵器制造业的管理体制①。商鞅变法后的秦制主要采自三晋而予以完善,其"物勒工名"的制度亦然,其兵器铭文标准格式依次是年份、监制者、制造机构、制作负责人、制作者。其制造机构有的属于中央,由丞相或者相邦监制;有的属于地方,由郡守监制。如吕不韦矛铭文"四年,相邦吕不韦造,高工仓,丞申,工地"②。丞相启状戈铭文"十七年,丞相启状造,郃阳嘉,丞谦,库雎,工邪"③。地方制造者如上郡守戈铭文"四十年上郡守起□,高工师□,丞秦,□隶臣庚"④。蜀郡守戈铭文"二十六年,蜀守武造,东工师宦,丞未,工□"⑤。这些铭文甚多,都为学界所熟知,不再一一举证⑥。至于货币、度量衡、陶器铭文,更因为各国制度不同,其名称、格式、内容更是千差万别。

  铭文的这种差别,源自于各国手工业生产的管理模式不同。严格实行手工业官营制度,生产作坊直属中央或者地方政府,其产品无一例外地都归国家所有时,中央和地方的行政长官是产品质量的最高责任人。"物勒工名,以考其成"时,自然要将丞相或者相邦、郡守列在第一位,工师其次;而在允许私营手工业作坊铸造兵器或者虽然是官营手工业作坊但受命为私人制造兵器以及其他器物时,或者所铸造的兵器和器物虽然为国家所有但固定归某位贵族使用时,"物勒主名"就成为必然的选择。秦始皇统一以后,整齐制度,将东方各国的经济、政治、军事、文化制度全部纳入新的体系之中,原来六国政府所经营的手工业作坊,或者成为中央直属,或者隶属于郡县,都变成了秦朝的国家产业,原来的六国贵族和工商豪强所经营的手工业、商业,随着迁徙豪强政策的全面推行也转化为国有,其管理方式统一到秦法制模式之中,实行统一的"物勒工名,以考其成"的制度,器物铭文不仅要统一书体,更要统一内容。所谓"书同文字"就包含了这一

---

  ① 关于三晋兵器制造及手工业管理制度,参见黄盛璋:《新发现之三晋兵器及其相关问题》,《文博》1987 年第 2 期。
  ② 李兴盛、邢黄河:《内蒙古清水河县拐子上古城发现秦兵器》,《文物》1987 年第 8 期。
  ③ 田凤岭、陈雍:《新发现的"十七年丞相启状"》,《文物》1986 年第 3 期。
  ④ 李力:《〈历代刑法考·刑法分考十一〉之补正(之一)》,《沈家本与中国法律文化国际学术研讨会论文集》,中国法制出版社,2005 年。
  ⑤ 四川省博物馆、重庆市博物馆、涪陵县文化馆:《四川涪陵地区小田溪战国土坑墓清理简报》,《文物》1974 年第 5 期。
  ⑥ 关于秦国铭文的著录,参见马非百:《秦集史·金石志》,中华书局,1982 年。

层的含义在内。

和上举器物文字比较,法律文书的统一显然更加重要。战国时代,各国都有自己的法律,都有其司法体系,但因为国情的差异,其内容和程序各有特色。如包山楚简中记载的主要是公元前312年以前的司法文书,其《集箸》《集箸言》是关于名籍登记和纠纷的司法记录,《受期》《疋狱》是各种刑事、民事案件的诉讼和审理的记录摘要。另外,还有近百枚没有题名的简文,都是案件诉讼和审理的记录,内容极为丰富,有鲜明的楚国特色,极大地丰富了人们对楚国政治、经济、法律的认识①。比较而言,秦的司法体系最为完备,最能体现中央集权的政治特色,国家制度、官吏职责都以法律的形式公布于众。统一以后,秦法取代六国法律,自然地要用秦律模式统一六国,其文书格式整齐划一。云梦秦律《封诊式》有25个文书样式,都是各种性质案件的勘察、检验、审讯的标准文书格式,包括侦查对象、调查内容、审讯程序、相关人员的责任和义务等,用作各级官吏的法学教材。如《封守》爰书规定:

> 乡某爰书:以某县丞某书,封有鞫者某里士五(伍)甲家室、妻、子、臣妾、衣器、畜产。甲室、人:一宇二内,各有户,内室皆瓦盖,大木具,门桑十木。妻曰某,亡,不会封。子大女子某,未有夫。子小男子某,高六尺五寸。臣某,妾小妇子某。牡犬一。几讯典某某、甲伍公士某某:"甲党(傥)有它当封封守而某等脱弗占书,且有罪。"某等皆言曰:"甲封具此,毋(无)它当封者。"即以甲封付某等,与里人更守之,侍(待)令②。

《封守》爰书是查封嫌犯家产的法律文本。爰书规定,乡负责人根据县丞行文,查封所属某里被审讯人仕伍甲的财产及家小,内容包括房屋、妻、子、奴婢、衣物、牲畜。房屋要注明间数、用途、结构、用料情况、房屋前后树木数量,家人包括妻子儿女的性别、年龄、体貌特征、是否在家,奴隶性别、数量、年龄,牲畜如鸡犬数量等。向被讯问人甲的四邻查询是否遗漏,如有遗漏即追究法律责任,四邻共同证明甲应查封的已经全部查封,没有遗漏。然后把所查封的内容交给四邻,有他们和同里的人轮流看守。又如《告臣》爰书:

> 爰书:某里士五(伍)甲缚诣男子丙,告曰:"丙,甲臣,桥(骄)悍,不

---

① 湖北省荆沙铁路考古队:《包山楚简》,文物出版社,1991年。
② 《睡虎地秦墓竹简》,第249页。

田作,不听甲令。谒买(卖)公,斩以为城旦,受贾(价)钱。"讯丙,辞曰:"甲臣,诚悍,不听甲。甲未赏(尝)身免丙。丙毋(无)病殴(也),毋(无)它坐罪。"令令史某诊丙,不病。令少内某、佐某以市正贾(价)贾丙丞某前,丙中人,贾(价)若干钱。丞某告某乡主:男子丙有鞫,辞曰:"某里士五(伍)甲臣。"其定名事里,所坐论云可(何),可(何)罪赦,或覆问毋(无)有,甲赏(尝)身免丙复臣之不殴(也)?以律封守之,到以书言①。

《告臣》爰书即奴隶主向官府申请把自己的奴隶卖给官府、罚为城旦的法律文本。文书规定,奴隶主人甲将奴隶丙绑缚告官,理由是身为甲奴隶的丙"桥(骄)悍,不田作,不听甲令",甲申请将丙卖给官府,斩断一只脚,罚为城旦,官府付钱给甲。官府派专人审讯丙:甲没有免除丙的奴隶身份,丙一直是甲的奴隶,性格骄悍,不听甲的命令,身体健康,没有其他犯法行为。县令令史某复查丙的身体。再令少内某人、佐某人当着丞某人的面确定官定奴隶价格,有中人在场见证,确定实际卖价。县丞发文通知甲所在乡负责人:丙是甲的奴隶,请确定其姓名、身份、籍贯,曾经犯过什么罪、判过什么刑、或者经过赦免,再查问有过什么问题,甲是否解除过丙的奴隶身份之后又去奴役他,请依法查封看守。本文书到后书面回报。

上述资料,学界熟知,无需一一介绍。本文只是说明,不同身份、不同行为的负责部门、负责官吏、具体程序各不相同,故而制作统一的法律文本,颁布全国,遵照执行,是为"式",是"书同文字"的内容之一。

如果说上述论证还有较多的逻辑推论的话,2012 年公布的里耶秦简则提供了直接的证据。《里耶秦简(壹)释文》8—461 号木牍是统一职官、法律、名物、专属称谓的部分记录,其文云:

> 更詑曰讁
> 以此为野
> 归户更曰乙户
> 诸官为秦尽更
> 故皇今更如此皇

---

① 《睡虎地秦墓竹简》,第 259 页。

故旦今更如此旦
日产日疾
曰跱曰荆
毋敢曰王父曰泰父
毋敢谓巫帝曰巫
毋敢曰猪曰彘
王马曰乘舆马
泰上观献曰皇帝
天帝观献曰皇帝
帝子游曰皇帝
王节弋曰皇帝
王谴曰制谴
以王令曰☒皇帝诏
承令曰承制
王室曰县官
公室曰县官
内侯为轮侯
彻侯为列侯
以命为皇帝
□命曰制
□命曰制
为谓□诏
庄王为泰上皇
边塞曰故塞
毋塞者曰故徼
国宫□□□□
王游曰皇帝游
王猎曰皇帝猎
王犬曰皇帝犬
以大车为牛车

骑邦尉为骑□尉

郡邦尉为郡尉

邦司马为郡司马

乘传客为都吏

大府为守□公

毋曰邦门曰都门

毋曰公□曰□□

毋曰客舍曰宾䣛

舍

敢言之①

这是统一后官府掾吏抄录的使用手册,是官方文书的使用标准。尽管断简残编、牍文不全,仅是秦统一后更改制度、法律、名物称谓的部分内容,但是,这充分说明"书同文字"的历史内涵——统一用词,改旧名,用新称,如"曰产曰疾""毋敢曰猪曰彘"" 毋曰客"" 乘传客为都吏",等等,是为了规范文字用法,避免歧义。"归户更曰乙户""内侯曰轮侯""彻侯曰列侯""骑邦尉为骑□尉""郡邦尉为郡尉""邦司马为郡司马""乘传客为都吏"等是统一制度名称。"□命曰制""为谓□诏""庄王为泰上皇""王游曰皇帝游""王猎曰皇帝猎""王犬曰皇帝犬"等则规定了名称的专属性。

根据牍文,我们可以判定,"书同文字"主要是针对统一前官府文书而言,主要是把秦国文书中的旧称改为新名。秦始皇称帝后,专门规定"命为制,令为诏",制、诏是皇帝的专属名词,同时"追尊庄襄王为太上皇"②。但是,人们并没有深究秦始皇的新规定是施行于统一以后的文书制度,还是溯及以往,对原来秦国文书用语是否更改。一般的理解所谓的"命为制,令为诏"云云是施行于统一以后。牍文说明,秦国旧称也一律改为新名,所谓"王谴曰制谴""以王令曰🔲皇帝诏""承令曰承制""王室曰县官""□命曰制、□命曰制""为谓□诏""庄王为泰上皇""王节弋曰皇帝""王游曰皇帝游""王猎曰皇帝猎""王犬曰皇帝犬"……,说明了这一点。顺便说明,木牍记载的泰上皇的"泰"和《史记》不同,现代

---

① 《里耶秦简(壹)释文》,8-461号,文物出版社,2012年,第33页。

② 《史记》卷六《秦始皇本纪》,第236页。

可以理解为同音通假,而在当时是泰上皇而非太上皇,可不是同音通假那么简单,太、泰字形相去甚远,无论制度更改还是书手抄写,都不会把"泰"误为"太",而是制度规定就是"泰上皇",这个"泰"当来自于三皇之最贵者——"泰皇"。秦始皇自命为皇帝,其父为"泰上皇",表明其父地位的尊贵。

从逻辑上看,"书同文字"对旧称的更改应有个时间限制,应只限于庄襄王和秦始皇称王时段。"王节弋曰皇帝游""王游曰皇帝游""王猎曰皇帝猎""王犬曰皇帝犬"的"王"应是庄襄王和秦王政,其他王称不需要更改。因为改旧称为新名是立足于现实,根据现实需要进行的,秦始皇称帝以前的诏令文告在统一以后继续有效,在官府和社会上继续施用,自然要一一更改;那些只是作为历史档案保存的文书,没有必要"同文"。至于六国,随着亡国灭族,其档案文书、法律政令已失去其政治意义和价值,不存在"同文"问题。

## 第三节 "十五篇"解

班固谓汉初延续了秦朝"书同文字"的法律,《汉书·艺文志》云:

> 汉兴,萧何草律,亦著其法,曰:"太史试学童,能讽书九千字以上,乃得为史。又以六体试之,课最者以为尚书御史史书令史。吏民上书,字或不正,辄举劾。"……古制,书必同文,不知则阙,问诸故老,至于衰世,是非无正,人用其私。故孔子曰:"吾犹及史之阙文也,今亡矣夫!"盖伤其寖不正。《史籀篇》者,周时史官教学童书也,与孔氏壁中古文异体。《仓颉》七章者,秦丞相李斯所作也;《爰历》六章者,车府令赵高所作也;《博学》七章者,太史令胡母敬所作也:文字多取《史籀篇》,而篆体复颇异,所谓秦篆者也。

"太史试学童,能讽书九千字以上,乃得为史"之"九千字",以及试"六体"之最者为"尚书御史史书令史"都是秦朝制度,"九千字"即统一之后的经过李斯、赵高、胡毋敬根据《史籀篇》厘定的文字。这是千百年以来的传统看法。张家山汉简《二年律令·史律》为我们认识汉初教育制度提供了新的材料,也为我们准确把握"书同文字"提供了新的基础。《二年律令·史律》云:

> 史、卜子年十七岁学。史、卜、祝学童学三岁,学佴将诣大史、大卜、

大祝,郡史学童诣其守,皆会八月朔日试之。

试史学童以十五篇,能风(讽)书五千字以上,乃得为史。有(又)以八体试之,郡移其八体课大史,大史诵课,取最(最)一人以为其县令史,殿者勿以为史。三岁一并课,取最一人以为尚书卒史。

卜学童能风(讽)书史书三千字,诵卜书三千字,卜六发中一以上,乃得为卜,以为官□。其能诵三万以上者,以为卜,上计六更。缺,试修法,以六发中三以上者补之。

以祝十四章试祝学童,能诵七千言以上者,乃得为祝,五更。大祝试祝,善祝、明祠事者,以为冗祝,冗之。不入史、卜、祝者,罚金四两,学佴二两①。

律文含义清楚,学室的学童身份分为史学童、卜学童、祝学童三类;学童必须出身世家,有相应的家学渊源,年满十七岁才能进入官学学习;有专职教学人员——学佴负责日常教学和管理,分别教授,有不同的教材。史学童学习"十五篇";卜学童则背诵"史书""卜书"三千字,再学习占卜技能;祝学童则学习"祝十四章"②。学童学习期限是三年,考试合格而后任职。史学童考试分为两个级别:郡守主持的郡级考试,大(太)史主持的中央级考试。郡级考试选拔一般的史职人员,高级史职人员要经过大史的复试。大史复试内容和程序与郡试相同,其第一名为县令史,最后一名则取消为史的资格。卜学童、祝学童则统一由大卜、大(太)祝主持,只设中央一级考试;其考试内容和要求因学业而异;具体组织则有学佴负责;考试不合格,学童罚金四两,学佴罚金二两。对此,学界理解没

---

① 张家山二四七号汉墓竹简整理小组:《张家山汉墓竹简(二四七号墓)》(释文修订本),文物出版社,2006年,第80—81页,第82页。笔者按:原文已明确隶定为今文者,一律以今文书之。

② 按:律文谓史学童"讽"书五千字,卜学童"讽"书三千字的同时,要"诵"卜书三千字,祝学童则"诵"祝十四章七千言以上。讽、诵分别言之。从文字学上说,讽、诵互训,均为背诵。但是,律文对卜学童的要求是讽、诵分别言之,是有着特别要求的。《周礼·春官宗伯·大司乐》:"以乐语教国子:兴、道、讽、诵、言语。"郑注:"倍文曰讽,以声节之曰诵。"讽是按照原文背诵,诵则要按照一定的韵律抑扬顿挫地背诵。规定卜学童"讽史书""诵卜书",是针对其职业特点的专门规定,不能把"诵卜书"简单地等同于背诵卜书。限于讨论主体和行文方便,本文将讽、诵均解为背诵。特此说明。

有分歧。现在需要讨论的是"试史学童以十五篇"的具体内容及卜学童所诵"史书"的性质。

《史律》仅谓"试史学童以十五篇",未云"十五篇"的由来,今人则根据《汉书·艺文志》和《说文·序》的相关记述解读这段律文。班固所引的萧何之律,没有明确"太史试学童"时所讽之九千字的内容究竟是什么,但同篇记载汉代有"《史籀》十五篇",谓"《史籀篇》者,周时史官教学童书也"。班固谓"周宣王太史作大篆十五篇。建武时亡六篇矣"①。比勘上举《艺文志》和《说文》,二者性质相同,都是关于太史试学童的规定,《说文》则明确了"讽籀书九千字,乃得为史"。千百年来,学者均认为《说文》的"籀书九千字"就是班固所说的《史籀》十五篇,《艺文志》所说的"讽书九千字"就是背诵籀书九千字,即萧何定律时就以周宣王时太史所写的籀书十五篇作为识字教材,一直延续到东汉。只是汉代学童们不仅要学会籀书这一种书体,还要学会其他七种,共八种书体,即:大篆、小篆、刻符、虫书、摹印、署书、殳书、隶书。《史律》面世以后,对文献记载的不确之处有所订正,如《艺文志》所说的"讽书九千字"应为"讽书五千字";《说文》所说的《尉律》律文在汉初属于《史律》的范畴;《艺文志》的六体是八体之误。但是,人们均一致以《艺文志》和《说文》为依据,认为《史律》之十五篇就是《史籀》十五篇②。

但是,仔细比较、分析班固引述的萧何律文和班固自己关于《史籀篇》的记载,我们不难发现,班固所引律文未云"籀"字,谓"能讽书九千字以上"而非"能讽籀书九千字以上"。这怕不是疏漏,而是另有原因,"能讽书九千字以上"不能简单地理解为"能讽籀书九千字以上"的省文。法律行文规范,用语严谨,如果"试史学童以十五篇"是"籀书十五篇",律文不会遗漏关键的"籀"字,因为这一字之差,决定着学童的学习和考试内容,直接影响到学童的前途。班固只谓"萧何草律……能讽书九千字以上乃得为史",没有说这所讽之九千字源自何处,更

---

① 《汉书》卷三〇《艺文志》,第 1719 页。
② 参见李学勤:《试说张家山汉简史律》,《文物》2002 年第 4 期,收入中国社会科学院简帛研究中心编:《张家山汉简〈二年律令〉研究文集》,广西师范大学出版社,2007 年。整理小组亦持是说,见《张家山汉墓竹简(二四七号墓)》(释文修订本),文物出版社,2006 年,第 81 页"试史学童……"条注释一。朱红林:《张家山汉简〈二年律令〉集释》,社会科学文献出版社,2005 年,第 280—285 页。对各家解释有辨析。

没有说这九千字就是籀书;班固知道西汉有《史籀》十五篇流传,其被认为是周宣王太史所作的识字课本,建武年间亡佚六篇,所以给予了特别的说明。但是,班固同样没有说明这《史籀》十五篇和萧何律文规定的"九千字"之间有什么联系。律文自律文,《史籀》自《史籀》,这体现了班固实事求是的原则。我们不能仅仅依据《史籀》十五篇是识字课本、学童入学要从识字开始,就判定所讽之九千字就是《史籀》十五篇中的九千字。清人桂馥《说文解字义正》从"九千字"出发,对《史籀》十五篇进行文字整合,认为"大篆十五篇,断六百字为一篇,共得九千字",使《史籀》十五篇符合萧何九千字的字数,试图说明萧何所草律文规定的九千字就是《史籀》十五篇。这是典型的倒果为因的求证方法,是不可取的。殊不知班固已经明白地指出,所谓《史籀》十五篇在建武年间已经遗失六篇,东汉见到的只有九篇,萧何所草之律沿用到东汉,东汉学童也要背诵九千字;《说文》所引的《尉律》是东汉之律,而东汉之《史籀》篇只有九篇共五千四百字,何来背诵十五篇九千字? 这说明东汉所背诵的九千字也不是什么《史籀》十五篇。

上已指出,秦统一前后通行的文字是隶书和小篆两种书体,大体上是刻石和铭文用小篆,一般文书为隶书,秦朝虽然统一六国文字于小篆,但社会上广泛使用的仍然是隶书。萧何出身文吏,任职地方基层政府,毫无复古情结,其采摭秦律之宜于时者而制定汉律,一切以适用为准,断然不会舍弃自己熟悉的、社会上广泛使用的秦朝书体去选用周宣王时大篆十五篇作为官方教材和标准书体;从历史逻辑看,即使确实有周宣王时的大篆十五篇流传到萧何的时代,但距离汉初五百多年,其内容和现实需要也相去甚远,难以作为现实的统一教材使用。汉初如此,以后也是这样。通观有汉一代的出土文字,简牍、帛书、印文、铭文、碑刻,等等,使用的首先是隶书,只在印文和少数铭文中使用篆书。如果大篆书体是学童必须首先学习的书体,使用远较隶书书体广泛,在使用过程中人们为什么不使用? 反之,则说明所谓籀书书体并非学童普遍的必修书体。

笔者以为,从历史的逻辑上判断,这个"大篆十五篇"是晚出之书,是经学兴起以后,奉天法古的思潮弥漫思想界,儒生凭借遗存的先秦古文字制作出来而托名周宣王太史之书,是汉儒托古言事的产物,开始时只在部分儒生中间传播,后被刘向收入《七略》。班固身为史学家,同时又是古文经学家,引用律文要忠于文本,所以在引述萧何之律时,只谓"诵书九千字",没有说这"九千字"出自何书,具体内容是什么。但是,汉代确实流传着名为周宣王太史所作的《籀书》十五篇作为学童的识字课本,班固在将其收入小学类书目的时候,予以特别的说明,而没有把萧何所草之律和《史籀》十五篇混为一谈,仅谓萧何之律"学童十五篇",而没有说所试之十五篇是《史籀》十五篇。这怕不是班固的无意疏漏,而是体现了班固作为史学家的实事求是的态度,在班固心目中,萧何所试学童之十五篇并非《史籀》十五篇。许慎引述的《尉律》是东汉之物,两汉法律有因有革,变化甚大,不能完全据以解释《史律》,否则难免简单化之弊。当然,笔者否定《史律》之十五篇是《史籀》十五篇,并不是否定大篆书体的流传。作为书体,大篆是先秦流传下来的古文字,史学童是必须学的,是太史考试的内容之一。但是,我们并不能因此认为这《史律》所说的十五篇都是用籀书写成的,"试以八体"也不等于史学童要将所背诵的五千字全部用八种书体写出来。在当时的书写条件下,分别用八种书体书写五千字而后请太史审核,其中繁难,实在是难以想象的事情。合理的解释应该是,背书是背书,书法是书法,只要选择少量内容用八种书体书写以考核书法优劣就行了。至于这十五篇的书体,为了阅读的方便,应当是当时通行的隶书。

那么,《史律》十五篇如果不是人们理解的籀书十五篇,这十五篇的内容究竟是什么?笔者以为,这仅仅从律文上是难以获得说明的,而应从"史"的职能上获得说明。《说文》谓:"史,记事者也。"《礼记·玉藻》云:"动则左史书之,言则右史书之。"从汉代以来,均谓史是记事之官。这样理解,怕是不全面的。在商周时代,史在国家行政中的重要性远远超过"记言""记事"。商代姑且不论,西周时代的史是政治舞台上极为活跃和庞大的职官队伍,其最高负责人为大(太)史,地位与公等,有专门的行政机构——大史寮。大史寮和卿事寮是协助周王办事的两大机构,几乎分管着国家一半的政务,其属下众多史官的职权范围甚为广泛,如传达王命、代王册命、代替周王视察诸侯、参与宗教祭祀、参加征战等。所以,西周史官职能远非"记事""记言"所能够概括。战国以降,因为国家机器的发达,史在国家行政中的重要性弱化,逐步地成为官府文职吏员而分为不同层次,从中央到地方,都有史的存在,其地位高低不等,分工也有不同。因为负责纪录各种活动,也就负责掌管文书,典章图籍也都由史保管,中央的大史就是其总负责人。

众所周知,西周时代,限于人对自然的认识,神权笼罩着国家权力的运作,军国大事、生产生活都要参考神意,占卜、祭祀是国家经济、政治、军事、文化生活的大事,因而占卜、祭祀自然成为史官分内的事情。尽管因为时间的推移、知识和技术的细化,史、卜、祝逐步分化,各有专攻,但属于同一系统是没有任何问题的,彼此之间是相通的。司马迁谓其世袭的太史令之职"文史星历近乎卜祝之间,固主上所戏弄,倡优畜之,流俗之所轻也"①。虽属愤懑之语,但是当时道出了史官的职权范围。《周礼·大宗伯》将大卜、大祝、大史排列一起,说明了彼此关系。《汉书·百官公卿表》奉常属官有"大乐、大祝、大宰、大史、大卜、大医"六令丞,也说明了史、卜、祝的关系。只是随着社会文明的进步,政治理性的提高,文史星历、占卜祭祀对现实影响逐步弱化,史、卜、祝的地位逐步降低,司马迁的话从一个方面反映了这个客观趋势。这些为学界所熟知,无须一一详说。

这里要说明的是,司马迁所说的太史令的地位是降低了,作为各级官府中的史的地位却依然重要,文书的起草、传达、收集、归档的事情越来越多,各种政教禁令、管理规章的解释和执行也都要这些文职人员具体操作,特别是给上级部门的各种考核文书更是离不开这些史官。所有这些都要有相应的专门知识和技能。所以,各级官府、衙署的大小史官必须熟悉相关政令、公文程式、专门用语以至于计算会计等专门知识,一言以蔽之,就是政府文书。这必须经过专门训练,进行针对性教育,仅仅识字是远远不够的。所以"试史学童以十五篇"的内容就不仅仅是识字,而应该是史官的知识。要对这个问题有比较明确的认识,还要探讨律文中"史书"的含义。

## 第四节 "史书"解

《史律》"卜学童能讽书史书三千字"之"史书"的含义,整理小组认为"史书,指隶书"。其根据,一是《汉书·王尊传》:"尊窃学问,能史书,年十三,求为狱小吏。"二是《说文·序》段注:"或云善史书,或云能史书,皆谓便习隶书,适于时用,犹今人之工楷书耳。"段玉裁举证说:"凡《汉书》元帝纪、王尊传、严延年传、西域传之冯嫽、《后汉书》皇后纪和熹邓皇后、顺烈梁皇后,或云善史书,或云能史书,皆谓便习隶书,适于时用,犹今人之工楷书耳。"但是,若仔细分析这些依

---

① 《汉书》卷六二《司马迁传》,第2732页。

据,段氏此解,大成问题。现列举相关史料如下:

臣(班彪自称)外祖兄弟为元帝侍中,语臣曰元帝多材艺,善史书①。

(严)延年为人短小精悍,敏捷于事,虽子贡、冉有通艺于政事,不能绝也。吏忠尽节者,厚遇之如骨肉,皆亲乡之,出身不顾,以是治下无隐情。然疾恶泰甚,中伤者多,尤巧为狱文,善史书,所欲诛杀,奏成于手,中主簿亲近史不得闻知②。

(贡禹上书元帝云)……郡国恐伏其诛,则择便巧史书习于计簿能欺上府者,以为右职;奸宄不胜,则取勇猛能操切百姓者,以苛暴威服下者,使居大位。故亡义而有财者显于世,欺谩而善书者尊于朝,悖逆而勇猛者贵于官。故俗皆曰:"何以孝弟为?财多而光荣。何以礼义为?史书而仕宦。"③

王尊字子赣,涿郡高阳人也。少孤,归诸父,使牧羊泽中。尊窃学问,能史书。年十三,求为狱小吏。数岁,给事太守府,问诏书行事,尊无不对④。

(成帝许皇后)聪慧,善史书,自为妃至即位,常宠于上,后宫希得进见⑤。

(解忧公主侍女冯嫽)能史书,习事,尝持汉节为公主使,行赏赐于城郭诸国,敬信之,号曰冯夫人⑥。

恭宗孝安皇帝讳祜,肃宗孙也……年十岁,好学史书,和帝称之,数见禁中⑦。

和熹邓皇后……六岁能史书,十二通《诗》《论语》。诸兄每读经

---

① 《汉书》卷八《元帝纪》,第298页。
② 《汉书》卷九〇《酷吏传·严延年传》,3669页。
③ 《汉书》卷七二《贡禹传》,第3077页。
④ 《汉书》卷七六《王尊传》,第3226页。
⑤ 《汉书》卷九七下《外戚传》下,第3974页。
⑥ 《汉书》卷九六《西域传》,第3907页。
⑦ 《后汉书》卷五《孝安帝纪》,第203页。

传,辄下意难问。志在典籍,不问居家之事①。

顺烈梁皇后……少善女工,好史书,九岁能诵《论语》,治《韩诗》,大义略举。常以列女图画置于左右,以自监戒②。

(敬王刘)睦少好学,博通书传……能属文,作《春秋旨义》《终始论》及赋颂数十篇。又善史书,当世以为楷则③。

乐成靖王党,永平九年赐号重熹王,十五年封乐成王。党聪惠,善史书,喜正文字④。

(章)帝所生母左姬,字小娥……小娥善史书,喜辞赋⑤。

对上述文献中的"史书",古人曾多有注解。就笔者所见,最早解释"史书"的是东汉人应劭,应劭是第一个把"史书"解作书体的人,但不是隶书而是大篆。《汉书·元帝纪》应劭注谓"周宣王太史史籀所作大篆"。颜师古同意应劭的注解。李贤也主张"史书"是大篆。《后汉书·安帝纪》李贤注云:"《史书》者,周宣王太史所作之书也,凡十五篇可以教幼童。"又注《皇后纪》云:"史书,周宣王太史籀所作大篆十五篇也。前书曰'教学童之书'也。"这里的"前书"是指《汉书》,即上举《汉书·艺文志》班固之语。这大约是唐朝以前学者的通识。清人钱大昕根据上举各篇对"史书"的记载,不同意应劭等人对"史书"的解释,认为当时人们学以致用,不会去学习籀书,学习的应该是隶书,云:"应说非也……盖史书者,令史所习之书,犹言隶书也。善史书者谓能识字作隶书耳,岂皆尽通史籀十五篇乎。"段玉裁、王先谦均赞同钱氏的看法⑥。

钱氏对应劭的批评是成立的,但是谓"史书"是隶书书体也不对。既然隶书是常用书体,是任何读书人首先学习和必须掌握的基本技能,身为一国之君、饱受教育的汉元帝字写得好一些又有什么值得炫耀褒奖的?难道其他帝王都写不好字?严延年之"善史书"就更难以善于写隶书解之。从上下文来看,严延年"善史书,所欲诛杀,奏成于手,中主簿亲近史不得闻知"是对"巧为狱文"的解

---

① 《后汉书》卷一〇上《皇后纪》上,第418页。
② 《后汉书》卷一〇下《皇后纪》下,第438页。
③ 《后汉书》卷一四《宗室四王三侯列传》,第556—557页。
④ 《后汉书》卷五〇《孝明八王列传》,第1672页。
⑤ 《后汉书》卷五五《章帝八王传》,第1803页。
⑥ 王先谦:《汉书补注》卷九《元帝纪》,书目文献出版社,1995年,第106页。

释,"奏成于手"更是对"善史书"的直接说明,和书法的好坏、何种书体没有任何关联。再衡之以贡禹的上书,"史书"更不是指书体。贡禹批评地方官员专门任用那些"便巧史书、习于计簿、能欺上府"的刀笔吏制作计簿,欺骗上级,严重危害国家。这"习于计簿、能欺上府"就是"便巧史书"的体现,显然这"便巧史书"不是什么善于书写隶书的人,而是善于弄虚作假、做表面文章的人,贡禹才说"欺谩而善书者尊于朝"。这里的"善书"绝不是什么字写得好,而是指舞文弄墨、颠倒黑白、编造文书而言。否则,"善书"若是指字写得好,那些正直的人只要把字练好同样也会"尊于朝",贡禹根本没有必要长篇大论地上书元帝,指陈时疾,讨元帝的不快。至于冯嫽更不会因为字写得好而得到西域诸国的"敬信",无论是隶书还是大篆,写得再好,西域诸国的君长们怕都不会欣赏其书法而"敬信之"。显然,这里的"史书"都不能以书体或书法视之,不能把"善史书"理解为善于书法,更不能理解为隶书写得好。

跳出汉唐学者通识,对"史书"做出新解的是元人胡三省。胡三省谓:"史,吏也。史书,犹言吏书也。"①依胡注,"善史书""能史书"就是"善吏书""能吏书"。"吏书"即官府使用的文书统称,而不是指某种书体。这个看法是符合历史真实的,王充的《论衡》有明确说明。

王充《论衡·程材篇》讨论东汉文吏和儒生的短长优劣时,曾指出"世俗学问者,不肯竟经明学,深知古今,急欲成一家章句。义理略具,同趋学史书,读律讽令,治作情奏,习对向,滑习跪拜,家成室就,召署辄能",这是对不专心于经学,而急着做文吏的读书人的批评。这些"世俗学问者"在"同趋学史书"以前,已经"义理略具",即对儒学经书有了简单的了解,掌握了经学的基本知识,自然是完成了识字教育,具备了相应的阅读书写能力,所习之字自然是通行的隶书。如果王充批评的"同趋学史书"的"史书"真的是什么"通行的隶书"的话,他们还有这个必要吗?这里的"史书"显然不是什么隶书。根据王充的分析,"世俗学问者……同趋学史书,读律讽令,治作情奏,习对向,滑习跪拜"是为了学习做文吏的知识和技能:"学史书,读律讽令,治作情奏"是学习公文知识;"习对向,滑习跪拜"是学习官场应对技能。用王充的话来概括,世俗学问者"同趋学史书,读律讽令,治作情奏"就是为了"辨解簿书"。"簿书"即官府公文的统称,种类繁多,

---

① 《资治通鉴》卷二七《汉纪十九》,中华书局,1956年,第883页。

要求各异，各有定式和专门要求，所谓"五曹自有条品，簿书自有故事"。这些"五曹"的"条品"和"簿书"的"故事"就是政府部门的规章程式和公文的成例，学习起来要比五经容易得多，只要"勤力玩弄"就能"成为巧吏"。而学习五经，尽管可以成为通晓古今的博学之士，但是不符合地方长吏选拔属吏的标准，学问虽好却不能为吏，在和文吏们竞争时往往被"置于下第"，人们就不愿意学习经书了。

王充是站在儒生的立场说话的，认为地方长吏的用人标准有问题，不应该只用那些"世俗学问者"为属吏，而应该用儒生。因为对于国家统治来说，儒生的作用远远在文吏之上。儒生博览古今，知道王朝兴衰之理，用儒家伦理、圣人之道教化百姓，可以使国家统治长治久安，其功能远非那些只知道"辨解簿书"的文吏可比，怎能置儒生"于下第"而使用文吏呢！遗憾的是，当时的郡守县令们并不愿意这样做，儒生和文吏也相互攻击。王充才反复说明二者的优劣短长，指出郡守县令特别是掌握一方军政大权的被视为"将相"的郡守们应该从长治久安的立场出发，在选拔属吏时不能把儒生"置于下第"，不能专用文吏，而应该儒生优先。这些不予详说，本文要说明的是王充所说的"史书"的内容。只要对《程材》所述儒生和文吏的知识结构稍加分析，就不难得出结论：王充所说的"史书"，指的就是五曹的"条品"和"簿书"的"故事"，统称为"簿书"，也就是官府各种公文文本，用现代的话说就是政府各部门之间的上行文、下行文、平行文的各类公文范式，以及法律文本、各种案例、各家解读等。根本不是什么书体，更不是隶书书体。"簿书"因为内容不同各有专门的称谓、格式、程序、文本和相应的套路，有专门的技巧，需要相应的针对性训练，从而形成专门的"文吏"队伍。

明白了王充《论衡》所说的"史书"的含义，对上举两《汉书》中的"善史书""能史书"就好理解了。所谓"善史书""能史书"都是指对"簿书"的了解和掌握而言，指长于簿书、能够书写簿书，懂得簿书的写作套路和技巧，也能判断"簿书"的优劣高下。元帝以好儒闻名，同时也熟悉公文体例和使用范围，所以专门说他"多才艺，善史书"。"多才艺"相对于元帝好儒而言，"善史书"是"多才艺"的表现之一。严延年精明强干，了解吏治短长，精通司法文书的制作技巧，才能"巧为狱文，善史书，所欲诛杀，奏成于手，中主簿亲近史不得闻知"。"奏成于手"就是利用自己"巧为狱文，善史书"的特长，自己动手撰写狱文或者奏章，深文周纳，置人于死地。贡禹引述的"何以礼义为？史书而仕宦"，将"史书"和"礼义"对置,"礼义"指儒经,"史书"指文吏所学的簿书。王尊"窃学问,能史书"也是指簿书而言,才能在"年十三,求为狱小吏"之后"数岁,给事太守府,问诏书行事,尊无不对"。这"为狱小吏""问诏书行事,尊无不对"才是王尊"善史书"的体现。许皇后就是因为懂得簿书,了解朝廷政务,知道自身进退,美貌加智慧而集专宠于一身。冯嫽之见重于西域诸国的君长是因为她长于外交,了解外交辞令和礼节,洞悉各国状况,出使各国,应对得体,这才是冯嫽"能史书"的体现。至于安帝、邓皇后、梁皇后、章帝生母小娥之"善史书"云云,也是指对"簿书"的了解而言。安帝幼年即喜好簿书应对,不同寻常,所以君临天下。当然,这是夸饰之词,不可相信。刘睦、刘党"善史书"和"能属文,作《春秋旨义》《终始论》及赋颂数十篇""喜正文字"并列,均指文吏所习之簿书甚明。清儒不解,以善于隶书解之,是没有任何事实和逻辑依据的。

## 第五节 "书同文字"的政治意义

明白"书同文字"的内容,对其政治意义可以有深一步的把握。

就"书同文字"的政治意义来说,一是为了宣传大一统的政治观念。统一法律,统一制度,统一名物,统一称谓,等等,都通过"文书"来体现。"诸官为秦尽更","公室""王室"改称"县官","边塞"改为"故塞",从不同层面体现了这一内容。因为"公室"是分封制的产物,"王室"是称王的产物,各国都有公室、王室之称,"边塞"是七国分立的产物。统一之后,天下一家,统一推行郡县制,不再存在公室、王室,不存在此疆彼界的划分,原来的"边塞"自然成为"故塞"。"塞"有候望设施,有戍卒戍守,但有的边界因为各种原因没有"边塞"设施,于是改为"故徼","毋塞者曰故徼"①就是指此而言。邦、国同义,商周以来一直是邦国林立,战国时代尽管邦国数量较之以往大为减少,但毕竟七国分立,还夹杂着若干

---

① 徼的本意是巡视,引申为边塞。《说文解字》:"徼,循也。"《荀子·富国》"其候徼支缭",杨琼注"徼,巡也"。《史记·司马相如列传》谓司马相如通西南夷,"南至牂柯为徼"。这里的徼,就是边界。

小国,秦国还采用属邦制度控制地方①。统一之后,原来的邦国全部成为郡县,所以改"骑邦尉为骑□尉""郡邦尉为郡尉""邦司马为郡司马""毋曰邦门曰都门"。这一字之改既体现了统一的现实,又保留了历史信息,体现了秦本位制度体系的建立过程。

二是宣传皇帝权力的神圣性,这就是改"天帝"为"皇帝":"天帝观献曰皇帝"。这一名称的更改,把皇帝和天帝并列,其内涵十分丰富,意义深远。皇帝之名是传说中的圣王——三皇、五帝的集合,表示秦始皇德高三皇、功过五帝。三皇五帝是战国诸子共同推崇的圣王,既是道德的最高化身,也是王业的最高代表,三皇五帝时期是诸子百家理想的政治与道德相统一的完美的历史时代。但是,三皇五帝再"圣"、再"王",他们依然是"人",人是有寿命的,是无法永恒的,所以三皇五帝是人,他们的时代终究成为过去。而皇帝,既然远远超越这些"人",其功业也好、寿命也罢,自然应该永恒。但是,秦始皇又是现实的人,现实的人是不能永恒的,只有神是永恒的,要想永恒,就要由人变成神;天帝是最高神,皇帝要得到天帝的保佑,才有可能长生,如果能够变成神仙队伍的一员,当然是最理想的目的。天帝居于苍穹之上,而秦始皇是人间皇帝,人是不能上天做天帝的,于是把天帝请下来,拉近天帝与凡间的距离,因而改"天帝"曰"皇帝"——"天帝观献曰皇帝"。人间和天上在此统一起来了,秦始皇也就和天帝平起平坐。天帝是永恒的,意味着皇帝也是永恒的,俗权和神权相统一,皇权具有了令世人顶礼膜拜的神圣性。周王自称天子,和上帝是父子关系,用血缘关系巩固天帝的护佑;秦始皇则和上帝平起平坐,在人间至高无上,在神界也是至高无上,对君权的神化集历史之大成而有所创造,把秦人的天命观念发展到一个新的阶段。

最后,再看对上举许慎论述的理解问题。许慎因为一部《说文解字》而名扬千古,人们把许慎视为中国古代文字学第一人,理所当然地从文字学的角度解读许慎的话,将"罢其不与秦文合者"之"文"理解为文字的简称,"罢其不与秦文合者"就是统一字形、字体于小篆。其实,只要稍加细心地将上下文连读,就不难发

---

① 属邦是管理少数民族事务的机构,云梦睡虎地出土秦律有《属邦律》,律文有云:"道官相输隶臣妾、收人,必署其已稟年日月,受衣未受,有妻毋(无)有。受者以律续食衣之。"(《睡虎地秦墓竹简》,第110页)道是少数民族聚居的县,道官即各道官府。根据"郡邦尉为郡尉,邦司马为郡司马"诸文,属邦和郡平级。

现,人们的这个理解是不符合许慎原意的。许慎行文说得十分明确,"丞相李斯乃奏同之"针对的是春秋以降"田畴异亩,车涂异轨,律令异法,衣冠异制,言语异声,文字异形"的现实,也就是土地制度、行政制度、法律制度、礼仪制度之"不与秦文合者"。文字形体与读音仅仅是"奏同之"的内容之一,而且不是主要内容,事实上也无法完全"同之"。因为字体、字形的统一可以通过颁布统一教材来实现,"言语异声"在当时是无法"同之"的,许慎把"言语异声"作为李斯"奏同之"的内容不过是行文修饰的需要而已。土地、行政、法律、礼仪制度都是现成的,推行于全国就行了,无需重新制定,而文字方面还缺少统一的范本,才有《仓颉篇》《爰历篇》《博学篇》的问世。也就是说,许慎说的"罢其不与秦文合者"之"文"是官府文书、法律制度、名物称谓、文字书体的统称。

许慎是文字学家,但同时是经学家,不仅精通古文经,而且通晓今文经,关注现实,关注历史,用统一的眼光分析过去和未来、观察学术和政治,见于"《五经》传说臧否不同,于是撰为《五经异义》",流传于世,当时即有"《五经》无双许叔重"的美誉[①],对文字学的研究也是在大一统的经学思想指导之下进行的,是其经学研究的延伸,是为了从文字学的角度理解经义,厘清文字形体、音义的变迁,总结其规律,而后辨析经义的异同,可以说这是其《五经异义》见重当世的原因,起码是其原因之一。后人囿于文字学的视域,把"言语异声,文字异形"作为李斯"奏同之"的内容,把"不与秦文合者"之"文"视为小篆,据以分析秦始皇的"书同文字",既不符合许慎原意,也去历史事实更远,现在是恢复历史真相的时候了。

---

① 《后汉书》卷七九下《儒林传下》,第2588页。

# 第十二章 "以法为教""什伍连坐"的思想史分析

千古以来,"以法为教、以吏为师""令民为什伍而相牧司连坐",是秦政暴虐的专有名词,是法家独尊、排斥诸子的制度体现,已经成为不证自明的公理,从无人对此产生过疑问。但是,若跳出以往的思维定势,站在历史的高度,就不难发现,"以法为教、以吏为师"并非商鞅的发明,"什伍连坐"也不是秦朝独有的历史现象。厘清这个问题,不仅关系到如何认识商鞅变法,更关系到如何认识秦朝政治制度的历史渊源和影响,同时有助于对秦朝政治特点的认识。

## 第一节 "以法为教"非商鞅首创

为便于分析,首先要对商鞅变法的法律教育制度作简单的说明。众所周知,商鞅变法,为了使法律迅速、准确地付诸实施,一方面在立法时尽量使法律条文"明白易知",使"愚智遍能知之",另一方面设置法官、法吏专门负责宣传法律、解释疑难。《商君书·定分》谓"为法令,置官吏,朴足以知法令之谓者,以为天下正"。这些"为法令"所置之"官吏"就是人们常说的法官法吏,由专门的机构培养,称之为"学室"。云梦秦律《内史杂》规定"非史子也,毋敢学学室,犯令者有罪"。"史"是低级文职官吏的统称,史之子才能学学室是西周时代"学在官府"历史传统的延续,但教学内容较西周已经有了巨大的不同。西周时代教育的内容是礼、乐、射、御、书、数,秦国则是法律政令和其他各种管理技能,法律是"史"的必学内容。所谓"朴足以知法令之谓者"就是指在学室学习的弟子的一部分。

《商君书·定分》对法官、法吏的设置有比较详细的设计:"天子置三法官,殿中置一法官,御史置一法官及吏,丞相置一法官。诸侯、郡、县皆各为置一法官及吏。"中央有殿中、丞相、御史分领的三支法官法吏队伍,地方诸侯郡县各有其法官和属吏。这些法官、法吏的基本任务是两项:第一,保管、宣布法律。"法令皆副置,一副天子之殿中,为法令为禁室,有铤钥为禁,而以封之,内藏法令。一副禁室中,封以禁印。有擅发禁室印,及入禁室视禁法令,及禁剟一字以上,罪皆死不赦。一岁受法令以禁令"。每年法令修订完毕,一年只在规定的时间公布各级官府,而后抄写两个副本:一份藏在国君殿中的专门房间内,加锁密封;另一份藏在另一处密室中,加锁密封,都在封条上加盖专用印章。如果有人擅自进入禁室偷看法令或者私自改动禁室所藏法律文本一字的,一律处死。第二,向吏民解释法律条文,"诸官吏及民有问法令之所谓也于主法令之吏,皆各以其故所欲问之法令明告之。各为尺六寸之符,明书年、月、日、时、所问法令之名,以告吏民。主法令之吏不告及之罪而法令之所谓也,皆以吏民之所问法令之罪各罪主法令之吏。即以左券予吏之问法令者,主法令之吏谨藏其右券,木柙以室藏之,封以法令长之印。即后有物故,以券书从事"。其基本意思是,如有吏民询问法令条文,司法官吏要分别按照询问内容明确无误地给予解答,并且要用长一尺六寸的木牍记录吏民询问的法律条款以及询问的年月日和询问者的身份;而后将记录询问内容的木牍一分为二,把左半部交给询问者,右半部由法吏保管,要装在专门的木盒子里,贴上封条,盖上法吏负责人的印章。司法官吏若病故或离任,则交给下任法吏以备查。如果吏民因为司法官吏没有认真回答、对法令把握错误而犯罪,所犯律条和所问相同,则按照该律条惩处负责解答的司法官吏。

  商鞅变法时之秦国,只实行县制,并无郡级行政单位,不存在郡级法官法吏问题。所以《定分篇》是商鞅后学所作,并非商鞅变法时的制度设计。但是,《定分》的思想主张和商鞅变法是一致的,是付诸实践的。云梦秦律《内史杂》规定"县各告都官在其县者,写其官之用律",即县要通知在本县辖区内的都官到县政府抄写该官府所用的法律条文。这里所抄的法律是指每年新公布的内容。无论新律还是旧律,每年都要重点核对,防止在传抄过程中出现错误或者被篡改。《尉杂》规定"岁雠辟律于御使"[1],即每年都要到御史处核对律文。云梦秦律的《法律答问》既是法官法吏进行法律教育的教材,也是法官法吏回答吏民问题的依据。这些众所周知,无须多说。现在要说明的是,这些法官法吏的设置及其职

---

[1] 《睡虎地秦墓竹简》,第104页、第109页。

能的规定,是商鞅及其后学的发明还是历史传统的发展？如果是历史传统的发展,这个历史基础是商鞅的先辈们设计的还是另有渊源？对此,人们从未予以深入思考,一般的史学研究固然可以略而不论,但是专门研究秦汉法律和商鞅变法的论著,也没有给予应有的关注。而回答这个问题,不仅关系到对商鞅变法的认识问题,更关系到中国古代政治文化分析框架的确立问题。

人们之所以没有深入思考法官法吏制度的历史渊源,是因为在潜意识里一致认为,这是商鞅变法开始实行的制度。而实际上,在商鞅变法以前,起码在制度设计上,每年颁布法律、向吏民解释法律就是地方官员的基本任务。这在《管子》《周礼》诸书中都有明确表述。《管子·立政》云：

> 正月之朔,百吏在朝,君乃出令,布宪于国。五乡之师,五属大夫,皆受宪于太史。大朝之日,五乡之师,五属大夫,皆身习宪于君前。太史既布宪,入籍于太府,宪籍分于君前。五乡之师出朝,遂于乡官,至于乡属,及于游宗,皆受宪。宪既布,乃反致令焉。然后敢就舍。宪未布,令未致,不敢就舍；就舍谓之留令,罪死不赦。五属大夫,皆以行车朝,出朝不敢就舍,遂行。至都之日,遂于庙,致属吏,皆受宪。宪既布,乃发使者致令……宪未布,使者未发,不敢就舍；就舍谓之留令,罪死不赦。

《立政》是战国早期的作品,叙述的是中央集权的政治模式。就上文所述,政令法律由国君在正月初统一颁布,由太史负责颁发,太府保管。地方长吏如"五乡之师,五属大夫,皆身习宪于君前",即首先学习领会,然后由上向下逐级传达宣讲,直至基层百姓；传达完毕回朝复命之后才能回家。"布宪"没有完成不能回家,否则"罪死不赦"。当然,"布宪"的内容绝非上传下达那样简单,而是包括了贯彻执行的内容在内,负责解答属吏和平民的法律疑问,否则是谈不上理解执行的。《周礼·地官》云：

> 乡大夫之职,各掌其乡之政教禁令。正月之吉,受教法于司徒,退而颁之于乡吏,使各以教其所治,以考其德行,察其道艺。
>
> 州长,各掌其州之教治政令之法。正月之吉,各属其州之民而读法,以考其德行道艺而劝之,以纠其过恶而戒之,若以岁时祭祀州社,则属其民而读法,亦如之。
>
> 党正,各掌其党之政令教治,及四时之孟月吉日,则属民而读邦法,

以纠戒之。春秋祭禜,亦如之。

　　族师,各掌其族之戒令政事,月吉则属民而读邦法,书其孝弟睦姻有学者,春秋祭酺亦如之,以邦比之法,率四闾之吏,以时属民。

这种整齐划一的乡、州、党、族的地方行政系统当然不是西周制度的真实记录,而带有战国学者设计的成分在内。在西周时代,是不存在成文法的,所有的只是刑罚,刑罚是统治阶级治理庶民的秘器,是不公布于众的,不存在"读邦法"问题。将法律公布于众是战国时代成文法问世以后的事情。根据《周礼》所述,乡大夫受于司徒之"教法",州长所读之"法",党正、族师所读之"邦法"都是战国时代的成文法。但是,《周礼》的上述记载至少说明了两个问题:第一,政教合一、官师合一是西周以来的传统。第二,起码在《周礼》作者的心目中,理想的政治应该是以法治国,官吏在教化庶民的同时也要让庶民知法守法,换句话说,庶民们要向统治自己的官员们学习政教禁令以知道禁避。很显然,商鞅变法后秦国的法制建设和《管子·立政》《周礼·地官》是有相通之处的。

　　《管子》和《周礼》都产生于齐地,是学者们根据西周制度碎片而做出的主观设计而非历史真实记录。但是,这个设计是为现实服务的,《周礼》中的许多职官制度已经被出土金文所证实[①]。也就是说,秦的"以法为教,以吏为师"并不是商鞅、李斯、韩非的发明,而是有其历史基础的,李斯、韩非不过是将这一传统加以深化和普遍化而已。社会发展,事物泱繁,分工细密,知识细化,法律规定越来越多,地方长吏也好,中央部门长官也好,都不可能事事精通,要有专门的司法队伍,培养法律人才,解释法律条文,而长吏的责任是实施法律。秦的法官法吏就是应这一客观需求而设的。也就是说,商鞅以法治国,是在总结东方各国历史实践和理论探讨的基础之上的,并不是如人们所认识的那样是秦国独有的制度。尽管因为资料的限制,我们不能直接说明商鞅是否看到过《周礼》《管子》的上述内容,但是,如果没看到过,正说明战国时代法治思想及其制度设计的普遍性及其与其他学派的一致性。而从现有的资料来看,可以间接地说明商鞅在入秦之前对六国的各种学说是了解的。商鞅初入秦廷,曾先说孝公以"王道",后说以"帝道",都不能引起孝公的兴趣,才最后说以"霸道",取得了孝公对变法的坚决支持。这"王道""帝道""霸道"都是流行于六国地区的学说,"王道""帝道"是

---

[①] 参见张亚初、刘雨:《西周金文官制研究》,中华书局,1986年。

以儒、墨为主的政治学说，"霸道"则是以法家为主的政治学说，但在流行过程中，各家学说彼此之间早已相互吸收，你中有我、我中有你。可以肯定，商鞅最终推行的"霸道"中的许多措施起码和上举《周礼》《管子》诸书有关联。当然，商鞅所看到的《管子》《周礼》和我们现在所看到的文本是不能同日而语的，但是，内容的一致性是无需怀疑的，从逻辑上分析，商鞅看到的内容要比我们见到的丰富得多。明白了这一点，我们是没有理由把"以吏为师、以法为教"看作秦国独有的政治风景的。

## 第二节 "什伍连坐"是战国通制

不仅"以法为教、以吏为师"不是商鞅变法的首创，就是最为后人所诟病的、被看做是"以法为教"具体而残酷实践的什伍连坐制度，即著名的"令民为什伍而相牧司连坐"也并非商鞅的创造。如《国语·齐语》云：

> 五家为轨，轨为之长；十轨为里，里有司；四里为连，连为之长；十连为乡，乡有良人焉。以为军令：五家为轨，故五人为伍，轨长帅之；十轨为里，故五十人为小戎，里有司帅之；四里为连，故二百人为卒，连长帅之；十连为乡，故二千人为旅，乡良人帅之。

《管子·立政》云：

> 十家为什，五家为伍，什伍皆有长焉。筑障塞匿，一道路，博出入。审闾闬，慎筦键，筦藏于里尉。置闾有司，以时开闭。闾有司观出入者，以复于里尉。凡出入不时，衣服不中，圈属群徒不顺于常者，闾有司见之，复无时。若在长家子弟、臣妾、属役、宾客，则里尉以谯于游宗，游宗以谯于什伍，什伍以谯于长家。谯敬而勿复。一再则宥，三则不赦。凡孝悌、忠信、贤良、俊材，若在长家子弟、臣妾、属役、宾客，则什伍以复于游宗，游宗以复于里尉，里尉以复于州长，州长以计于乡师，乡师以著于士师。凡过党。其在家属，及于长家；其在长家，及于什伍之长；其在什伍之长，及于游宗；其在游宗，及于里尉；其在里尉，及于州长；其在州长，及于乡师；其在乡师，及于士师。三月一复，六月一计，十二月一著。凡上贤不过等，使能不兼官；罚有罪不独及，赏有功不专与。

《管子·禁藏》云：

夫善牧民者，非以城郭也，辅之以什，司之以伍。伍无非其人，人无非其里，里无非其家。故奔亡者无所匿，迁徙者无所容，不求而约，不召而来。故民无流亡之意，吏无备追之忧。故主政可往于民，民心可系于主。夫法之制民也，犹陶之于埴，冶之于金也。故审利害之所在，民之去就，如火之于燥湿，水之于高下。

《逸周书·王鈇》云：

其制邑理都使矖习者，五家为伍，伍为之长，十伍为里，里置有司，四里为扁，扁为之长，十扁为乡，乡置师，五乡为县，县有啬夫治焉，十县为郡，有大夫守焉，命曰官属。郡大夫退修其属县，啬夫退修其乡，乡师退修其扁，扁长退修其里，里有司退修其伍，伍长退修其家。事相斥正，居处相察，出入相司。

《周礼·大司徒》云：

令五家为比，使之相保；五比为闾，使之相受；四闾为族，使之相葬；五族为党，使之相救；五党为州，使之相赒；五州为乡，使之相宾。

《周礼·小司徒》云：

五家为比，十家为联；五人为伍，十人为联；四闾为族，八闾为联；使之相保相受，刑罚庆赏，相及相共，以受邦职，以役国事，以相葬埋。若作民而师田行役，则合其卒伍，简其兵器，以鼓铎旗物帅而至。掌其治令、戒禁、刑罚。岁终，则会政致事。

比长，各掌其比之治。五家相受，相和亲，有辠奇衺则相及。徙于国中及郊，则从而授之。若徙于他，则为之旌节而行之。若无授无节，则唯圜土内之。

上述文献虽成书时间不一，各篇问世有先后，但均为其现实需要而设计，距离现实并不遥远。各书所述的基层行政编制虽然不同，但有一点是相同的，即五家为伍制度是普遍性的，五家为伍也好，十家为什也罢，同伍同什之人荣辱与共。"辅之以什，司之以伍"的目的是为实现"罚有罪不独及，赏有功不专与"，是为了"居处相察，出入相司""刑罚庆赏，相及相共""有辠奇衺则相及"的方便。

按西周制度，行政、军制、土地三位一体，因为国野分治，国人和野人分属于不同阶级。国人是统治阶级的总称，其基本任务是祀与戎，"执干戈以卫社稷"

是其本职。野人的基本任务是为统治宗族耕种土地和提供劳役,没有"执干戈以卫社稷"的资格,因而在户籍制度上,国人和野人是不同的,国人是九夫为井制,野人是十夫为沟制。这里的九夫既是一个土地计算单位,也是一个行政编制和军事编制单位,因为车兵是主要军种,每辆战车三名甲士,三辆战车为一个战斗单位,故以九夫为户籍编制单位。野人没有当兵权力,只有耕作义务,故以十夫为单位,这个"十"是殷人十进制的延续,因为其时采用耦耕制,十人为一个耕作小组,故而"十夫为沟"。因而西周时代是不存在"五家为伍"制度的,《周礼》中的"五家为伍"云云,绝非西周制度碎片的残留,而是后世制度。

无论是春秋还是战国,都延续着土地、户籍、军役三位一体的社会控制体系,户籍编制单位的变动肇始于军事需要,即在步兵取代车兵的过程中逐步形成的,步兵以五人为一个作战单元,所以五家为伍,随着步兵成为主要兵种,五家为伍自然普遍化。这个过程,始于春秋初年的郑国。《左传》隐公元年(下引省书名)"诸侯之师,败郑徒兵",徒兵本来隶属于车兵,不是独立的作战部队,此谓"郑徒兵",则郑国此时之徒兵已成独立的作战兵种,与诸侯军队对抗。杜预说"时郑不车战",系指此次战役没有用车兵,并不是说郑国专用步兵,不要车兵作战。隐公九年,"北戎侵郑,郑伯御之,患戎师,曰:'彼徒我车,惧其侵轶我也。'"当时郑伯所帅都是战车部队。但郑国步兵在春秋各国中确实最为发达,在实际作战中,既有单独使用步兵、车兵,也可并合使用。桓公五年,"王以诸侯伐郑,郑伯御之……为鱼丽之阵,先偏后伍,伍承弥缝",大败王师。这是一个车步混合阵法,"偏"由战车组成,"伍"指步兵组织,用战车掩护步兵冲击,即"先偏后伍"。昭公二十年,郑曾"兴徒兵以攻萑苻之盗",没用车兵,说明步兵力量越来越强。晋国步郑后尘,也积极发展步兵。不仅仅限于在车兵之外另组步兵,有时则改车兵为步兵。僖公二十八年,"晋侯作三行以御狄,荀林父将中行,屠击将右行,先蔑将左行",这三行是三支步兵,专门用来进攻和防御戎狄的。昭公元年,"晋中行穆子败无终及群狄于大原,崇卒也。将战,魏舒曰:'彼徒我车,所遇又厄,以什共车必克。困诸厄,又克。请皆卒,自我始。'乃毁车以为行,五乘为三伍。荀吴之嬖人不肯即卒,斩以徇。为五陈以相离,两于前,伍于后,专为右角,参为左角,偏为前拒,以诱之。翟人笑之。未陈而薄之,大败之。""毁车以为行"就是改车兵为步兵,原来在车上的甲士要下车和步卒一起作战,这是当时作战形势的需要,不如此无法和戎狄的散兵作战。但是这不仅仅是一场兵种的改变,而且预示着社会结构的大变革。车兵是统治阶级,"行"即步兵是被统治阶级,二者有着身份的差别,"行"本来是隶属于车兵,"毁车以为行",把属于贵族的甲士变成步兵,甲士当然不乐意,"荀吴之嬖人不肯即卒",结果是被"斩以徇",才贯彻下去,最终取得了胜利。

军事需要是新制度的助产婆,步兵兴起,为"作内政以寄军令"提供了改革的杠杆。户籍制度自然变化。《左传》襄公三十年,子产治郑,"使都鄙有章,上下有服,田有封洫,庐井有伍"。"庐井有伍"就是把居民统一按五家为伍的制度编制起来,原来的"九夫为井"逐步地被五家为伍所取代。《国语·齐语》"五家为轨,轨为之长"云云也是这一变动的结果,不过,《齐语》所云并非管仲时代的事情,而是后来的制度,从《齐语》载管仲治齐所采取的其他措施分析,有些制度不可能是春秋初年的内容,有管仲以后的内容掺入①。但是,谓五家为伍制度始于春秋是没有什么大问题的。在五家为伍普遍化的同时,"九夫为沟"因其和步兵的作战需求一致,故而延续下来,所谓"十家为什"就是"十夫为沟"的延续。曾有学者指出,《周礼》中的"五家为比,使之相保"云云不是西周制度,而是战国学者按照商鞅之法编制出来的②。事实不尽如此,这些制度固然不存在于西周,但在商鞅变法之前早已付诸实践,《周礼》所云不是来自于商鞅变法,而是商鞅变法参照了《周礼》以及六国的历史实践。什伍连坐制度如此,"以吏为师、以法为教"也是如此,只是商鞅之法更偏重于"罚"而已。

---

① 关于《齐语》所载的各项制度的时代问题,参见拙文:《齐国行政制度考原》,《文史哲》1995年4期。

② 对《周礼》成书时间及其内容的考订,代表性著作参阅钱穆:《周官著作时代考》,《燕京学报》第11期;上揭郭沫若《金文丛考·周官质疑》;顾颉刚:《"周公制礼"的传说和〈周官〉一书的出现》,《文史》第六辑。

# 第十三章 "匡饬异俗"的思想史考察

公元前219年，秦始皇东巡郡县，封泰山、禅梁父，刻石叙功之后，又南登琅琊，"作琅邪台，立石刻，颂秦德，明得意"。这就是著名的琅琊石刻。在刻石中，秦始皇历数其混一宇内、整齐制度、造福万民的丰功伟绩，同时专门指出"匡饬异俗，陵水经地"的内容，把"匡饬异俗"作为历史功绩之一。那么，秦始皇所"匡饬"的"异俗"的内容究竟是什么？是怎样"匡饬"的？"匡饬异俗"的历史影响如何？为什么把"匡饬异俗"也作为历史功绩勒铭颂扬？诸如此类的问题，在数目众多的秦史研究论著中，学者虽然有所涉及，但所论大都是就礼俗论礼俗，没有从社会发展的区域差别来把握思想观念的冲突和认同，故而有必要做进一步研究。这既有助于我们从一个层面把握春秋战国以来各区域文化间的关系及其走向，也有利于我们对秦朝的社会矛盾从文化心理的角度做深层次的分析，从而深化对东周秦汉时代的社会及思想流变的把握。

## 第一节 "匡饬异俗"的历史基础

在传统史学观念中，人们认为自三代以来就是统一王朝，思想观念、社会风俗、文化制度自然也是一元的。但是，由点到面、由分散到集中，是人类文明发展的共同道路，中国历史亦不例外。现代考古学已充分证明，中华文明的起源是多元的，其演进是由满天繁星式的分散状态逐步发展为区域性文化共同体。进入文明时代以后，夏朝虽然被称作统一王朝，实际上是以征服为基础的松散的族邦联合体，以氏族血缘关系为基础的各个邦国之间的征服与反抗此起彼伏，实力强者为其主，否则就让位，根本不存在什么统一王朝。商邦就是因为其实力壮大取代夏邦而成为新的盟主，其时之国家形态虽较夏成熟，但亦然是万邦林立，只不过盟主更换而已。周人兴起后,代商而为新的盟主,吸取夏、商之盟主被取代的经验教训,着力巩固自己的盟主地位,国家形态也有了较大的进步,具有了统一王朝的某些特征,但其本质仍然是族邦联盟。只是这时的周邦和诸侯之间的不平等性增强,类似于中央邦和地方邦的组合体。周邦和诸侯之间没有后世认为的统一的政治经济制度,也无共同的风俗习惯,无论是周初大分封所建立的诸侯国还是自夏、商以来就存在的古国,无不自行其是,只有极少数受封诸侯曾按周制治国。如成王封周公殷民六族于鲁、封康叔殷民七族于殷墟,"皆启以商政,疆以周索"。封唐叔"怀姓九宗"于夏墟,则"启以夏政,疆以戎索"①。"商政""夏政"之"政"是施政方针的泛指,"周索""戎索"之"索"的本义是指丈量土地的绳索,这里则引申为制度。周公、康叔、唐叔是王室中坚,封他们于鲁、殷墟、夏墟,是为了镇抚东方,防止殷商遗民和东方古国起兵反抗周室,带有武装殖民的性质。他们治国的施政方针、具体制度并非整齐划一、照搬周制,而是各具特点,或"周索"或"戎索",或"商政"或"夏政"。至于那些和王室稍远之族自然更是各行其是,如齐太公姜尚受封于营丘,至国之后,"因其俗,简其礼",一切便宜从事,根本不存在"疆以周索""以法则周"的问题。至于那些脱离了夏、商的控制,转而承认周邦的盟主地位而和周人同样悠久甚至更早于周人的各个古代方国,就更是无所改作,一仍其旧了②。故其时之风俗制度、文化传统莫不各行其是,无统一可言。

降至春秋,因为各国的发展不平衡,王室衰微,诸侯力争,众多的小邦国或者鱼烂而亡,或者被邻国兼并,原来的文化传统或者消亡或者融入其他诸侯国,满天繁星式的文化分布逐步地为数量有限的以几个诸侯国为主体的文化圈覆盖,从而表现为不同区域特征的民风民俗和价值观念系统。如果说在西周时期,因为周王室一支独强,其他诸侯国风俗特征还不为人们所注意的话,那么到了春秋时代,东方各国的风俗特点足以和周王室灿灿争辉而日益受到人们的重视。最早对这一特点进行总结的是《管子》一书。《管子·水地篇》云:

齐之水道躁而复,故其民贪粗而好勇。楚之水淖弱而清,故其民轻

---

① 《左传》定公四年,《十三经注疏》,第2134—2135页。

② 关于夏、商、周国家形态的演进,参阅田昌五、臧知非:《周秦社会结构研究》,西北大学出版社,1996年,第1—17页。

果而贼。越之水浊重而洎,故其民愚疾而垢。秦之水泔冣而稽,淤滞而杂,故其民贪戾罔而好事。齐晋之水枯旱而运,淤滞而杂,故其民谄谀葆诈,巧佞而好利。燕之水萃下而弱,沈滞而杂,故其民愚戆而好贞,轻疾而易死。宋之水,轻劲而清,故其民简易而好正。

《水地篇》成书于战国中期①,思想主旨是论证地和水是万物的本原。引述的这段文字就是从各地水性的区别探讨民风的差异。其解释未必科学,对齐、秦、晋、宋、楚、越、燕等地的民情风俗的概括也谈不上全面,但还是有其一定的历史依据的,从一个层面反映了春秋和战国初期各地的区别以及时人对这些区别的认识。随着时间的推移,社会的发展,人们对区域差异的认识越来越系统、全面、深刻,论述也日益具体,愈益证明《管子·水地篇》所述之不诬。简单回顾春秋战国时代的区域文化和社会发展特点是我们认识秦朝统一文化的前提,故就文献所及,撮述如下,以资分析。

1. 秦地,也就是《史记·货殖列传》所说的关中和巴蜀地区。《货殖列传》谓关中"膏壤沃野千里,自虞夏之贡以为上田……其民犹有先王之遗风,好稼穑,殖五谷,地重,重为邪。及秦文、德、穆居雍,隙陇蜀之货物而多贾。献公徙栎邑,栎邑北却戎翟,东通三晋,亦多大贾……天水、陇西、北地、上郡与关中同俗。然西有羌中之利,北有戎翟之畜,畜牧为天下饶"。《汉书·地理志》秦分野条云:"天水、陇西,山多林木,民以板为室屋,及安定、北地、上郡、西河皆迫近戎狄,修习战备,高上气力,以射猎为先。故《秦诗》曰'在其板屋',又曰'王于兴师,修我甲兵,与子偕行'。及车辚、四载、小戎之篇,皆言车马田狩之事。"这虽然杂糅了汉代的民风,但就西北边地而言,"修习战备,高上气力"云云实延袭战国秦风而来,二者没有什么变化。大体而言,秦国腹地即关中平原承周传统较多,稼穑为主,商贾为辅。西北地区则尚武习射。巴蜀入秦之后,沿续其原来生产生活方式的同时,又加速了手工业和商业的发展,商贾之风稍盛。战国末叶,荀子入秦,所

---

① 关于《水地篇》成书年代及作者,学术界有西汉初期医家说,有管仲遗著说及战国前期说等。本文以为战国中期说较为合理,见胡家聪:《管子新探》,中国社会科学出版社,1995年,303页。又,《水地》在叙述齐、秦之水而后,又云"齐晋之水枯旱而运"。按:前文已述齐地之水,故旧注认为此处之齐系衍文,戴望《管子校正》从之,见中华书局1980年影印世界书局编《诸子集成》本,第246页。胡家聪《管子新探》认为,"齐"字繁体和晋字形相近,齐是晋之衍文,今从胡说,见氏著第305—306页。

见之社情民风又可补《史记》《汉书》之缺。如《荀子·议兵》云:

> 入境,观其风俗,其百姓朴,其声乐不流汙,其服不挑,其畏有司而顺,古之民也。及都邑官府,其百吏肃然,莫不恭俭、敦敬、忠信而不楛,古之吏也。入其国,观其士大夫,出于其门,入于公门;出于公门,归于其家,无有私事也,不比周,不朋党,倜然莫不明通而公也,古之士大夫也。观其朝廷,其间听决百事不留,恬然如无治者,古之朝也。故四世有胜,非幸也,数也!

荀子所见所闻是以咸阳为中心的关中地区情况。该地民风本尚质朴,经商鞅以法治之,从而秩序井然,俨若无治之治。

2. 燕赵地区。这里的赵地包括邯郸以北的赵地和中山之地在内。《史记·货殖列传》谓"种、代,石北也,地边胡,数被寇。人民矜懻忮,好气,任侠为奸,不事农商。然迫近北夷,师旅亟往,中国委输时有奇羡。其民羯羠不均,自全晋之时固已患其剽悍,而武灵王亦厉之……中山地薄人众,犹有沙丘纣淫地余民,民俗懁急,仰机利而食。丈夫相聚游戏,悲歌慷慨,起则相随椎剽,休则掘冢作巧奸冶,多美物,爱倡优。女子则鼓鸣瑟,跕屣,游媚富贵,入后宫,遍诸侯"。这段话记载了两个地区的民风,一是太行山以西的种、代地区,一是太行山以东的原中山国地区。中山国地理环境和赵相同,后被赵兼并,故太史公接着叙述云:"今夫赵女郑姬,设形容,揳鸣琴,揄长袂,蹑利屣,目挑心招,出不远千里,不择老少者,奔富厚也。"这"赵女"的行为和上文中山之女相同。说"赵女郑姬"而不云中山之女就是因为中山已并入赵。《汉书·地理志》叙及赵地分野民风时云"赵、中山地薄人众",所述主要是太史公语。

燕国地域辽阔,人口密度从南到北呈递减状态,经济发展也相应地靠近统治中心和中原的发达地区,北边则落后一些,其民风民俗"大与赵、代相类,而民雕捍少虑,有鱼盐枣栗之饶"①。大约正是因为和赵相似,太史公对燕地生业记述较详,对民俗则着墨甚少。《汉书·地理志》稍有增益,谓"其俗愚悍少虑,轻薄无威,亦有所长,敢于急人"。又云"初太子丹宾养勇士,不爱后宫美女,民化以为俗,至今犹然。宾客相过,以妇侍宿,嫁娶之夕,男女无别,反以为荣。后稍颇止,然终未改"。和上引太史公所述赵地民风确实相类。

---

① 《史记》卷一二九《货殖列传》,第 3265 页。

3. 韩国。这里所说的韩国民风包括了《史记·货殖列传》和《汉书·地理志》中所述的郑、卫、(东)周在内,因为郑为韩所灭;卫虽然被赵、魏、韩所分,但其民风和郑相同;(东)周地小狭,与韩接壤,民风相通而各有特点,故一并述之。上引《史记·货殖列传》文已说明郑和邯郸民风相类,赵女郑姬并称,而其民风与卫更为接近。《汉书·地理志》韩分野条云:郑国"土狭而险,山居谷汲,男女亟聚会,故其俗淫。《郑诗》曰:'出其东门,有女如云。'又曰:'溱与洧方灌灌兮,士与女方秉菅兮。''恂盱且乐,惟士与女,伊其相谑。'此其风也。吴季札闻《郑》之歌,曰:'美哉!其细已甚,民弗堪也。是其先亡乎?'"又谓:"卫地有桑间濮上之阻,男女亦亟聚会,声色生焉,故俗称郑卫之音。"《史记·货殖列传》谓:"颍川、南阳,夏人之居也。夏人政尚忠朴,犹有先王之遗风。颍川敦愿。"所指为韩国中部和西南部民风。《汉书·地理志》谓:"颍川,韩都。士有申子、韩非刻害余烈,高仕宦,好文法,民以贪遴争讼生分为失。"所述是战国后期颍川附近情况。

4. 魏地。对魏地民风司马迁述之甚略,仅称梁宋之地,文化悠久,"昔尧作于成阳,舜渔于雷泽,汤止于亳。其俗犹有先王遗风,重厚多君子,好稼穑,虽无山川之饶,能恶衣食,致其蓄藏"①。但这是战国时代魏地风俗的一部分,实际上指的是原宋国的民风。《汉书·地理志》魏分野条云"河内本殷之旧都,周既灭殷……而河内殷墟更属于晋。康叔之风既歇,而纣之化犹存,故俗刚强,多豪杰侵夺,薄恩礼,好生分",指的是卫国故俗,后并入于魏。"河东土地平易,有盐铁之饶,本唐尧所居,《诗·风》唐、魏之国也……其民有先王遗教,君子深思,小人俭陋。"这里说的则是魏国本土之俗。

5. 齐鲁。齐地物产丰富,经济发达,民风舒阔。早在太公始国之时,就"因其俗,简其礼"②,因地制宜,治理国家。鉴于始国之时仅有营丘一邑,"地潟卤,人民寡"的现实,太公"劝其女功,极技巧,通鱼盐,则人物归之,繦至而辐凑。故齐冠带衣履天下,海岱之间敛袂而往朝焉。其后齐中衰,管子修之,设轻重九府,则桓公以霸"③,"其民阔达多匿知,其天性也"④。临淄地区"其俗宽缓阔达,而足

---

① 《史记》卷一二九《货殖列传》,第3266页。
② 《史记》卷三二《齐太公世家》,第1480页。
③ 《史记》卷一二九《货殖列传》,第3255页。
④ 《史记》卷三二《齐太公世家》,第1513页。

智,好议论,地重,难动摇,怯于众斗,勇于持刺,故多劫人者,大国之风也。其中具五民"①。因其工商业发达,"故其俗弥侈,织作冰纨绮绣纯丽之物,号为冠带衣履天下"。齐人在"修道术,尊贤知"的同时,又有"夸奢朋党,言与行缪,虚诈不情,急之则离散,缓之则放纵"的弊端②。又因为齐地与东夷杂俗,齐太公"因其俗,简其礼"而治国,较多地保留了东夷习俗,在战国民俗中区域特色最为突出③。

鲁本大国,始国之时,远大于齐,在文化传统上是继续周制以变土俗。至春秋时代则处于衰落之中,最后被楚所并。其文化特征和齐、楚均异,而与邹、宋等洙泗之国同属一个系统,因其地缘与齐毗邻,习惯上齐鲁连称,故本文把齐鲁合并叙述。太史公谓"邹、鲁滨洙、泗,犹有周公遗风,俗好儒,备于礼,故其民龊龊。颇有桑麻之业,无林泽之饶。地小人众,俭啬,畏罪远邪。及其衰,好贾趋利,甚于周人"④。班固在采录史公之文的同时,做了较大的补充,谓:"鲁为少昊之墟……其民有圣人之教化,故孔子曰'齐一变至于鲁,鲁一变至于道',言近正也。濒洙泗之水,其民涉度,幼者扶老而代其任。俗既益薄,长老不自安,与幼少相让,故曰:'鲁道衰,洙泗之间龂龂如也。'孔子闵王道将废,乃修六经,以述唐虞三代之道,弟子受业而通者七十有七人。是以其民好学,上礼仪,重廉耻。"孔子没后,鲁人则"俭啬爱财,趋商贾,好货毁,学巧伪,丧祭之礼文备实寡"。但"好学犹愈于它俗。"⑤

6.楚地。太史公把战国后期楚国的经济和民风分为三个区域,即东楚、西楚和南楚。西楚即楚故地及其在春秋战国前期兼并的淮河中游、江汉地区的诸小国,"其俗剽轻,易发怒,地薄,寡于积聚"。江陵地区则"通鱼盐之货,其民多贾。徐、僮、取虑,则清刻,矜己诺"。东楚主要是淮河下游及其以南的吴越地区。其中彭城以东的淮河下游地区"其俗类徐、僮",其北边者则和齐俗接近。长江下

---

① 《史记》卷一二九《货殖列传》,第3265页。
② 《汉书》卷二八下《地理志下》,第1661页。
③ 《汉书》卷二八下《地理志下》谓"始桓公兄襄公淫乱,姑姊妹不嫁,于是令国中民家长女不得嫁,名曰'巫儿',为家主祠,嫁者不利其家,民至今以为俗。痛乎,道民之道,可不慎哉"(第1661页)。按:此俗当为土俗,不一定是襄公所化。
④ 《史记》卷一二九《货殖列传》,第3266页。
⑤ 《汉书》卷二八下《地理志下》,第1662—1663页。

游及其以南的吴越地区又自有特点,自身物产丰富,有铜盐之利,而吴王阖闾、楚相春申君"招至天下之喜游子弟"①,其俗尚气力,巧伪而杂。班固称之为"吴、粤之君皆好勇,故其民至今好用剑,轻死易发"②。南楚则指长江中游以南包括原百越在内的广大地区,矿产丰富,其沿海地区更是盛产珍珠、玳瑁等珍希之物,民风"好辞,巧说少信。江南卑湿,丈夫早夭。"③

　　以上史实,为治史者所熟知,本文只是粗略地勾画一个大概。仅从上所述,我们不难看出,战国时代各国社会经济发展极不平衡,经济结构、价值观念、文化传统各具特色,就是在一国之内也有着截然不同的差异。正是这些因素决定着民俗的各异和丰富多彩。若细检史籍,我们还会发现这样一个事实:即这些丰富多彩的风俗又处在不停的变动之中。这种变动,可区分为三种类型:一是政府功能的引导,如齐太公治齐的"因其俗,简其礼";鲁国伯禽以周制为本的变其俗、改其礼;商鞅变法对秦民行为的整齐划一等。二是社会生产发展所致,如司马迁所述各地经济构成对民风的影响。三是人口流动的结果,如吴王阖闾等招徕喜游子弟对吴地民风的影响,春申君招徕文学之士对吴地文风的影响,孟尝君招徕宾客死士对薛地的影响,等等。同时,我们也不难看出,尽管这种变化因时而异,处于不同的趋同过程之中,逐步地形成区域共性,但是,文化传统依然有着巨大的影响力,如果说司马迁着重从经济和地理环境的角度论述各地民风的话,班固则较多地注意了文化传统的影响。这些只要把《史》《汉》相关文字稍加对比就不难发现,上文已有举例。本节要分析的是上举诸例所反映的秦统一之后进行的所谓"匡饬异俗"之"异"在何处及"异"的原因。

## 第二节　秦与六国风俗差异的比较分析

　　总体说来,从秩序的层面看,东方六国的风俗共性明显,这就是有着明显的非秩序性和流动性,无论是燕赵之地的慷慨豪放,还是齐鲁大地的"怯于众斗,勇

---

① 《史记》卷一二九《货殖列传》,第 3267 页。
② 《汉书》卷二八下《地理志下》,第 1667 页。
③ 《史记》卷一二九《货殖列传》,第 3268 页。

于持刺",抑或是楚国的"剽轻、易发怒""轻刻、矜己诺",以及"通鱼盐之货",巧辞辩说,游历为官,都反映着崇尚个体自由、藐视国家秩序,社会力量和国家力量在相当程度上处于二元状态。而秦国则相反,吏民均遵纪守法,谨守秩序,人们追求财富名利必须在法律的范围之内,社会力量处于国家力量的绝对支配之下。也正因为如此,秦才能集中全国人力、物力东向争雄,所向披靡,并最终统一全国。

正因为秦民在国家法律的控制之下,"勇于公战而怯于私斗"已成为民风的特征,而秦国政府更严格实行军功赐爵制,鼓励臣民斩首立功。六国政治家也好,思想家也好,对秦国和秦人不约而同地视为另类,这就是认为秦是虎狼之国,诈而无信,其原因是因为秦杂戎狄之俗。秦因杂戎狄之俗而导致虎狼特性,是战国时代六国士人对秦的政治偏见。事实上,春秋时期的东方诸侯并不视秦为夷狄,而是视为华夏的一员。如鲁襄公时,吴国公子季札出使鲁国,襄公"请观于周乐",实际上是想通过演示周朝各国的音乐,考考这位来自吴国使臣的文化知识水平,看看季札对诸侯国的历史文化了解多少。季札则应声予以点评,道出各诸侯国音乐所包含的历史文化的精要,当"为之歌秦"即演奏《秦风》时,季札评论说:"此之谓夏声,夫能夏则大,大之至也,其周之旧乎?"①杜预谓:"秦本在西戎汧陇之西,秦仲始有车马礼乐,去戎狄之音,而有诸夏之声。及襄公佐周平王东迁,而受其故地,故曰周之旧。"按:秦仲刚任秦人领袖时,"周厉王无道,诸侯或叛之",西戎也曾起兵反王室;周宣王继位,正式命秦仲为大夫,使之"诛西戎",最后"死于戎",即战死在伐西戎的战场上②。杜预谓"秦仲始有车马礼乐"即此之谓。这里且不说秦人是否从秦仲开始才有车马礼乐、"去戎狄之音,而有诸夏之声"是否准确,但我们起码可以肯定,在春秋时代的东方诸侯心目中并没有视秦为戎狄,足以说明战国策士和六国士人所说的"秦与戎狄同俗",是"虎狼之国""有虎狼之心"云云不过是对商鞅变法后秦国军事上的恐惧和政治、文化上歧视的反映而已。这些已见前述。

至于说贪婪好利,观上举六国风俗,秦人实在是谈不上,六国是有过之而无不及,衡以上举民风,对此不难明白,若再衡以苏秦的故事,这一点更加明白。苏

---

① 《左传》襄公二十九年,《十三经注疏》,第2007页。
② 《史记》卷五《秦本纪》,第178页。

秦第一次游说失败归家曾备受家人奚落和冷遇,"兄弟嫂妹妻妾窃皆笑之"。待游说成功、身佩六国相印再次归家时,"昆弟妻嫂侧目不敢仰视,俯伏侍取食。苏秦笑谓其嫂曰:'何前倨而后恭也?'嫂委虵蒲服,以面掩地而谢曰:'见季子位高金多也。'苏秦喟然叹曰:"此一人之身,富贵则亲戚畏惧之,贫贱则轻易之,况众人乎"①。贾谊曾批评秦俗说:"商君遗礼义,弃仁恩,并心于进取,行之二岁,秦俗日败。故秦人家富子壮则出分,家贫子壮则出赘。借父耰鉏,虑有德色。母取箕箒,立而谇语。抱哺其子,与公併倨;妇姑不相说,则反唇而相稽。其慈子耆利,不同禽兽者亡几耳。"②衡以各地风俗及苏秦的感叹,贾谊所云与其说是秦俗,不如说是周人之俗、鲁人之俗、郑卫之俗更合适。

但是,无论是策士之词,还是官僚、儒生,也无论其立论的历史依据如何,他们敌视、贬斥秦国政风民俗的影响力是不容忽视的,表明六国对秦政的否定态度,这就预示着秦始皇的"匡饬异俗"必然是个长期的历史过程,只有在秦文化获得六国广泛认同的基础之上才能真正地实现。否则,只能是欲速则不达。历史的事实也正是如此。

## 第三节 用法律手段"匡饬异俗"的功能分析

纵观秦国的发展历程,无论是为周附庸,还是被立为诸侯,还是东向争霸,对周人的礼乐文明及东方诸国的法律制度都是如饥似渴地吸纳的。如在秦立国不久,其国势远逊于东方诸侯的时候,秦对周人和东方诸侯的礼乐文明是全盘接受,在有周故地,收周余民的同时也采纳了周人的诗书礼乐,并以此为骄傲的资本,秦穆公和由余的对话充分说明了这一点:

> 戎王使由余于秦。由余,其先晋人也,亡入戎,能晋言。闻缪公贤,故使由余观秦。秦缪公示以宫室、积聚。由余曰:"使鬼为之,则劳神矣。使人为之,亦苦民矣。"缪公怪之,问曰:"中国以诗书礼乐法度为政,然尚时乱,今戎夷无此,何以为治,不亦难乎?"由余笑曰:"此乃中

---

① 《史记》卷六九《苏秦列传》,第2241—2262页。
② 《汉书》卷四八《贾谊传》,第2244页。

国所以乱也。夫自上圣黄帝作为礼乐法度,身以先之,仅以小治。及其后世,日以骄淫。阻法度之威,以责督于下,下罢极则以仁义怨望于上,上下交争怨而相篡弑,至于灭宗,皆以此类也。夫戎夷不然。上含淳德以遇其下,下怀忠信以事其上,一国之政犹一身之治,不知所以治,此真圣人之治也。"①

秦穆公是以"中国"自居的,是有别于夷狄的,是自觉地以"诗书礼乐法度为政"的,其宫室、积聚都是按照礼乐法度建立的,是西周传统制度的延续,由余也完全认同秦穆公的"诗书礼乐法度",上举吴国季札的话也是明证。这时秦国对东方诸侯国的礼乐风俗持的是学习态度,认为东方的礼乐文明是强国之道。降至战国,东方诸侯特别是三晋、齐、楚、燕等几个主要诸侯国在几经震荡均完成了新旧社会结构的蜕变,成为东方强国,而秦却丧失其昔日的霸主地位而日益落后挨打的时候,秦国君臣本能地穷则思变,秦孝公才大规模地吸收六国的文化主张并使之制度化。与以往不同的是,孝公吸取六国文化的前提是富国强兵,一切以实践效果为前提,遂有商鞅入秦主持变法并取得了完全的成功。

商鞅变法实际上也是一次对秦国传统礼俗的改革,其中包括了对被秦吸收的六国礼俗的改革,如"私斗"问题是东方各国普遍存在的现象,上举史料已有说明;"父子兄弟同室内息"也不单单是秦国独有的"戎狄之教",上举各地风俗也说明了这一点。只是这种现象在东方各国一直延续下来,没有得到有效禁止,而商鞅变法以法律的形式予以禁止而已。因为商鞅变法的成功,秦国迅速地向东扩张,商鞅变法所定的各项制度自然地随着国力的强盛而成为强势文化而向东扩张。如果说在商鞅以前,秦是主动地吸收东方文化的话,那么此后则是随着兼并战争的展开,秦强迫东方各国接受秦国的文化了。因为军事和政治上的对抗,六国视秦为虎狼,对秦的法律制度特别是那些限制其原传统习惯的法律规定自然持排斥态度,必然导致制度统一而行为不统一的矛盾局面。前举云梦秦简《语书》就透露了这一历史信息。

由前举《语书》可知,秦人治南郡的经验说明风俗文化的统一远非政治、军事上的统一可比,法律、制度在短时期内是难以做到"行同伦"的,在百姓对统治者推行的风俗伦理采取疑惧乃至敌视的态度时尤其如此。但是,秦始皇在完成

---

① 《史记》卷五《秦本纪》,第 192—193 页。

了军事、政治上的统一六国的大业之后，以圣皇明君自居，当然不能容忍各国传统风俗继续作用于吏民的日常生活，必需加以整齐。因为如果仍其旧俗，不仅会影响社会秩序的整齐划一，更有损于秦始皇自己教化万民的形象，遂用法律的手段"匡饬异俗"。南郡郡守腾之"为是而修法律令、田令及为间私方而下之，令吏明布，令吏民皆明智（知）之，毋巨（拒）于罪"，并严令县、道长吏依法执行，否则连坐云云，可以示为秦始皇"匡饬异俗"的先声。统一六国之后，这些律令自然推行于齐鲁之邦、燕赵之地。如果说南郡入秦五十余年依然有楚"私好乡俗"的延续是因为其时之南郡地处秦楚战争前沿，为防止激起民变、争取其吏民归心、稳定对该地的占领，历任南郡守尚没有真正地按秦法矫其"乡俗""私好"的话，那么统一已经完成，六国宗室、地方大姓，包括大手工业者、商人都被迁离原籍，六国分裂之虞已不存在，剩下的就是如何统一六国的旧俗、使之归化于秦了，秦始皇也就无需考虑六国百姓对新的法律政令认同与否的问题，而是雷厉风行地执行新法，欲收立竿见影之效。而秦始皇在统一郡县的同时，对六国地区的行政长吏进行了大规模的调整，六国宗室、地方大姓因被迁而不再掌握行政权，从国家官僚队伍中被清理出去，而代以秦国的文法之吏与军功之士，更从行政效率上保证了秦法的迅速推广和严格实施，而不会有像《语书》所说的"避明主之法殹（也），而养匿邪避（僻）之民"的"令、丞"存在。

众所周知，后世史家曾异口同声地批评秦政严苛，或谓秦始皇"毁先王之法，灭礼谊之官，专任刑罚，躬操文墨"[1]，或称其"弃仁义而尚刑罚"[2]，是秦二世而亡的原因，早已是历史的定谳。然而，秦统一之后的法律本是统一前的延续，西汉也基本上是全盘继承了秦朝的法律，为何历史结果截然不同？原因固然多样，但有一点人们注意的不够：这就是施行的对象不同、施行的方式有异。那些对于秦国故民来说早已熟悉并早就自觉服从的法律条文，六国百姓不仅要有一个了解的过程而且更要有一个改变各自的"私好乡俗"而遵守之的过程，至于对那些和六国传统生活习俗大相径庭、细如蛛网般笼罩了日常生活方方面面的律令条文就更是如此。因为文化传统的差异，六国百姓视其"故俗"为天经地义，是祖宗之法，对秦法的规定不单纯是熟悉不熟悉的问题，更重要的是接受与否的问

---

[1] 《汉书》卷二三《刑法志》，第1096页。
[2] 《盐铁论·褒贤》，王利器校注：《盐铁论校注》，中华书局1992年（下同），第242页。

题。如郑卫地区、齐国故地、吴越之区的"故俗"之一,男女之防较为宽缓,两情相悦即可往来甚至同居,并不视婚外性行为为洪水猛兽;士人之间坐而论道,切磋学术是天经地义;侠士的仗剑行走,商人的周流天下均是其谋生的传统。但秦律禁止这一切,而且是轻罪重罚。如云梦秦简《法律答问》云:"同母异父相与奸,可(何)论?弃市。"若按齐国故俗,"同母异父相与奸"并不犯法,更不至于"弃市"。《新书·无为》云:"齐桓公好妇人之色,妻姑姊妹,而国中多淫于骨肉。"《汉书·地理志》谓:"始桓公兄襄公淫乱,姑姊妹不嫁,于是令国中民家长女不得嫁,名曰'巫儿',为家主祠。嫁者不利其家,民迄今以为俗。"令"姑姊妹不嫁"者或谓桓公,或谓襄公事,这里不做考证,需要指出的是,"民迄今以为俗"。这里的"今"指的是班固生活的时代,其俗不仅仅是"长女不嫁",还有着用后世眼光衡量属于乱伦的行为在内,也就是贾谊所说的"多淫于骨肉"的行为。就齐故俗而言这是合理的传统,在秦法而言是"淫于骨肉",就要处以"弃市"之刑。再以婚外性行为而论,齐地是习以为常的事情,田常代齐之势已成,为了田氏宗族人丁兴旺,"乃选齐国中女子长七尺以上为后宫,后宫以百数,而使宾客舍人出入后宫者不禁。及田常卒,有七十余男"。田襄子继田常控制齐国政权之后,"使其兄弟宗人尽为齐都邑大夫,与三晋通使,且以有齐国"①。田常身为齐相,有意放纵其宾客舍人与宫妃交往,生七十余男,这七十余男又都出任地方长吏。无论田常此举的政治目的如何,其社会导向足以说明齐地两性关系之一斑。至于燕国,则一直有主人以妻子待客的传统,《汉书·地理志》谓:"初太子丹宾养勇士,不爱后宫美女,民化以为俗,至今犹然。宾客相过,以妇侍宿。嫁取之夕,男女无别,反以为荣……燕丹遗风也。"太子丹生当战国末世,不久燕即统一于秦,这"民化以为俗,至今犹然。宾客相过,以妇侍宿"云云,恐不是"燕丹遗风",而应是燕之故俗。至于吴越之地,两性关系比之燕齐还要自由一些,越王勾践卧薪尝胆之时,曾采取各种方式增加人口,其中也包括对男女婚外性行为的默许,故而在中原看来,越地民风"好淫"。

但是,所有这一切,在统一之后均为非法,一旦触犯,普通百姓也可以将其抓送官府,科以重刑。云梦秦简有云:"某里士五(伍)甲诣男子乙、女子丙,告曰:

---

① 《史记》卷四六《田敬仲完世家》,第1885页。

乙、丙相与奸,自昼见某所,捕校上来诣之。"其甚者可以把人处死①。《会稽刻石》就明确宣布:"有子而嫁,倍死不贞。防隔内外,禁止淫泆,男女洁诚。夫为寄豭,杀之无罪,男秉义程。妻为逃嫁,子不得母,咸化廉清。"②仅仅有婚外性行为就"杀之无罪",其惩罚也确实太严酷了。至于对民间械斗、血亲复仇等行为,秦律规定的更是严格而具体,如云梦秦简《法律答问》有云:

甲谋遣乙盗杀人,受分十钱,问乙高未盈六尺,甲可(何)论?当磔。

相与斗,交伤,皆论不殴(也)?交论。

斗夬(决)人耳,耐。

或与人斗,缚而尽拔其须麋(眉),论可(何)殴(也)?当完成旦。

或斗,啮断人鼻若耳若指若唇,论各可(何)殴(也),论皆当耐。

士五(伍)甲斗,拔剑伐,斩人发结,可(何)论?当为完城旦。

斗以箴(针)、𫓧、锥,若箴(针)、𫓧、锥伤人,可(何)论?斗,当赀二甲;贼,当黥为城旦③。

仅从上举数条来看,秦律禁止私斗的法网诚可谓密如凝脂,即使嬉戏误伤也要负法律责任。如刘邦和夏侯婴友善,就曾因嬉戏误伤夏侯婴被人揭发。刘邦时任泗上亭长,要从重处罚,幸亏夏侯婴帮忙,否认自己是刘邦所伤,刘邦才免于牢狱之灾;后来夏侯婴被揭发作伪证而下狱一年多,"掠笞数百,终以是脱高祖"④。可见上举秦律条文确实是严格执行的。无论是对慷慨悲歌、急人所难的燕赵之士,还是对怯于众斗而勇于持刺的齐人来说,确实是动辄得咎,汉朝文人一再形容的秦朝"赭衣塞路,囹圄成市"并不完全是文学性的夸张。

班固曾概括各地风俗不同的原因云:"凡民函五常之性,而其刚柔缓急,音声不同,系水土之风气,故谓之风;好恶取舍,动静亡常,随君上之情欲,故谓之俗。"⑤也就是说,民风不同原因有二:一是各地自然条件使然,即因水土条件导

---

① 《睡虎地秦墓竹简》,第 278 页。
② 《史记》卷六《秦始皇本纪》,第 262 页。
③ 《睡虎地秦墓竹简》,第 180 页、第 183 页、第 185 页、第 186 页、第 186—187 页、第 187 页、第 188 页。
④ 《史记》卷九五《樊郦滕灌列传》,第 2664 页。
⑤ 《汉书》卷二八下《地理志下》,第 1640 页。

致的生产生活方式的差异;二是统治者所提倡和推广的道德伦理观念和行为方式。从民俗发生学的角度看,班固的解释虽不尽科学,但确有其道理。民俗差异的基础是生产生活方式的不同,只有生产生活方式相同才有可能求得民俗的一致,只有在这个基础上,所谓"君上之情欲"才能有效地使民相"随"。商鞅变法,确实以法律手段改变了秦民的故俗传统,其原因固然多样,但其中最为重要的一条,就是成功地通过垄断生产资料、严格施行授田制,从而统一平民的职业构成,统一或基本统一其生产、生活方式。荀子曾经说:"秦人,其生民也狭陿,其使民也酷烈,劫之以势,隐之以陀,忸之以庆赏,遒之以刑罚,使天下之民所以要利于上者,非斗无由也。"①这"生民也狭陿"是对垄断资源之后,秦民没有选择生产、生活方式的自由而言。一方面没有选择生产的自由,另一方面是严密的法网控制,秦民只能统一到法定的风俗之中。当然,这也经历了一个过程,在变法初始,社会各阶层也曾有过反对,十余年之后,秦民从新法中获得了实际利益才改变态度而自觉守法。

  秦统一之后,且不说各地文化传统的不同,全国自然条件也是千差万别,社会经济极不平衡,根本无法实现全国臣民生产、生活方式的统一;在不顾客观条件情况下,严厉推行新法于全国以"匡饬异俗",必然是治丝而益棼,把六国民众推向政治上的对立面。前已指出,统一之前的六国贵族和士人视秦为"虎狼",对秦国的风俗也持贬斥的态度。受其影响,六国平民自然对秦国的政治风俗心存疑虑。统一之后,六国贵族和豪强大姓或被迁徙于巴蜀、陇西地区,或藏身于民间,莫不相机而动,谋求复国,对秦政充满了敌视。而六国平民则希望从此以后能够天下太平,各随其"乡俗私好",安心生产,休养生息。贾谊谓"秦并海内,兼诸侯,南面称帝,以养四海,天下之士斐然乡风……元元之民冀得安其性命,莫不虚心而仰上……"②,是有其事实依据的。但是,他们"虚心而仰上"的内容是希望统一给他们带来安定的社会环境,过着其自由的生活,保持其"乡俗私好"而实现其理想,绝不是希望身处秦国的法网之下,被强制抛弃其旧有的传统,那些以讲学为业者决不愿抛弃其所学转而"以吏为师",以工商为业者也不愿转而垦农为生,聚族而居并不想星流云散,仗剑行游者岂肯蛰居故里? 所以,秦始皇

---

① 王先谦:《荀子集解·议兵》,《新编诸子集成》本,中华书局,1988 年,第 273 页。
② 《史记》卷六《秦始皇本纪》,第 283 页。

的"匡饬异俗",导致的是他们的故国之思,对"乡俗私好"的怀念,转而同情六国宗室贵族和豪强大姓的遭遇,从而和他们站在一起,形成了反秦的统一战线,成为秦二世而亡的原因之一。历史在这里和秦始皇开了一个真实的玩笑,这就是"匡饬异俗"的目的是建立新的政治和社会秩序,结果却是导致了现实统治秩序的崩溃。

正因为秦始皇"匡饬异俗"的主观愿望和客观效果相背离,西汉虽然继承了秦朝的法律制度,但在执行上则采取"无为"的方针,"刑措而不用",也就是把法律规定和法律实践相分离以从民所愿,六国遗民在相当程度上可以承其旧有的传统而不必担心动辄得咎。讲学者可以招徕生徒,仗剑者可以周游天下,游说者可以纵横捭阖,一时之间大有子学复兴之势就说明了这一历史现实。特别是分封制,诸侯王国招徕人才,和中央争夺对人口的控制权,在法律制度上则变通汉制而自行其是,因地制宜,发展国力,为六国旧俗的复活提供了制度上的支持。只要翻检《史》《汉》诸书关于西汉前期各地民风民俗和经济特点的记载,这一点就不难明白。但是,汉初六国故俗的活跃绝不意味着风俗变迁向着多元的状态迈进,而相反,无论是六国故俗与秦故俗之间,还是六国故俗之间,更多的是彼此的认同和吸纳。这既是统一帝国之下风俗发展的必由之路,也是各国风俗的同质性所决定的。尽管因社会经济发展的不平衡,统一帝国的风俗依然有其区域特点,但秦代的因区域风俗的不同所导致的心理隔阂和歧视已不存在了,所剩下的只是民俗意义上的差别了。

# 第十四章 《会稽刻石》发微

公元前 210 年(始皇帝三十七年),秦始皇最后一次巡游,重点考察吴越大地,在会稽(今浙江绍兴)刻石颂功,突出宣扬其限制、禁止男女自由交往的功劳,其文有云:

饰省宣义,有子而嫁,倍死不贞。防隔内外,禁止淫泆,男女洁诚。

夫为寄豭,杀之无罪,男秉义程。妻为逃嫁,子不得母,咸化廉清。

铭文的大意是:寡妇有了子女,不准再嫁,否则按不贞罪论处;男女交往,内外有别,要受到礼俗约束,严禁淫泆;有妇之夫和其他女子发生不正当关系,就像跑到别人猪圈里的猪一样,任何人都可以将其杀死;女子出嫁而私奔他人,致使母子分离者,罪不容诛。

在现代史学论著中,对上述铭文的理解,多认为这是秦始皇针对会稽地区风气"淫泆"而言,是秦始皇为禁止会稽地区"淫泆"之风而颁布的特别规定。直到 20 世纪 90 年代上半叶,林剑鸣先生在《秦始皇会稽刻石辨析》一文中首次对流行看法提出不同意见,认为会稽刻石和其他地区的刻石一样,都是歌功颂德之作,所述的内容,并非针对一时一地而言,不能因为上述诸语只出现于会稽刻石就认定是针对会稽地区的特有现象而言。同时指出,和中原地区相比,会稽根本不存在什么"淫泆"问题①。林剑鸣先生的质疑是有启发意义的,确有拨云见日之效。但是,林先生没有对上举会稽刻石的内容作出进一步的分析,对周秦时期吴越地区风俗特点的考论还需进一步论证。对这些问题进行深入讨论,有助于

---

① 林剑鸣:《秦始皇会稽刻石辨析》,《学术月刊》1994 年 7 期,第 82—85 页。在林先生的早期著作中曾接受顾炎武的观点,其《秦史稿》就采纳顾说,云"在会稽刻石中,除一般地'颂秦德'外,针对当地经济、文化和风俗比较落后,男女间关系较乱的情况,特别指出:'饰省宣义……咸化廉清'。可见,秦始皇也十分注意改变落后的习惯,并力图用严厉的制裁办法纠正之"。上海人民出版社,1981 年,第 399—400 页。

更加全面准确地把握会稽刻石的政治、文化内涵,也有助于对战国秦汉时代吴越地区社会变迁的认识。故不揣续貂之讥,就林先生提出的观点,补证如下,望学界有以教焉。

## 第一节 《会稽刻石》的传统解读

就笔者所见,最早对会稽刻石的上述内容作出解释并判定吴越地区风俗落后的是顾炎武。顾炎武《日知录》卷十三《秦纪会稽山刻石》条云:

> 秦始皇刻石凡六,皆铺张其灭六王、并天下之事。其言黔首风俗,在泰山则云"男女礼顺,慎遵职事。昭隔内外,靡不清净"。在碣石门则云"男乐其畴,女修其业"。如此而已。惟会稽一刻其辞曰:"饰省宣义,有子而嫁,倍死不贞。防隔内外,禁止淫泆,男女絜诚。夫为寄豭,杀之无罪,男秉义程。妻为逃嫁,子不得母,咸化廉清。"何其繁而不杀也?考之《国语》,自越王勾践栖于会稽之后,惟恐国人之不繁,故令壮者无取老妇,老者无取壮妻。女子十七不嫁,其父母有罪;丈夫二十不取,其父母有罪。生丈夫,二壶酒一犬;生女子,二壶酒一豚。生三人,公与之母;生二人,公与之饩。《内传》子胥之言亦曰:"越十年生聚。"《吴越春秋》至谓勾践"以寡妇淫泆过犯,皆输山上;士有忧思者,令游山上,以喜其意"。当其时盖欲民之多,而不复禁其淫泆。传至六国之末,而其风犹在。故始皇为之厉禁,而特著于刻石之文。以此与灭六王并天下之事并提而论,且不著之于燕、齐,而独著之于越,然则秦之任刑虽过,而其坊民正俗之意固未始异于三王也。汉兴以来,承用秦法以至今日者多矣,世之儒者言及于秦,即以为亡国之法,亦未之深考乎?

顾炎武的这段话,主要说了两个问题:一是指出《史记·秦始皇本纪》记载的秦始皇六块刻石中只有会稽刻石专门宣扬限制男女自由交往的这一事实。其原因,顾氏的解释是会稽地区因越王勾践鼓励生育而形成淫泆之俗,历战国到秦统一也没有改变,"故始皇为之厉禁,而特著于刻石之文"。二是指出秦始皇统一之后,曾如儒家所主张的那样,大力整齐风俗,申明"坊民正俗之意固未始异于三王也",批评后世儒生在评论秦政时只看到秦政"任刑"的一面,没有看到其重视礼义、推行教化、整齐人伦的努力。这是历史上最早对会稽刻石的内容进行历史性分析的文字,也是辩证地看待秦始皇及其政治的代表意见。特别是关于会稽刻石的原因分析,自问世以来,人们莫不首肯,后人的吴越地区教化落后、民风"淫佚"的认识实际上是顾氏观点的继续。

仔细考察秦朝历史,顾炎武说秦始皇"坊民正俗之意固未始异于三王"是符合历史事实的,对后世儒生未能"深考"秦政,不顾秦政、秦法对后世的影响,一味视秦法为"亡国之法"的批评是深刻的。但是,顾氏对会稽刻石的原因分析是难以成立的,因为顾氏所举事例是不能说明越王勾践"惟恐国人之不繁""而不复禁其淫佚"的。所谓"不复禁其淫佚"是相对于曾经"禁其淫佚"而言,顾氏没有就"禁其淫佚"作出说明,在逻辑上也就得不出"不复禁其淫佚"的结论。就顾氏所举事实来说,也得不出勾践为了增加人口而鼓励"淫佚"这一认识,如"故令壮者无取老妇,老者无取壮妻……"云云,以及"十年生聚"等,与"淫佚"之间实在没有必然的联系。所举《吴越春秋》谓勾践将"寡妇淫佚过犯,皆输山上"恰恰说明勾践是禁止"淫佚"的,所谓"士有忧思者,令游山上,以喜其意"是对"淫佚"犯妇的惩罚,而不是鼓励"淫佚"。话说回来,即使越王勾践曾经鼓励"淫佚",其时代距离秦统一相去两个半世纪之久,也不能说明两百多年以后的会稽地区仍然是"淫佚"不改。

若将秦始皇历次出巡所立刻石的内容联系起来分析,顾炎武的认识在逻辑上则陷于矛盾之中而不能成立。秦始皇历次刻石的目的都是为了说明自己是顺应天命而成为圣明之君,所推行的所有制度和政策都是为了造福万民,都是圣人之治的体现。如琅琊刻石说的"上农除末,黔首是富……器械一量,书同文字……匡饬异俗,陵水经地……除疑定法,咸知所辟……以为郡县,天下和平",等等,都是指秦的政治方针和各项制度以及施政成就而言。对于秦国故地臣民而言,这些早已成为现实,对于六国地区则是新的内容。因为新的制度和政治方针改变了六国的传统行为方式,更打击了六国贵族等其他既得利益阶层的权利地位,自然招致下层民众的不理解和上层贵族的极力反对与抵制,秦始皇才一再标榜其所做的一切都是按照圣人之道推行的圣人之治,是为了拯救万民于水火,六国贵族是违背天命而灭亡。所有这一切都是对全天下说的,绝对不限于某一地区,更不是限于琅琊地区,我们不能把琅琊刻石的内容理解为是琅琊地区的历史记录。若具体说来,琅琊刻石有"陵水经地"字样,秦始皇帝三十二年(前215)的碣石刻石中有"堕坏城郭,决通川防,夷去险阻"等内容。这"堕坏城郭,决通川防,夷去险阻"包含三项内容:一是拆除统一之前各国所修建的军事壁垒关隘;二是兴修水利;三是修筑驰道,建立统一的交通网络,兴建大规模的水利工程。众所周知,秦朝的驰道以咸阳为中心,统一伊始就开始修建了;至于兴修水利是自商鞅变法以来发展农业的一贯国策,统一以后兴修的最大水利工程是灵渠,连接湘水和漓水,位于现在广西的兴安和阳朔;其所拆除的关防也主要是各国与秦边境上的军事防御工事。所有这些,在地理上和琅琊刻石、碣石刻石所在地都了无干系或者关系不大,我们能根据刻石所言说"堕坏城郭,决通川防,夷去险阻"云云是秦始皇针对琅琊、碣石地区的公共工程而言吗?答案显然是否定的。既然刻石的目的是歌颂秦朝威德,其所述各项内容自然是指秦朝而言,而不是对某一地区的特指。同理,也不能把会稽刻石的内容看作是会稽地区特有的现象,而应该视之为对全国风俗的整齐。

说上述会稽刻石所述内容是指全国性的整齐风俗,是有着充分的事实依据的。因为会稽刻石所述之种种不雅驯现象更多地存在于原燕赵大地、齐楚之邦。这只要看看《史记·货殖列传》和班固《汉书·地理志》关于战国时代各地男女交往的风俗习惯的记载就行了。《史记·货殖列传》谓战国时代的赵国、中山等地的民俗云:

> 夫三河在天下之中……中山地薄人众,犹有沙丘纣淫地余民,民俗怀急,仰机利而食。丈夫相聚游戏,悲歌忼慨,起则相随椎剽,休则掘冢作巧奸冶,多美物,为倡优。女子则鼓鸣瑟,跕屣,游媚贵富,入后宫,遍诸侯。

> 今夫赵女郑姬,设形容,揳鸣琴,揄长袂,蹑利屣,目挑心招,出不远千里,不择老少者,奔富厚也。

中山、赵地都处在经济文化最为发达的地带,但是,为了荣华富贵,男子不惜打家劫舍、挖坟掘墓、充当宾客死士;女子则以容颜事人,出奔达官显贵之家为伎乐、奴婢、姬妾。当然,司马迁所举的史例是为了说明在财富观念的冲击之下,人们为了财富不择手段的事实,说明在财富面前,道德伦理的说教总是处于苍白无力的弱势地位,其本意并不是用伦理观念去批评某一个地区的风俗民情的优劣。但是,这起码说明,在赵、中山地区,人们并不把所谓的男女关系看得很重。在当时人的眼里,这是正常现象。

《汉书·地理志》对各地文化风俗的记述可以视为我国最早的风俗篇,其叙述的时间上溯先秦下迄西汉末年。从《地理志》所记内容来看,男女交往自由、婚姻不守礼制的地区除了沿袭上述《史记·货殖列传》所记的赵、中山等地之外,起码还有如下一些:

郑国……土狭而险,山居谷汲,男女亟聚会,故其俗淫。《郑诗》曰:"出其东门,有女如云。"又曰:"溱与洧方灌灌兮,士与女方秉菅兮。""恂盱且乐,惟士与女,伊其相谑。"此其风也。吴札闻《郑》之歌,曰:"美哉!其细已甚,民弗堪也。是其先亡乎。"

蓟,南通齐、赵,渤、碣之间一都会也。初太子丹宾养勇士,不爱后宫美女,民化以为俗,至今犹然。宾客相过,以妇侍宿。嫁取之夕,男女无别,反以为荣。后稍颇止,然终未改。

卫地有桑间濮上之阻,男女亦亟聚会,声色生焉,故俗称郑卫之音。

齐地,虚、危之分野也。……始桓公兄襄公淫乱,姑姊妹不嫁,于是令国中民家长女不得嫁,名曰"巫儿",为家主祠,嫁者不利其家,民至今以为俗。

在司马迁、班固的笔下,上述现象都是不雅驯的,之所以记录下来,是为了揭示人追求物质利益的本能和道德教化的重要性。从现象上看,赵、中山、郑、卫、燕、齐地区不能不说是"淫佚"成风。但若从文化人类学的角度看,所有这些都是人类历史发展过程中的正常现象,是任何一个民族、一个地区都曾经历过的历史阶段,并不是某一国家、某一地区、某一民族因某种特殊原因形成的特有现象。现就上述资料所反映的文化现象略事分析如下,以明其意义。

先谈郑、卫地区的"男女亟聚会"问题。从文字上理解,所谓的"男女亟聚会",是指在固定的时间内青年男女相聚郊外的山河林谷之间,载歌载舞、谈情说爱、自由交往的风俗。所谓"桑间濮上之阻",按照颜师古的注释是"言其隐阨得肆淫僻之情也"。这"桑间濮上"就是濮水边的桑田,春夏之交,青年男女在采桑喂蚕的同时相互约会,各自寻找自己的意中人。据文献记载,这种"聚会"在春秋时代的郑、卫地区确实十分流行,《诗·郑风》之《出其东门》《溱洧》,《卫风》之《木瓜》《桑中》等,都是男女聚会的反映,是原始社会群婚风俗的遗存。在其他时间内,男女交往是要遵守礼制规范的,在特定的时间和场合则短暂地恢复男女群婚时代的两性关系,这并非郑、卫地区的特例,而是人类社会发展过程中的

普遍现象。就以中国历史而论,文献中也有着明确的记载,如《周礼·地官·媒氏》云:

> 仲春之月,令会男女。于是时也,奔者不禁。若无故而不用令者,罚之。司男女之无夫家者而会之。

按《周礼》,男女婚姻,有专人负责登记,礼仪程序严格。但在仲春之月,那些没有嫁娶的适龄男女可以自由聚会求偶,两情相乐,则私自结合,"奔者不禁"。这"奔者不禁"就是人类社会早期历史上的"奔婚"习俗。《墨子·明鬼》云:

> 燕之有祖,当齐之社稷、宋之有桑林、楚之有云梦也,此男女之所属而观也。

"祖"是远游保护神,这里是指对"祖"的祭祀。"桑林"是殷商的社祭,古人之社多设于树木茂密之处,殷商之社设于多桑地区,称为桑林之社;宋是殷商之后,故称宋之桑林。云梦是面积广阔、林木、泽薮密布的游猎区。燕地的祭祀祖神,齐、宋的社稷祭祀,和楚的大规模游猎一样,都是"男女之所属而观也"。即在祭祀、游猎的名义下,实现男女的自由结合。对此,前贤早有详细的分析,无须多说①。显然,"男女亟聚会"不是郑、卫地区特有的现象,而是一种普遍的存在,《周礼》才有专门的机构和官吏统管其事。

现在看《地理志》所说的"宾客相过,以妇侍宿"和"长女不得嫁,名曰'巫儿'"的问题。明白了上述"男女亟聚会"的普遍存在之后,也就不会简单地把"宾客相过,以妇侍宿"和"长女不得嫁,名曰'巫儿'"视作蓟、齐地区独有的现象了,更不会将其理解为燕太子丹、齐襄公个人行为所致的不雅风俗。所谓的"宾客相过,以妇侍宿",即是早期婚俗中的"借妻"风俗的残存,晋、齐、楚等地都有保留。《左传》昭公二十八年云:"晋祁胜与邬臧通室。"杜预注云:"二子,祁盈家臣也。通室,易妻。"《列子·汤问》述说了鲁公扈与赵婴齐易妻的故事,该书虽是托名古人的后世之作,但作为民俗学资料是可信的,说明鲁国也存在"易妻"之俗。《左传》襄公二十八年云:"齐庆封好田而嗜酒,与庆舍政。则以其内实迁于卢蒲嫳氏,易内而饮酒。"杜注:"内实,宝物妻妾也,移而居嫳家。""易内"即交

---

① 参见郭沫若:《中国古代社会研究》,《郭沫若全集·历史编》第一卷,人民出版社1982年,第245—246页。

换妻妾。春秋末年,田成子为了发展自己势力,谋取齐国政权,以后宫美女拉拢宾客士人,"乃选齐国中女子长七尺以上为后宫,后宫以百数,而使宾客舍人出入后宫者不禁。及田常卒,有七十余男"①。这在当时并不是违礼之举,而是重士尚贤的高尚行为。

《地理志》所记的齐地"长女不得嫁,名曰'巫儿',为家主祠"也是原始婚俗的遗存,而不是因为齐襄公自己淫乱使然。因为史籍如《左传》襄公十八年、《史记·齐太公世家》等对齐襄公淫乱事情记述的很详细,并未见齐襄公下令,有"令国中民家长女不得嫁"的任何痕迹。对此,吕思勉先生早已指出:"以此等风俗由于政令,自系汉人浅见,其实襄公姑姐妹不嫁,或反系风俗使然"。《战国策·齐策四》记载赵威后语云:"北宫之女婴儿子无恙耶?彻其环瑱,至老不嫁,以养父母。"吕思勉先生认为这个"婴儿子""盖即巫儿",又进一步认为"是东南多以女为户主也"。因为"盖农业本女子所发明,初发明时系女耕耘而男田牧,斯时田亩、屋庐皆为女子所有,男子皆就婚女子之家"②。这是极为精辟的见解,虽然没有使用母系社会遗存这个概念,但已经揭示了这种"长女不嫁"是母系社会风俗遗存的实质。这种"长女不嫁"确实是母系社会的遗存,只是这时的女子不是主持一家的生产活动,而是主持宗教祭祀活动了,故名"巫儿"。不过,主持家庭祭祀的不一定都是长女,家庭主妇也可以主持,如《春秋公羊传》哀公六年记载:"诸大夫皆在朝,陈乞曰:'常之母有鱼、菽之祭,愿诸大夫之化我也。'诸大夫接曰'诺'。于是皆至陈乞之家坐。"何休《解诂》云:"齐俗,妇人首祭事。"陈乞之妻就是以主妇的身份主持祭祀的。即使是女子不嫁而做"巫儿","巫儿"也并非独居,她们可以有自己的意中人,并且可以生儿育女,《战国策·齐策四》载齐人对田骈语云:"臣邻人之女,设为不嫁,行年三十而有七子,不嫁则不嫁,然嫁过毕矣。""设为不嫁",应是居家为"巫儿",年三十有七个子女,多于那些已经出嫁的人,从一个方面说明这些"设为不嫁"者有与男子交往同居的自由。这也是班固把"巫儿"和"淫佚"相联系的原因。因为这是原始婚俗的遗存,其存在也就不限于齐地一个地区,在其他地区也是存在的。只是有的多一些,有的少一些;有的见于记载,有的未见记载,其表现形式不完全相同而已。这些,限于主旨,这

---

① 《史记》卷四六《田敬仲完世家》,第1885页。
② 吕思勉:《先秦史》,上海古籍出版社,1982年,第268页。

里不再多说,只要明白上述《史记》《汉书》记载的"桑间濮上之阻""男女亟聚会""宾客相过,以妇侍宿"等并不是某一个地区特有的现象,也不是某一个人的特殊行为影响的结果,而是曾经普遍存在过的历史事实就行了。

## 第二节　吴越风俗辨析

现在再分析吴越地区的风俗状况。《史记·货殖列传》和《汉书·地理志》对吴地社会经济、风俗文化也有记述,但却没有直接记述所谓的"淫佚"问题。《史记·货殖列传》云:

> 总之,楚越之地,地广人希,饭稻羹鱼,或火耕而水耨,果隋蠃蛤,不待贾而足,地势饶食,无饥馑之患,以故呰窳偷生,无积聚而多贫。是故江淮以南,无冻饿之人,亦无千金之家。

《史记》把楚地分为西楚、南楚和东楚三个区域,吴越属于东楚,故这里的"楚越之地"是包括吴、越地区在内的。《汉书·地理志》对楚地物产风俗的记述完全取材于太史公,只是增加了"信巫鬼,重淫祀"六个字,而后云:

> 吴地,斗分野也。今之会稽、九江、丹阳、豫章、庐江、广陵、六安、临淮郡,尽吴分也……吴、粤之君皆好勇,故其民至今好用剑,轻死易发……汉兴,高祖王兄子濞于吴,招致天下娱游子弟……而淮南王安亦都寿春,招宾客著书……其失巧而少信。初,淮南王异国中民家有女者,以待游士而妻之,故至今多女而少男。吴粤与楚接比,数相并兼,故民俗略同。

《史记·货殖列传》记载的重点是各地物产,当风俗和经济活动关系密切时,则兼述其风俗以揭示二者的关系,否则即不及风俗。《汉书·地理志》则全面记述自然环境、政区范围、风俗变迁等所有情况。比较两书关于吴地和中原郑、卫、赵、中山等地风俗的记载,吴越地区的社会风气确实和"淫佚"二字没有瓜葛,很难得出吴越地区存在着"淫佚"遗风的结论。但是,在明白了上述中原地区各种婚俗及男女交往方式的普遍性以后,我们也不能因为文献没有直接记载吴越地区有原始婚俗的残存,而得出吴越地区的生活习俗较中原更加符合礼制的结论①。《史记·货殖列传》记述赵女郑姬之"设形容,揳鸣琴,揄长袂,蹑利屣,目挑心招,出不远千里,不择老少"的目的是"奔富厚也"。中山地区"女子则鼓鸣瑟,跕屣,游媚富贵,入后宫,遍诸侯"的原因是"地薄人众",也就是当地自然资源有限,人们生存有困难,女子为了生存而如此。明白了这一点,对《史记·货殖列传》未涉及吴越地区婚姻习俗的原因就好理解了:因为吴越地区自然资源丰富,人们易于生存,财富观念不强,既不需要尽心竭力追求财富,也无需为基本生存而像中原男女那样辛苦奋斗,妇女们更不需要卖笑求财,所谓的"无冻饿之人,亦无千金之家"已说明了这一点。从人类历史的一般规律而言,自然资源丰富、生存容易而生存质量不高的地区,其社会文明的发展也是粗放式的;周秦时代,社会文明的先进与后进是以礼乐为标尺的,而礼乐的施行以生产发展和社会组织的发达为基础。吴国之建立,虽然受到西周礼乐文化的影响,但植入吴地的礼乐文化更多的是和当地土著文化相融合,没能够以夏变夷——用礼乐文明改造其土著文明,而是入乡随俗——因地制宜地改变中原礼乐以适应当地需要,太伯奔吴之后即脱去周人服饰而"文身断发"的记载以及古人"吴越同俗"的认识都直观地说明了这一点②。准此,我们可以肯定地说:秦朝吴越地区尽管不像顾炎武及后来学者所理解的那样存在着所谓的"淫佚"之俗,但决不会比中原地区先进。

《汉书·地理志》说的楚俗"信巫鬼,重淫祀",又说"吴、粤与楚接比,数相并兼,故民俗略同",为我们把握吴越地区保留着某些原始风俗提供了启示。上文已经指出,周秦时代对鬼神祭祀的含义与后世纯粹的宗教性质的祭祀有着很大的不同,前者主要是通过娱神的方式求得神灵的欢心,"社祀"也好,"祖祀"也好,都是一次歌舞盛会,也是一次民间大聚会,带有狂欢的色彩,其中包含着男女自由交往的内容在内。楚俗之"信巫鬼,重淫祀",说明楚人聚会歌舞频繁,男女

---

① 林剑鸣先生曾列举史料,说明吴越地区是"节烈之士辈出,礼仪教化较早传播之地";"勾践时代的越国,其文明程度一点也不逊色于中原各国甚至文明大国的齐国";"论及男女之间的关系,也找不出吴越'淫佚'的证据"。这是有其道理的。但是,也不能据此否认吴越地区存在着一定的原始婚姻习俗。从社会发展的逻辑上看,中原存在着群婚的遗俗,吴越也存在着群婚的遗俗,只是表现方式不同而已。见其著《秦始皇会稽刻石辨析》,《学术月刊》1994年7期。

② 《史记》卷三一《吴太伯世家》,第1445页。

交往自由，因此而造就楚文化的浪漫性格。"吴、粤与楚……民俗略同"，则吴越地区亦然。西汉初年，淮南王受封就国，建都于寿春，曾因为其封国民众"家有女者，以待游士而妻之"之俗而诧异，这"以待游士而妻之"的风俗由来已久，和燕赵地区有些相类。吴越大地与淮南国俗是基本一致的，也从一个侧面反映了吴地民俗。《孔丛子·刑论》中有托名孔子的一段话："文子曰：'吴越之俗无礼而亦治，何也？'孔子曰：'夫吴越之俗，男女无别，同川而浴，民轻相犯。故其刑重而不胜，由无礼也。'"这"孔子"云云当然是后人伪托之词，但从民俗学的角度看，结合吴越地区的地理环境，这"男女无别，同川而浴，民轻相犯"则是有着史料价值的，从中可以窥见当地风俗之一斑。

既然中原各国也存在着群婚遗俗，吴越地区并无特殊之处，那么秦始皇为什么独独在会稽刻石中大谈特谈风俗教化、"禁止淫佚"的问题？林剑鸣先生推断为是秦始皇的晚年"心境"所至，是秦始皇晚年回顾一生的政治斗争经历，总结"淫乱"对政治成败的影响，导致对"淫佚"的仇视心态而"诅咒淫行"①。这虽然有其探索意义，但还缺乏必要的事实和逻辑的支持。笔者以为，系统地分析秦始皇的刻石内容，并和商鞅变法以来的秦国社会传统相联系，我们不难发现：秦始皇会稽刻石所述的"饰省宣义，有子而嫁，倍死不贞。防隔内外，禁止淫佚，男女洁诚。夫为寄豭，杀之无罪，男秉义程。妻为逃嫁，子不得母，咸化廉清"云云，是秦始皇在统一伊始就着手建设的道德目标。只是风俗的统一相对于制度的统一要有一个较长的渐变的过程。制度统一可以借助政治军事手段强制推进，在短期内实现天下一致；而风俗的统一进程要缓慢得多。表现在以歌功颂德为目的的刻石上，其内容也就因时而异。会稽刻石立于秦始皇帝三十七年（前210），是传世秦始皇刻石中时间最晚的一块，距离统一六国已经十一个年头，风俗的统一到了这时才初步地显现出来，而予以大力宣扬。对此，我们只要对传世刻石的内容略加分析就不难明白。

传世的秦始皇六通刻石，在内容上都是为了歌颂秦始皇功德，但每一次刻石所宣扬的侧重点则有所不同，从这些侧重点的变化，可以看出秦始皇施政内容的变迁。时间最早的泰山刻石是秦始皇统一后的政治宣言：一是向全天下的人宣布秦始皇是应命圣君，从此进入太平盛世，"治道运行，诸产得宜，皆有法式"。

---

① 林剑鸣：《秦始皇会稽刻石辨析》，《学术月刊》1994年7期。

百姓们只要各安本分,就能永享太平。后世不得改变,"大义休明,垂于后世,顺承毋革"。二是表明秦始皇和以往人们理想中的圣君明主一样励精图治,为了天下的太平而不辞劳苦,"皇帝躬圣,既平天下,不懈于治"。三是向天下表明,皇帝治理天下的主要内容就是倡礼乐、兴教化,使百姓自觉遵从圣意,实现千百年来无数仁人志士梦寐以求的仁义礼制,亦即刻石说的"夙兴夜寐,建设长利,专隆教诲。训经宣达,远近毕理,咸承圣志。贵贱分明,男女礼顺,慎遵职事"。这"夙兴夜寐,建设长利,专隆教诲"是秦始皇的自我标榜,也是对群僚百官的要求,"训经宣达,远近毕理,咸承圣志"就是"专隆教诲"的内容,所训之"经"既包括各项法律制度,也有着以君臣、父子、夫妇之道为主体的纲常伦理,"贵贱分明,男女礼顺,慎遵职事"则是"咸承圣志"所要达到的效果。琅琊刻石的内容也是"诵秦德,明得意",但具体内容则有所不同:一是强调法律是最高总则,即"端平法度,万物之纪"。通过"法度""以明人事,合同父子。圣智仁义,显白道理"。二是宣扬新颁布的各项统一制度的丰功伟绩,如"上农除末,黔首是富";"器械一量,同书文字";"匡饬异俗,陵水经地";"除疑定法,咸知所辟";"方伯分职,诸治经易",等等。

秦始皇帝二十九年(前218),始皇第二次东巡途中于武阳博浪沙"为盗所惊",遂于芝罘刻石再次强调自己的圣明神武、救民于水火的功德,"大圣作治,建定法度,显箸纲纪"。而六国诸侯,不明圣意,"贪戾无厌,虐杀不已",在万不得已的情况下,"皇帝哀众,遂发讨师,奋扬武德"而"烹灭强暴,振救黔首",等等。这是针对博浪沙遇刺事件向六国故民再次表明自己的心迹和功德。秦始皇帝三十二年(前215)的碣石刻石除了表明其以武力统一天下的正义性之外,突出了两点:一是文治,即"武殄暴逆,文复无罪",即以武力统一之后,又以文德训导百姓,使百姓免于触犯刑律。二是宣扬拆除关防、发展水利的功劳,即"堕坏城郭,决通川防,夷去险阻。地势既定,黎庶无繇,天下咸抚"。

会稽刻石是秦始皇最后一次出巡也是第一次南巡楚越地区所立,内容也最为丰富。从构成看,其内容大体可以分为前后两个部分:前半部分述说秦统一天下以及推行的各项法律制度的神圣与利民;六国君王"贪戾傲猛""暴虐恣行";皇帝替天行道,才"义威诛之,殄熄暴悖,贼乱灭亡",从而使"圣德广密,六合之中,被泽无疆"。后半部分是说明皇帝如何勤谨治国,举国上下,政通民和,风化清醇,一片太平盛事的景象:"饰省宣义,有子而嫁,倍死不贞。防隔内外,禁止淫泆,男女洁诚。夫为寄豭,杀之无罪,男秉义程。妻为逃嫁,子不得母,咸化廉清。大治濯俗,天下承风,蒙被休经。皆遵度轨,和安敦勉,莫不顺令。黔首修洁,人乐同则,嘉保太平"[①]。和以往刻石比较,前半部分宣扬道德教化是以一贯之的主线,后半部分中的"饰省宣义……"云云则为其他刻石所无。

历次刻石的内容尽管有重复,但每次都有所不同,就是因为不同时间有不同的成就。如秦始皇帝二十八年(前219)的琅琊刻石有"陵水经地"一语,但其时仅仅处在调查规划阶段,并没有实际进行,直到秦始皇三十二年(前215)才真正地"堕坏城郭,决通堤防",展开大规模的水利工程建设,所以同年的碣石刻石有"堕坏城郭,决通川防,夷去险阻"的记录。同理,整齐人伦、统一风俗在统一伊始就大力宣扬,但是首先实行的是制度和政令的统一,这是巩固统一的根本,风俗教化只能在政令法律统一的基础上进行,其效果也要经过比较长的时间才能体现出来。因为风俗习惯是以生存环境、生产方式、文化传统为基础的具有较强历史惯性的行为方式,即使用行政手段、法律强制予以改变,也要有一个比较长的时间过程,非一朝一夕所能见效,不可能如秦始皇所希望的那样立竿见影,而是充满着矛盾和反复,云梦秦简《语书》说明了这一过程的艰巨性。已见前述,不予赘言。

## 第三节　秦俗的伦理特征

若结合秦国的历史事实,我们对顾炎武的上述看法的片面性及后世学者的误解就会看得更清楚。因为会稽刻石所宣示的不贞、不义行为,在统一之前,秦已用法律的形式予以禁止了。秦早在商鞅变法时就用法律的手段禁止父子兄弟"同室内息",强制性地"为其男女之别"[②]。商鞅变法后,在秦人看来,无论是郑卫地区的赵女郑姬之"设形容,揳鸣琴,揄长袂,蹑利屣,目挑心招,出不远千里,不择老少者"以"奔富厚",还是燕地的"宾客相过,以妇侍宿。嫁取之夕,男女无别,反以为荣",抑或卫地的"桑间濮上之阻,男女亦亟聚会,声色生焉",以及齐

---

① 《史记》卷六《秦始皇本纪》,第262页。
② 《史记》卷六八《商君列传》,第2223页。

地的"姑姊妹不嫁""令国中民家长女不得嫁,名曰'巫儿'"之俗,都是违法行为,统统在禁止之列。云梦秦简《法律答问》云:

(1)女子甲为人妻,去亡,得及自出,小未盈六尺,当论不当？已官,当论;未官,不当论。

(2)女子甲去夫亡,男子乙亦阑亡,相夫妻,甲弗告请(情),居二岁,生子,乃告请(情),乙即弗弃,而得,论可(何)殹(也)？当黥城旦舂。

(3)甲取(娶)人亡妻以为妻,不智(知)亡,有子焉,今得,问安置其子？当畀。或入公,入公畀是。

(4)同父异母相与奸,可(何)论？弃世。

(5)甲、乙交与女子丙奸,甲、乙以其故相刺伤,丙弗智(知),丙论可(何)殹(也)？毋论①。

这五条分为两种情况:前四条是关于有夫之妇逃亡再嫁的惩处规定,第(5)条是对通奸罪的惩处。第(1)条规定:妇女无论年龄大小,身高是否符合法定的成年标准,只要其婚姻曾在官府登记,都受到法律保护,如果逃亡再嫁,都是犯法行为,要依法追究妇女责任。第(2)条是关于娶有夫之妇为妻者的处罚规定。男女双方都是私自逃亡人口,但男方不知道女方是有夫之妇而娶以为妻,两年之后,生了孩子,女方才告知男方实情,大约是因为有了小孩,男方没有休弃女方,要将男子黥为城旦、女子黥为舂。换句话说,如果男子知道女方的真实身份以后立即和女方分开,就不会被黥为城旦。第(3)条说的是如何安置逃亡妇女再婚所生子女的规定,男方不知道女方逃亡身份而娶以为妻,生了小孩以后才知道,女方依律问罪,对小孩如何安置？有的认为应将小孩收归公家,有的认为还应该由其母亲喂养。最后的裁决是交由其母亲喂养。第(4)条是对乱伦行为的处罚,同父异母的兄弟姐妹之间通奸者,一律"弃世"。第(5)条是关于通奸引发的斗殴行为的处罚规定,甲、乙两人和女子丙都有通奸关系,甲、乙二人因此发生斗殴而互相刺伤,按照法律,私斗是犯罪行为,甲、乙因丙而斗殴,丙如果知道甲、乙因为自己而斗殴要负相应的责任,不知道则免责。这里的"毋论"是指不追究丙的参与斗殴罪而言,而不是免除其通奸罪,通奸罪另行处罚。《封诊式》有关于

---

① 《睡虎地秦墓竹简》,第222—223页、第225页。

审理通奸行为的案例,云"爰书:某里士五(伍)甲诣男子乙、女子丙,告曰:乙、丙相与奸,自昼见某所,捕校上来诣之"①。爰书是供有关官吏审理案件时参照执行的文书样本,凡发现通奸行为,立即绑赴官府,在移送文书上要说明时间地点等内容。

上举律文说明,无论是有夫之妇逃亡再嫁,还是通奸行为,法律都是禁止的,对于乱伦行为则一律"弃世"。按,出土秦律的秦墓墓主人喜生于秦昭王四十五年(前262),秦始皇帝四年(前243)为史,第二年任安陆县御史、令史等专门负责治狱的官吏,直到秦始皇三十年(前217)死去。这些法律文书都是喜生前使用的,故作为随葬品而埋入地下,其内容绝大多数是统一之前制定颁布的。这些律文说明,会稽刻石中所说的"有子而嫁,倍死不贞""妻为逃嫁,子不得母"等行为,早在统一之前,秦律就予以严厉禁止和打击了,对婚姻嫁娶有严格的管理程序,严惩通奸罪。统一之后,这一套制度自然地推行全国,上举的郑卫之俗、燕齐传统自然都在取缔之列,而不存在针对某一地区的现象问题,更不存在针对吴越地区的风俗问题。

至此,关于"饰省宣义,有子而嫁,倍死不贞。防隔内外,禁止淫佚,男女洁诚。夫为寄豭,杀之无罪,男秉义程。妻为逃嫁,子不得母,咸化廉清"的指向性已经明确,以会稽为代表的吴越地区因此而获得的"淫佚"之名可以摘除。但是,事情还未结束,对"夫为寄豭,杀之无罪"的含义还值得探讨,这有助于我们认识战国社会结构的特点及其在秦朝的变迁。

## 第四节 "夫为寄豭,杀之无罪"含义再探讨

按照《史记索隐》的解释,这"夫为寄豭,杀之无罪"是指"言夫淫他室,若寄豭之猪",人人得而诛之。其实,这儿的"寄豭"不完全是指"夫淫他室",更多的是指战国时代普遍存在于六国地区靠寄食为生的无业游民,在当时的社会上被称为"寄客""寄者""寓人"等。

战国时代,社会变动剧烈,国家虽然采用各种手段强化对人口的控制,但社

---

① 《睡虎地秦墓竹简》,第278页。

会上始终存在着游民群体,其高者依附于执政门下,周旋于权贵之间;其低者则借居于闾里之中,寄居于平民之家。而在战争的年代,丁壮死于战场者甚多,孤寡之家普遍存在,对劳动力的需求为这些游手好闲的寄居者提供了现实基础,他们无需向官府受田地、治产业,就可以获得生存的条件,甚至乘机霸占所寄之家的田宅财产,云梦秦简《日书》对此有明确记载。如《日书》甲种云:

> 毋以辛酉入寄者,入寄者必代居其室。己巳入寄者,不出岁亦寄焉。入客,戊辰、己巳、辛酉、辛卯、己未、庚午,虚四彻,不可入客、寓人及臣妾,必代居室。

> 墨(晦)日,利坏垣、彻屋、出寄者,毋歌。

《日书》乙种云:

> 窗罗之日,利以说盂(盟)诈(诅)、弃疾、凿宇、葬,吉。而遇(寓)人,人必夺其室。

> 凡五巳不可入寄者,不出三岁必代寄焉。

> 毋以戊辰、巳巳入寄者,入之所寄之……

> 丁、癸不□巳、未、卯、亥,壬戌、庚申、己亥、壬寅,不可以入臣妾及寄者,有咎主。

> 毋以戊辰、己巳入寄人,寄人反寄之。辛酉、卯,癸卯。入寄之,必代当家①。

《日书》是古代以时日推断吉凶祸福的占验书,其内容包括吏民日常生活、社会活动的方方面面,上举诸条都是关于接收寄居者的禁忌规定。按甲种《日书》,戊辰、己巳、辛酉、辛卯、己未、庚午之日,不能接受寄居者,所谓"虚四彻,不可入客、寓人及臣妾,必代居室",是说在这些日子里不能接受寄居人员,如果接受寄居者会导致不利后果。在这六个日子里,四方道路畅通(即"虚四彻"),如果接受寄居者入住家中,会出现反客为主的结果,主人会失去家业,自己变成了寄居者。接受寄居者要看时日,让寄居者离开也是如此,所谓"墨(晦)日,利坏垣、彻屋、出寄者,毋歌",就是在晦日有利于拆掉墙壁、房屋、送走来家借住的人。《日书》乙种叙述的较为详细,除了甲种所说的各个日子以外,还有"窗罗之日"

---

① 吴小强:《秦简日书集释》,岳麓书社2000年版,第54页、第173页、第180—181页、第198页、第217页、第219页。

"五巳"之日以及戊辰、壬戌、庚申、己亥、壬寅、癸卯等日子不能接受寄居者,否则家产被夺或者有其他不利的事情发生。这说明两个问题:第一,当时社会上,寄居现象比较常见;第二,寄居人口借住时间较长,可以达数年以上,与主人之间经常发生利益冲突,直至反客为主,取代主人的家主地位。正因为有这样的矛盾存在,在有人寄居期间,家中发生不吉利的事情,就归咎于寄居者。古人无法理解和很好地解决这个问题,所以用择日的方式避免不利于主人的后果发生。作为民间日常社会行为的择日通书,《日书》既折射着时代变迁的特点,又有一定的滞后性。其记载的各种禁忌事项,作为民间传统行为指南,已经具有了行为规范意义,其反映的社会现象大多是过去时段的,是以过去的事实经验作为解释基础的,《日书》虽然出土于秦统一以后,其成书应在统一以前,所反映的内容亦然。

众所周知,秦自商鞅变法以来,严格人口管理,通过户籍制度、授田制度把人口置于国家绝对控制之下,人口流动、出入迁移必须有政府批准,无业游民是政府打击的对象[①]。那些四处游荡、没有固定职业、靠寄居为生的人数量有限,远远少于六国地区,而云梦秦简《日书》有着明显的地域特征,是楚地择日通书,因而所反映的"人寄""寄人""遇(寓)人"等,主要存在于楚地。随着秦统一脚步的推进,秦法自然地行之于六国故地,严格户籍管理,控制人口流动,将人口束缚于土地之上,征之以税,役之以徭,当然要打击那些无业游民的寄居行为。因为以农战致富是商鞅变法以来的基本国策,统一之后,战争停息,农民自然应该尽力田亩,从事农耕,琅琊刻石"上农除末,黔首是富"就是秦朝经济政策的自我概括。按当时制度,有名于上即有田于下,只要申报户籍就能领得土地;凡是秦帝国之民都应隶名官府,种田服役,那些四处游荡,不务正业的人,借住别人家庭,出卖劳动力为生,不仅会发生霸占主人财产从而引发社会治安问题,而且会直接影响国家的税收和土地开发,这是专制政府所不能容忍的,必须予以坚决打击。因此,我们有理由判定,会稽刻石所说的"夫为寄豭"就是《日书》中的寄居人口的一部分。按照当时户籍制度,每一个家庭有一个户主,一般情况下,都由已婚男子担任。对家庭而言,户主行使家长的权力;对官府而言,户主则要担当全家的纳税服役义务。户主为了逃避赋税徭役离家出走而寄居别处,这在统一伊始

---

① 田昌五、臧知非:《周秦社会结构研究》,西北大学出版社,1996年,第203—214页。

的六国地区恐怕不是个别现象。这不仅导致国家税源和役源的混乱，更导致家庭关系的裂变，和秦始皇所标榜的"男女礼顺、谨尊职事""以明人事，合同父子。圣治仁义，显白道理"的政治伦理背道而驰，故要课以重刑而"杀之无罪"。

  先秦社会的演进，经历了长期的由分散到集中的过程，有着较大的区域差异，到东周时代，形成了不同的文化圈。秦始皇统一之后所推行的一系列制度和措施，就是要实现社会发展的一致化，把各地的社会结构纳入统一的模式之中，也包括风俗的整齐，历次刻石不遗余力地宣扬秦始皇丰功伟绩的目的就在这里，在客观上也确实推进了各地社会结构趋同的历史进程。统一前的吴越地区，其经济发展、社会结构、风俗习惯有着明显的区域性，是东周时代主要文化圈之一，在被纳入秦朝的版图之后，加速了其社会发展与其他地区趋同的历史脚步，会稽刻石正记录了这一历史信息。

# 第十五章 "约法三章"的思想史索隐

关于"约法三章",当今学者论述甚多,撮其要者,约为两端:一谓之代表了秦末农民起义军反对秦朝暴政的革命要求,表达了农民阶级反剥削、反压迫的愿望;一谓之为保护关中封建地主的约法。这都是用阶级分析的方法得出的结论,各有其一定的理由。但仅此是不够的,均有脱离当时历史形势,从既定的观念出发,孤立地就事论事之弊。"约法三章"之历史内涵要丰富得多,即是消除秦与六国心理隔阂的开始,也是刘邦关中本位政治建设的开始。

为便于分析,现将"约法三章"的制定与颁行情况征引于下。《史记·高祖本纪》云:

> (沛公)召诸县父老豪杰曰:"父老苦秦苛法久矣,诽谤者族,偶语者弃市。吾与诸侯约,先入关者王之,吾当王关中。与父老约,法三章耳:杀人者死,伤人及盗抵罪。余悉除去秦法。诸吏人皆案堵如故。凡吾所以来,为父老除害,非有所侵暴,无恐!……"乃使人与秦吏行县乡邑,告谕之。秦人大喜,争持牛羊酒食献飨军士。沛公又让不受,曰:"仓粟多,非乏,不欲费人。"人又益喜,唯恐沛公不为秦王。

这里道出了刘邦入关后的政治宣言与施政纲领,内容有三:一是"吾当王关中";二是除秦苛法,行三章之法;三是留用所有秦朝官吏,保持现有社会秩序。这是与诸县父老豪杰约定而后通过秦吏宣布的,其主旨是说明"吾当王关中",后两点是"王关中"的施政措施,目的是说明"凡吾所以来,为父老除害,非有所侵暴",要他们"无恐"。显然,这是针对关中吏民整体而言的。这些父老豪杰虽然是地主的代表,但他们对起义军的态度和关中平民也有一致之处。所以三章之法一经宣布,"秦人大喜",这"秦人"是指原秦国之人即关中吏民,既有地主官吏,也有平民。因此,不能说"约法三章"只代表地主阶级利益。至于说三章之法的颁布代表了起义军和广大农民反秦的要求,是秦末农民起义的胜利成果,尤难成立。因为三章之法是刘邦与"诸县父老豪杰"相约而定,更主要的是秦末农民起义的参加者无论是农民还是旧贵族,都限于关东地区,关中并没有响应,相反对关东的反秦斗争持恐惧态度,刘邦才要他们"无恐"。如果说三章之法是应起义军的要求,适应农民愿望而定,刘邦应与起义军的将士,或与东方积极反秦的父老豪杰相约才是,那样才能号召群众,壮大反秦力量。而事实是在秦朝已亡的情况下,刘邦与关中父老豪杰约定,施之于"秦人"的。说"约法三章"代表广大农民的反秦要求岂非无的放矢?那么刘邦此举目的何在?答案是:安抚关中民心,消除关中吏民对起义军的恐惧心理,限制起义军的报复"虏掠"行为,争取关中吏民的支持,为称王关中奠定基础。这与东方起义军的反秦要求,没有必然联系。要论述这个问题,首先要弄清楚关中吏民为什么没有响应东方义军起义而反秦,反持恐惧态度。

刘邦说"父老苦秦苛法久矣",当是实情,关中百姓和东方六国一样,都受秦法之苦,但直到秦朝灭亡,关中无一吏民起义,却对东方义军持疑惧态度,说明关东和关中对秦朝统治的态度并不完全相同。原因就在于长期形成的秦与六国的区域矛盾以及由此形成的心理隔阂。

关于秦与东方的矛盾问题,人们很少从"区域矛盾"进行分析,更没有注意到二者的心理隔阂,以为秦朝统一,适应了历史发展趋势,不存在什么"民族矛盾"以及心理隔阂。其实不然,汉民族是在不同民族的融合同化过程中形成发展的,民族心理也是如此。秦虽在政治上统一了全国,但长期战争对立所形成的心理隔阂并没有消除,秦与六国尤其如此。

和东方诸侯相比,秦立国最晚,其国势是在征服、融合西戎的过程中发展起来的,其风俗习惯、价值观念留有许多戎人内容。在历史的车轮进入战国以后,东方各国纷纷通过改革提升国力,秦国则处在落后挨打的状态,"秦僻在雍州,不与中国诸侯之会盟,夷翟遇之"①。商鞅变法,使秦国一跃而成为七雄之首,而兼并和统一战争中秦军的骁勇善战、斩首记功以致于坑杀降卒数十万,更引起六国的恐惧,在六国吏民心中投下浓浓的心理阴影。东方各国由原来的鄙视变为畏惧,进而发展为文化上的贬斥,所谓的"戎狄"之俗、"虎狼"之国等,即因于此②。

---

① 《史记》卷五《秦本纪》,第 202 页。
② 据梁玉绳《史记志疑》的统计,秦在与六国战争中所杀人数在 160 万以上。

秦统一全国之后,秦与六国的政治、军事对立消失了,但由于文化传统和战争所形成的心理隔阂和敌视情绪并没有也不可能迅速消失。秦始皇没有意识到这一点,没有采取适当措施以消除这种隔阂和对立;相反,却以征服者自居,采取秦本位的施政方针而不考虑东方具体情况。如"灭礼谊之官,专任刑罚"①;焚书、禁私学、坑术士、以吏为师,以消灭六国文化之异于秦者,等等。这不仅激化秦与六国贵族的矛盾,也激化了秦与六国知识分子的矛盾。此外,我们从秦征发的徭役来看,也可窥见其区域压迫的特征。就目前所见,秦所征徭役大多是东方人,如"天下蜚刍挽粟,起于黄、腄、琅琊负海之郡,转输北河"②"转负海之粟致之西河"③"发卒五十万,使蒙公(蒙恬)、扬翁子将,筑修城……中国内郡挽车而饷之"④,等等。这"天下""负海之郡""内郡"都是指关东地区,独独不见关中吏民,显然,关东农民的徭役之苦要甚于关中秦民。按理,全国农民的徭役负担是相同的,为什么会有此差别?这只能以二者不平等来解释。秦始皇如此,秦国吏民对关东的态度如何?无疑地也存在着优越感,以征服者自居。《史记·项羽本纪》云:"诸侯吏卒异时故徭使屯戍过秦中,秦中吏卒遇之多无状"⑤,即是证明。同为一君之臣民,显然是秦中吏卒有优越感,以征服者自居,自以为高于东方吏卒。可见,在秦统一以后,关中与六国的不平等无论是在思想意识方面还是在现行政策方面都是客观存在的。当然,这并不是说关中农民未受暴政之苦,仅是说其轻于关东而已。

正因为秦朝之关中和关东有如此的不平等,秦末农民起义不纯粹是农民阶级和地主阶级之间的斗争,而有反对"区域压迫"的内容掺杂。秦末的反秦起义是农民和六国贵族联合进行的,其矛头所向首先是秦朝官吏,其时"家自为怒,人自为斗,各报其怨而攻其仇,县杀其令丞,郡杀其守尉"⑥。这些令丞守尉是秦在东方统治的代表,所以是起义军的首要攻击目标。起义军不懂得阶级分析的方法,在他们看来,秦吏与秦民没有本质的差别,都是"秦人"而加以反对,进行报

---

① 《汉书》卷二三《刑法志》,第1096页。
② 《史记》卷一一二《平津侯主父列传》,第2954页。
③ 《史记》卷一一八《淮南衡山列传》,第3086页。
④ 《淮南子·人间训》,第322页。
⑤ 《史记》卷七《项羽本纪》,第310页。
⑥ 《史记》卷八九《张耳陈馀列传》,第2573页。

复。如章邯降项羽之后,"诸侯吏卒乘胜多奴虏使之,轻折辱秦吏卒"①,这是指诸侯军而言。

刘邦军队构成和诸侯相同,对秦人报复自不例外,如刘邦西进在攻打宛城时,宛城"吏民自以为降必死,故皆坚守乘城"②。为什么"自以为降必死"？就是因为秦与东方的长期矛盾,宛城吏卒以为起义军胜利后必然报复,与其投降屈辱而死,不如战死(宛城虽在关东,但久为秦有,其守将士卒多为秦人。秦统一之后,在东方是有秦兵驻守的,琅琊刻石有云"东抚东土,以省士卒"。这士卒即秦留驻东方之士卒。其时六国贵族大姓是统一的不稳定因素,虽然徙之于边远之地,仍要派兵驻守。南阳宛城之守军大约就是派守之秦卒)。在进攻峣关时,秦守将约降,刘邦"恐其士卒不从",久而生变,趁其将降未降、守备松弛之际,攻而占之。其实,在秦亡以后,关中、关东吏民之间的不信任感仍然存在。如楚汉战争中,刘邦欲拜军中故秦将骑士重泉人李必、骆甲为骑将,训练骑兵,"必、甲曰:臣故秦民,恐军不信臣,臣愿得大王左右善骑者傅之"③。由此可见,反秦之初,双方对立情绪之深,起义军乘胜报复是必然现象,特别是项羽坑杀秦降卒二十万的消息传到关中之后,关中吏民对诸侯军的恐惧可想而知。在关中吏民看来,刘邦是诸侯军的一支,对其同样持恐惧态度;而刘邦入咸阳,"诸将皆争走金帛财物之府分之"④,诸将如此,士卒当然争走高门朱户,以至普通人家,关中吏民愈益惶然,秩序混乱,可以想见。刘邦就是针对这一状况,发布安民告示,"约法三章"的。这固然有防止关中吏民间的杀虏偷盗的目的,但更主要的是限制起义军的报复"虏掠",整肃军纪,以争取关中吏民的支持。

刘邦的约法三章,是有其深刻的社会背景的,争取关中吏民支持,是早就安排好的一着棋。秦末的反秦武装,成分复杂,目的各异。陈胜首举义旗,但无远大明确的政治目标,仅要做个王侯将相,一享富贵,其"张楚"旗号只是利用秦楚世仇,以资号召而已。诸侯军队如项羽、项梁等六国贵族,像齐之田氏,赵之赵氏等,目的是恢复故国,以雪亡国之耻。刘邦则是为了建立功业,做个秦始皇式的

---

① 《史记》卷七《项羽本纪》,第 310 页。
② 《汉书》卷一《高帝纪》,第 19 页。
③ 《史记》卷九五《樊郦滕灌列传》,第 2668 页。
④ 《汉书》卷三九《萧何曹参传》,第 2006 页。

"大丈夫"。但刘邦本人身世不高,只当过泗上亭长,其属下出身更是低微,萧何、曹参出身胥吏,周勃是个吹鼓手,樊哙以屠狗为业……其余从者也多是贩夫走卒、引车卖浆者流,只有张良是破落贵族。因此,刘邦集团不能像诸侯之后那样一呼百应,没有多大号召力,无力割据一方,在东方诸侯蜂起的情况下难以建立自己的地盘,只有向西,攻取秦人故地,才能成其所愿。故刘邦先投在项氏麾下,打着复楚的旗号,寻求发展,由于义帝与项羽的矛盾,刘邦得以从南路进军关中,并相约"先入关者王之",获得了发展壮大的机会。

刘邦出身下层,和秦无六国贵族那样的仇恨,故在西进途中,不是像项羽那样以报仇为先,一味强攻杀伐,而是采取军事进攻和政治安抚相结合的方法,减少秦军抵抗。如用招抚的办法占领宛城之后,命令军中"所过毋得虏掠",以仁义之师的面目出现于秦民面前,果然"秦民喜"[①],得以迅速入关。但西进途中,在诸将看来,"所过毋得虏掠",不过是出于军事考虑,减少抵抗和牺牲而已,当咸阳已破,秦朝覆亡,已无需此虑,遂放手抢掠,"争走金帛财物之府分之",士卒也仿而效之,关中秩序大乱,父老豪杰、地主官吏惶然不知所终,纷纷逃亡山林。但刘邦深知,称王关中,要有实力作后盾,自己兵力远非项羽对手,要想在关中站稳,必须取得秦民的支持和信任,然后和项羽一较短长。首要任务,是禁止将士的"虏掠"行为,解除秦朝苛法,使秦民有万象更新之感,各安其业。这才召集父老豪杰,发布安民告示,约法三章。也许有的论者认为,如此分析,岂不降低了秦末农民起义的意义?其实不然。秦末农民起义固然要推翻秦朝统治,但这只是第一步,更主要的是建立一个新的统治秩序,恢复并发展生产。刘邦入关,秦朝灭亡,这时的矛盾已起变化,不再是推翻秦政权的问题,而是如何建立新政权。在当时的历史条件下,诸侯纷争,群情汹汹,单独依靠其军队是难以完成的。以往关中吏卒对东方有过征伐、压迫之举,但那已是过去的事,主要责任不在他们,不应对他们进行报复。如果任凭起义军泄愤寻仇,必然激起新的矛盾,使双方都受损失,甚或把胜利成果丢掉。相反,"约法三章"巩固了反秦起义的胜利成果,使关中吏民和刘邦所率的起义军携起手来,为西汉的建立打下了基础,其历史作用不可低估。

因为"约法三章"的实施,关中吏民和刘邦集团携手共建新政权,这对关东

---

[①] 《汉书》卷一《高帝纪》,第20页。

与关中吏民的心理隔阂的消除,起了促进作用。东西方之间的心理隔阂是因为长期的文化、军事、政治对立所形成的,因"约法三章"的颁行,双方在共建新政权的过程中,将帅士卒之间,了解日深,隔阂日减,在西汉建立之后,原先对"秦人"仇视最深的六国贵族之后,也有愿意留在关中而不回故土者。刘邦称帝后五年(前202)下诏有云:"诸侯子在关中者复之十二岁""其归者半之"。这里的"诸侯子"即六国贵族之后,他们定居关中当然有政治方面的其他原因,但这也说明他们对关中的秦文化习惯、风土人情已采取认同的态度,双方的心理隔阂日趋淡化。

当然,历史形成的心理隔阂不是一朝一夕所能消除的。对此,刘邦是了解的,故在汉初施政过程中,刘邦注意照顾双方利益,一视同仁,防止因施政的偏差而引起新的隔阂。如"刘邦五年诏"在按军功行田宅、赏赐士卒的同时,下令"民前或相聚保山泽,不书名数,今天下已定,令各归其县,复故爵田宅"①。这主要是指秦朝军功地主而言。这有助于那些复员回乡之士和前朝地主捐弃前嫌,共同辅佐新朝,维护统一局面。

最后,谈一下"约法三章"的法律意义。上已言明,"约法三章"是出于政治上的考虑,"悉除去秦法"并非其主旨,故其法律意义是有限的。人们过于强调其"除去秦法"的作用是不合实际的。《汉书·刑法志》载汉初因为"四夷未附,兵革未息,三章之法不足以御奸,于是相国萧何攈摭秦法,取其宜于时者,作律九章"②。论者均以为在萧何"作律九章"之前,汉只行"三章之法",其实不然,《刑法志》仅概括言之,在"九章律"问世之前,所行之律并非限于三章。在刘邦还定三秦之后,萧何治理关中曾"为令约束,立宗庙、社稷、宫室、县邑……"③这里的"为令约束"就是在"三章法"之外,另为新令,以资补充。当然,这些令和三章之法均构成"九章律"的一部分是没有什么问题的。刘邦颁布三章之法不久,即被项羽封为汉王,王汉中,关中为章邯等所王。刘邦重返关中之后,就有萧何"为令约束",所行法令,不限于三章。统一之后,三章法即为《九章律》所代替,汉朝的许多苛法如"妖言令""挟书律""夷三族罪"等又恢复如秦。故以关中言,三章之

---

① 《汉书》卷一《高帝纪》,第54页。
② 《汉书》卷二三《刑法志》,第1096页。
③ 《汉书》卷三九《萧何曹参传》,第2007页。

法的施行时间甚短;至于关东,根本没受三章法之惠,因为秦亡之后,关东为项羽和其他诸侯所有,处于战乱之中,王纲不存,法网解体,谈不上法治。所以一味强调"约法三章"的法律意义是不恰当的。当然,萧何的《九章律》是在"汉承秦制"之下编写的,是"攟摭秦法,取其宜于时者"而成,其具体内容,怕并非如传统史家理解的那样简单。这些已超出本书讨论范围,不予多说。

# 第十六章　秦汉之际儒生价值观的转变

从儒学变迁的内在理路来看，先秦儒学转为汉代儒学是一个渐进的历史过程，这在秦统一前夕就开始，这可以荀子之学和《吕氏春秋》的编纂为代表；到汉武帝时代完成，以董仲舒之学为标志。秦朝和西汉前期则是这一历史转折的关键时期。所以本节是在长时段的视野下使用"秦汉之际"这个概念的，包括战国末年、秦朝、西汉前期这三个时段，重点在秦朝灭亡和西汉初期，故以"秦汉之际"名之。

本节不是就思想内容讨论秦汉之际儒学变化，而是从儒生的价值观层面讨论儒学变迁。因为儒生既是儒学的传承人，也是儒学的发展者，儒学内容的任何变迁均以儒生价值观为基础。学界考察儒学内容变迁者居多，而从价值观特别是儒生群体价值观层面考察儒学变迁者较少，从秦汉之际儒生价值观变迁分析先秦儒学向两汉儒学转折的内在理路者少而又少。

笔者是在目的论的层面上使用价值观这一概念的，是据儒生从事儒学传承和发展的目的立论。目的决定着过程和内容，不同的目的追求，决定着不同的思想主张及其实现方式。目的变迁的原因很多，既有客观的被动反应，也有主观的主动追求。用历史主义的方法看问题，也就是从历史实践的层面考察历史现象，秦汉之际是中国儒生群体价值观从理想主义向现实主义的转折时期，其原因固然有客观的社会变迁因素，更有着儒生群体主观追求的目的在内。这要从先秦时代诸子争鸣的价值共性说起。

## 第一节　先秦儒生行为的理想特色

先秦时代，诸子争鸣，尽管彼此学说分野甚大，有的甚至势同水火，但是，从目的论的层面看,又有着时代共性:那就是以政治为核心,而政治的核心则是王权的稳定及其实现形式。司马谈在《论六家要旨》开头就引《易大传》说:"'天下一致而百虑,同归而殊途。'夫阴阳、儒、墨、名、法、道德,此务为治者也,直所从言之异路,有省不省耳。"①"务为治者"的核心是什么?是权力秩序,权力秩序的最高代表就是君王。班固对诸子功能的定性和司马谈一致,谓九流十家可观者九家而已,"皆起于王道既微,诸侯力政,时君世主,好恶殊方,是以九家之术蜂出并作,各引一端,崇其所善,以此驰说,取合诸侯。其言虽殊,辟犹水火,相灭亦相生也。仁之与义,敬之与和,相反而皆相成也。《易》曰:'天下同归而殊途,一致而百虑。'今异家者各推所长,穷知究虑,以明其指,虽有蔽短,合其要归,亦《六经》之支与流裔。使其人遭明王圣主,得其所折中,皆股肱之材已"②。班固是站在儒家本位立场上总结诸子功能的,各家是否是"《六经》之支与流裔"这里不予讨论,笔者关注的是"使其人遭明王圣主,得其所折中,皆股肱之材已"。这确实是不易之论。但是,在诸子心目中,各有其明王圣主,现实之君王都应该向他们学习、接受他们的主张,做一个理想中的明王圣主。他们是明王圣主的传道者,是现实权力秩序的批判者。无论是孔子还是墨子,无论是老子、庄子还是孟子,无论是积极的还是消极的,他们都是现实的批判者,高悬各自的圣主明王之剑裁量现实,坚信自己所传之道是真正的圣王之道,并为之奋斗终生。他们个人际遇无论是穷困潦倒、生活穷蹙,还是鲜衣怒马、张扬恣肆,都充满了自信:理想高于一切,正义在自己手中。不过,历史地看问题,诸子们的圣主明王都是托古言志,也就是众所周知的"法先王":孔子要恢复的是西周的礼乐社会,孟子要实现的是托名先王的仁政德治,墨子则主张实现三皇五帝之政,老子要倒退到蒙昧时代,无论是积极进取还是消极回避,总是围绕着政治核心展开,在历史的路径上总是向后看:"法先王"。

但是,历史进程自有内在逻辑,客观存在促使诸子们无论是在自己的具体主张还是在历史观上都在自觉或不自觉地或改变,或吸收论敌的主张,或面向现实,特别是战国时代各国的变法实践说明了历史发展的客观性:富国强兵是时代任务,无论哪家哪派,影响大小,只要能够也只有能够富国强兵才能由理论变成

---

① 《史记》卷一三〇《太史公自序》,第 3288—3289 页。
② 《汉书》卷三〇《艺文志》,第 1746 页。

现实。而富国强兵是诸子百家实现其圣王之道的第一步,在现实面前,诸子们改变的只能是自己的理论和思维,表现得最明显的就是由原来的"法先王"转变为"法后王"、由原来的建构自己理想的王治社会转变为思考现实问题,为了新的"王治"改变原来的门户隔阂,这以儒学最为明显,荀子是最突出的代表。

荀子之学有着明显的综合诸子的特点,从哲学观、历史观、人性观等层面看,自成体系,但是其政治思想、伦理主张、教育思想等则属于儒学,可以说是站在儒家本位的立场上的综合诸子,故而韩非将荀子视为儒家八派之一。荀子的历史观是"法后王"(这里不讨论先秦时代"法先王"和"法后王"的具体内涵,只要明白荀子历史观和孔子、孟子的区别就行了),其政治主张的最大特点是"隆礼重法",其行为上的最大特点是关注现实问题,分析现实与王者之治的距离,从而说明王者之治的可能性。

关于荀子"隆礼重法"等具体内容本文不予述说,本文要说明的是荀子"隆礼重法"的原因:这就是法家学说在秦国的成功使荀子看到了王者之治的实践问题。众所周知,商鞅在秦国力行"霸道",变法以后,秦国一跃而成为七雄之首,几乎以所向披靡之势兼并六国,在给六国造成极大军事政治压力的同时,在六国士人心目中也投下了不仁不义的阴影,东方的策士称秦为"夷狄"之邦、"虎狼"之国。这虽然是策士们出于合纵游说的需要,但也反映了东方士人对秦国及其法家政治实践的看法,《春秋公羊传》和《穀梁传》就从经学的角度认为孔子早就视秦为"夷狄"。尽管这是公羊和穀梁的穿凿之词,孔子并没有"夷狄"视秦,但这反映了东方儒生起码是部分儒生在文化上对秦的排斥。汉儒继续着战国儒生的这一看法,贾谊谓"商君遗礼仪,弃仁恩,并心于进取,行之二岁,秦俗日败。故秦人家富子壮则出分,家贫子壮则出赘。借父耰鉏,虑有德色;母取箕帚,立而谇语。抱哺其子,与公併倨;妇姑不相说,则反唇而相稽。其慈子耆利,不同禽兽者亡几耳"①,司马迁谓"秦杂戎翟之俗,先暴戾,后仁义",②等等,都是战国儒者在文化层面对秦政治、文化评价的余绪。但是,排斥归排斥,事实归事实,理论上、文化上的排斥和贬低改变不了现实国力的对比,圣君明王之道在理论上固然完善无瑕,但在现实之中难觅其踪影,无助于国力的改变;秦国尽管"如狼似虎",

---

① 《汉书》卷四八《贾谊传》,第2244页。
② 《史记》卷一五《六国年表序》,第685页。

但是由弱变强确是不争的事实,这就不能不令人深思。荀子率先以儒者的身份叩开秦国的大门,实地考察秦国的政风民情,就是这一客观需求的体现。

前文指出,秦昭王末年,荀子考察秦国,和应侯范雎有过一段精彩而深刻的对话,荀子对秦国的政风民情有过高度的肯定性评价,文具不引。这里就荀子入秦所反映的六国儒生也包括其他诸子传人对秦国态度的变化稍做分析。

荀子曾三为稷下学宫祭酒,而稷下学宫是六国士人的聚集地,是战国后期六国的文化中心,荀子身为祭酒,起码是稷下诸公的学术领袖。那么,荀子入秦就不能简单地看作荀子个人游学的随机事件这么简单。荀子身为祭酒,其言谈举止无疑是要受到稷下诸公的关注,入秦考察这样的大事,恐非荀子个人一时的心血来潮,而是六国士人对秦态度转变的风向标:标志着六国士人起码是一部分士人对秦国政治、文化由排斥到认同的转变,体现了部分士人对秦国成功的好奇和认同。荀子对秦国政风民俗的评论,尽管和王者之治相去甚远,但在当时七国中无疑是最优秀的:吏治廉洁、学风醇厚、民生富足而稳定。如果说现实与理想有距离的话,比较之下,秦国的距离最小,六国距离都远大于秦国,士人的理想起码部分地在秦国得到了实现。从逻辑上判断,这怕不是荀子个人认识,而是有着一定的代表性——荀子入秦,尤其是像荀子这样的学术领袖,按照当时学者游学习惯,并非只身前往,应该有相当数量的弟子同行,荀子对秦政的评价代表了同行者的看法。这起码标志着部分儒生的价值观开始由理想转向现实:不是一味地在遥远的圣君明王身上寄托着自己的理想,而是在现实政治实践中寻找实现自己政治诉求的可能性和基础。

如果说荀子入秦还只是儒生们刚刚开始由理想向现实转变的话,那么,吕不韦养士、《吕氏春秋》的成功编纂则标志着儒生群体价值观的转变已经走向深入。上已指出,吕不韦为秦相以后,鉴于"魏有信陵君,楚有春申君,赵有平原君,齐有孟尝君,皆下士喜宾客以相倾"的现实,开门迎客,"以秦之强,羞不如,亦招致士,厚遇之,至食客三千人"。吕不韦养士的目的不是为了扩张个人势力,而是改变秦国的文化传统,为秦国招徕人才,为即将统一的秦帝国储备人才,是"以秦之强,羞不如"而"亦招致士"。唯此之故,吕不韦不以个人利益取舍士人,而是兼收并蓄,量才使用,充分发挥个人才干,能仕者仕之,对于那些不能或不愿意任官治事而适合或愿意坐而论道的人,则让他们在议定的主题下著书立说,《吕氏春秋》就是这样问世的。出仕也好,著书也好,都标志着六国士人主动投身于秦国的政治、文化建设。

  《吕氏春秋》是杂家的代表作，"杂"而成"家"，自成其理论系统，这个理论系统的核心就是"王治"。班固云："杂家者流，盖出于议官。兼儒、墨，合名、法，知国体之有此，见王治之无不贯，此其所长也。"①班固的概括深刻而精辟，"王治之无不贯"正揭示了诸子与政治的关系，不过，这里的"王治"之"王"已经不是三皇五帝之"王"，而是现实之"王"。《吕氏春秋》采摘各家，构建了一个顺应自然的仁政德治社会体系，尽管停留在理论设计的层面，也时常打着圣主明君的旗号，但是，这里的圣主明君不过是立论的依据而已，是希望现实中的君王重视自己的建议和设计，说明自己的主张由来有自，既具有理论基础又具有实践基础，而不是以过去的圣主明君批评现实的不合理、要求恢复唐尧虞舜之治。也就是说，《吕氏春秋》尽管也打着先圣的旗号宣传自己的主张，但是，这是在承认现实统治秩序合理性的基础之上而提出的改良主张，希望现实的政治也就是秦政由"霸道"转而为"王道"，也就是荀子的"驳而霸"到"粹而王"的具体设计。值得我们注意的是，《吕氏春秋》对诸子的采择和该书编纂者们彼此之间的求同存异：无论何门何派，为了"王治"而摒弃了彼此的分歧，正体现了士人群体特别是儒生群体服务现实的价值追求的改变：祖述尧舜、宪章文武，在理论上再完美，但是无法付诸实践。而秦国虽然不宗"王道"，力行霸道，但是天下却即将统一于秦。在现实面前，再坚守虞舜之道只能落个食古不化之讥，自己的主张永远不能变成现实，更谈不上在即将到来的历史变局中施展自己的抱负、改变自己的地位，唯一正确的选择只能是改变自己的思想主张。所以，当六国士人特别是儒生听到吕不韦招徕士人的消息以后，纷纷抛弃了原来对秦国的文化偏见，搁置彼此之间的分歧，齐集咸阳，为即将到来的大一统绘制蓝图。

## 第二节 儒生对秦统一"正义性"的论证

  主观设想和客观结果总是有距离的，秦王政并没有像吕不韦希望的如颛顼师法黄帝那样接受自己的主张，相反，吕不韦被逐出了秦国政坛，并被迫自尽。

---

① 《汉书》卷三〇《艺文志》，第1742页。

但是,吕不韦虽然自尽,六国士人则大都留在了咸阳,《吕氏春秋》也没有因为吕不韦的被贬而被禁。秦王政尽管剥夺了吕不韦的一切,但深知知识分子的重要性,并没有把吕不韦的门人逐出秦国,而是继续了招徕士人的做法,"悉召文学方术士甚众,欲以兴太平"①。六国士人也没有因为吕不韦悲剧的上演而停止向咸阳迈进的步伐。这些"文学方术士"的主体是儒生,他们应诏而来,本身就说明了他们对现存权力秩序的赞同,他们的目的就是为现实权力秩序的优化和长久献计献策,解决现实问题,议帝号、议封禅、议分封都说明了儒生的目光由理想中的过去转向了现实。皇帝制度的产生,是始皇君臣共同创造的成果。在秦始皇下诏议帝号之前,丞相王绾、御史大夫冯劫、廷尉李斯已经和博士们讨论了初步意见,这就是用三皇中最尊贵的泰皇作为名号。三皇五帝是诸子尤其是儒、墨理想中的圣君明王,是现实君王膜拜学习的对象。而博士们毫不吝惜地把自己能想到的三皇五帝之最高名号送给了秦始皇。令王绾和众博士们没想到的是,秦始皇还不满足,而是"去'泰',著'皇',采上古'帝'位号,号曰'皇帝'"。丞相王绾、御史大夫冯劫、廷尉李斯和博士们都是博古通今的学问家,王绾、冯劫、李斯身为高官,把最崇高的名号给秦始皇情有可原,因为秦始皇改变名号以后,自己也可以沾一些皇气。而这些来自东方的博士们把泰皇名号加在秦始皇头上,从学术理念上说就不可思议了:秦以军事兼天下,和三皇五帝之道是背道而驰的,何以和三皇五帝相比肩?唯一合理的理由,就是博士们不再以理想中的圣王之道裁量现实,而是以现实的王业(即大一统)重新设计圣王之道、重塑圣王的形象了。圣王不在往古,就在现实!表明以博士为代表的儒生已经改变了立场:由现实的批判者变成了现实的歌颂者,现实不仅是理想的,而且是正义的。

正因为这些儒生们承认了现实的正义性,秦始皇的统一大业确实高过三皇五帝,所以当秦始皇准备封禅时,儒生们也就不持异议。秦始皇"即帝位三年(秦始皇帝二十八年),东巡郡县,祠驺峄山,颂秦功业。于是征从齐鲁之儒生博士七十人,至乎泰山下。诸儒生或议曰:'古者封禅为蒲车,恶伤山之土石草木;扫地而祭,席用菹秸,言其易遵也。'始皇闻此议各乖异,难施用,由此绌儒生。而遂除车道,上自泰山阳至巅,立石颂秦始皇帝德,明其得封也。从阴道下,禅于梁

---

① 《史记》卷六《秦始皇本纪》,第258页。

父。"①议封禅者有七十位博士,均来自齐鲁之地,谁也没有认为秦始皇举行封禅典礼有什么不合理之处,而是在封禅合理的前提下讨论具体仪式。只是谁也说不清楚封禅的具体仪式究竟如何,其具体意义是什么,歧见纷呈,不知所从,秦始皇才"由此绌儒生"。这些儒生失宠的原因不是反对封禅,而是号为博古通今,实际上是名不符实,彼此意见混乱,无法实现统一。众所周知,封禅的目的是向上天报功,表明自己功业符合天意,自己的所作所为都是正义的、合理的,希望得到上天的首肯和庇佑,只有圣王才有资格举行。这些来自齐鲁大地的七十位博士虽然只是儒生的一部分,但是,他们并不是普通儒生,而是有声望、有地位、有相当影响力的儒生,他们对秦始皇封禅持赞成和支持态度,说明当时相当一部分儒生已经加入到了论证现实合理性的队伍中来,认为现实的权力秩序是正义合理的,应该得到上天的首肯和庇佑!

议分封是儒生积极参与制度设计的典型案例,尽管秦时有焚书和禁止私学的悲剧,但是却充分体现了以周青臣、淳于越为代表的儒生群体对巩固秦朝统治的一片赤诚。淳于越批评秦始皇统治方式有问题,应该实行分封制,和周青臣赞美秦始皇,其主观目的并没有区别,都是在为秦始皇的长治久安出谋划策。问题在于淳于越犯了两个方面的错误:一是分封子弟为王分割了秦始皇的权力,引起秦始皇的不快;二是说实行分封制可以防止田氏代齐、六卿分晋的重演,引起了李斯等重臣的不满。因为实行分封制,宗室子弟不仅分割了秦始皇的权力,也分割了李斯等重臣的权力,同时也等于承认在秦始皇身边确实存在着谋逆篡位之臣,所以李斯以"道古以害今,饰虚言以乱实,人善其所私学,以非上之所建立……率群下以造谤"为由,禁私学、焚诗书,制造了我国文化史上一场大劫难。这里不讨论焚书和禁止私学问题,要说明的是淳于越的建议是以秦朝统治合法性为基础的,是建立在对以往历史教训的深刻认识的基础上的,扶苏之死、胡亥即位证明了淳于越的预见。周青臣、淳于越是博士的代表,说明博士们对现行统治制度有两种不同态度:一种认为郡县制可以有效实现大一统;另一种认为仅仅采用郡县制还不够,因为无法防止历史上屡屡出现的篡位事件的发生,所以在实行郡县制的同时,还要采用分封制。无论二者的分歧如何,命运怎样,都表明这些博士们是真心实意地服务现实。尽管李斯批评淳于越一派"不师今而学古",但

---

① 《史记》卷二八《封禅书》,第1366—1367页。

是我们必须明白淳于越的"不师今而学古"是为现实服务的,"学古"的目的是为了解决可能出现的现实问题,是为了皇权永固!至于李斯说的诸生"皆道古以害今,饰虚言以乱实,人善其所私学,以非上之所建立……率群下以造谤"云云纯粹是政治陷害,我们不能因此忽视了博士们服务现实的主观目的。悲剧性在于,这些博士们不了解秦始皇的内心世界,在秦始皇的心目中,自己既然已经德高三皇、功过五帝,禹、汤、文、武之属自是等而下之,还有什么理由向他们学习?既然没有向古人学习的理由,博士们还喋喋不休,显然是"夸主以为名,异取以为高"了,当然要予以取缔。

## 第三节　汉初儒生的"时变"

历史常常使人走错房间,秦始皇采纳了李斯的焚书建议,以禁止儒生们以古非今,结果李斯和赵高合演了一出篡权夺嫡的历史活剧,大秦王朝二世而亡。事实证明了淳于越等儒生的预言,在秦亡汉兴的历史变局中,儒生们自然而然地加入了亡秦的潮流之中。不过,此时的儒生吸取了在秦朝的政治教训,明白了和帝王打交道不能只凭着自己真理在握就可以颐指气使,以君王的师友自居,还要讲究方式、方法,要意识到君臣有别,明白君尊臣卑,提意见也好,提建议也罢,要根据帝王的知识特点、接受能力、现实需要,提供具体的解决问题的方案,而不是奢谈大道理。也就是说:一切从现实出发,解决现实问题。这是汉初儒生的共同行为特征和思维基点。

刘邦集团多出身文法吏,熟悉的是秦朝法律政令,崇尚的是现实功利,本能地看不起儒生。而儒生们目睹了大秦王朝的崩溃,面对刘邦的时候,内心充满了自信的同时,也在改变自己的处事方式,所提的建议和意见均以实用为准则。郦食其、叔孙通、陆贾三个人的行为集中地体现了这一特征,通过这三个人的作为可以看出当时儒生们的现实主义价值观的一斑。

众所周知,号为"狂生"的郦食其,身操里监门之役,不失其儒生本色,依然儒服、儒冠,明知刘邦不喜欢儒生,依然以儒生的身份进见,并教训了刘邦的傲慢无礼。值得我们注意的是,郦食其尽管以儒生的身份进见刘邦,给刘邦说的却是"六国从衡时"事,在楚汉之争中,郦食其扮演的一直是谋略家而不是儒者,在出谋划策占领了陈留以后,"食其常为说客,驰使诸侯"①。

陆贾是汉初儒生的代表人物之一,"以客从高祖定天下,名有口辩,居左右,常使诸侯"。刘邦称帝、定都关中以后,陆贾才以儒生的身份、从儒学的角度进谏刘邦,史载:

> 贾时时前说称《诗》《书》。高帝骂之曰:"乃公居马上得之,安事《诗》《书》!"贾曰:"马上得之,宁可以马上治乎?且汤武逆取而以顺守之,文武并用,长久之术也。昔者吴王夫差、智伯极武而亡;秦任刑法不变,卒灭赵氏。乡使秦以并天下,行仁义,法先圣,陛下安得而有之?"高帝不怿,有惭色,谓贾曰:"试为我著秦所以失天下,吾所以得之者,及古成败之国。"贾凡著十二篇。每奏一篇,高帝未尝不称善,左右呼万岁,称其书曰《新语》②。

谈《诗》《书》而遭到刘邦的谩骂,但陆贾显得十分的自信,针锋相对地反问"马上得之,宁可以马上治乎"?前后行为之所以有如此的差别,就是因为时移则事异:楚汉战争中,刘邦考虑的是如何在战场上取得胜利;统一以后,刘邦面临的则是如何巩固江山,防止秦朝短祚的悲剧重演。所以,陆贾面对刘邦的谩骂,才能理直气壮地反诘,并使刘邦接受自己的意见,同时改变了开国武将们对儒生的态度,在听了陆贾的奏议以后由衷地发出了"万岁"的欢呼。若从《新语》的内容分析,陆贾立足现实的价值取向就更为明显。《新语》鉴于大战之后,民生凋敝、满目疮痍的现实,以儒家政治伦理为主干,吸收道家的无为观念,以亡秦为鉴,指出当务之急是减省刑罚、与民休息,兴教化、倡仁义以矫秦政以及战争所带来的不良政风和民俗,可以说,《新语》是一部解释新政的理论著作,是理论和实践、历史和现实相结合的代表作。在《新语》中,再也看不到"今不如昔"的历史痕迹。

叔孙通本来是秦始皇的待诏博士,曾和其他三十个博士约定一起向秦二世进谏,请求秦二世发重兵镇压陈胜、吴广,博士诸生三十余人本着儒家君臣大义,谓"人臣无将,将则反,罪死无赦。愿陛下急发兵击之"。秦二世正沉溺在皇帝的梦幻之中,对造反之说很是反感。叔孙通一改初衷,迎合秦二世说:"诸生言皆非。夫天下为一家,毁郡县城,铄其兵,视天下弗复用。且明主在上,法令具于

---

① 《汉书》卷四三《陆贾传》,第2107页。
② 《汉书》卷四三《陆贾传》,第2113页。

下,吏人人奉职,四方辐辏,安有反者。此特群盗鼠窃狗盗,何足置齿牙间哉? 郡守尉今捕诛,何足忧?"秦二世闻言大喜,要博士们表态,"诸生或言反,或言盗。于是二世令御史按诸生言反者下吏,非所宜言。诸生言盗者皆罢之。乃赐通帛二十匹,衣一袭,拜为博士。通已出,反舍,诸生曰:'生何言之谀也?'通曰:'公不知,我几不免虎口。'"叔孙通此后立即逃离秦廷,回到故乡,辗转投到刘邦麾下,"通儒服,汉王憎之,乃变其服,服短衣,楚制,汉王喜"。在追随刘邦的过程中,"从弟子百余人,然无所进,剸言诸故群盗壮士进之。弟子皆曰:'事先生数年,幸得从降汉,今不进臣等,剸言大猾,何也?'通乃谓曰:'汉王方蒙矢石争天下,诸生宁能斗乎? 故先言斩将搴旗之士。诸生且待我,我不忘矣。'"①叔孙通明白,战争年代,刘邦需要的是冲锋陷阵的勇士,而不是饱读诗书的文人,更不能依仗自己通晓古今治乱兴衰的理论而对刘邦指手画脚,只有解决战争中所面临的实际问题,才能赢得刘邦的信任,故而向刘邦推荐的都是那些"群盗壮士"等亡命徒。但是,当刘邦称帝以后,叔孙通就不再像战争年代那样处处看刘邦的眼色行事了。因为叔孙通知道,打天下和治天下不同,儒学不能进取,但守成是离不开儒学的。

刘邦称帝,昔日的战友们并不认为称帝后的刘邦和以前有什么不同,并没有对刘邦这个皇帝表现出特别的尊敬,刘邦心有不怿而又无可奈何。叔孙通看准了机会,主动对刘邦说:"夫儒者难与进取,可与守成。臣愿征鲁诸生,与臣弟子共起朝仪。"在刘邦的心目中,儒生都是些讲究繁文缛节之士,对叔孙通的建议将信将疑,担心朝仪繁琐,要求叔孙通不要太难。叔孙通回答说:"五帝异乐,三王不同礼。礼者,因时世人情为之节文者也。故夏、殷、周礼所因损益可知者,谓不相复也。臣愿颇采古礼与秦仪杂就之。"叔孙通到鲁地召集儒生,商量起朝仪、定礼乐事宜,有两位不愿意,认为叔孙通没有气节,批评叔孙通:"公所事者且十主,皆面谀亲贵。今天下初定,死者未葬,伤者未起,又欲起礼乐。礼乐所由起,百年积德而后可兴也。吾不忍为公所为。公所为不合古,吾不行。公往矣,毋污我。"通笑曰:"若真鄙儒,不知时变。"②另外,三十个儒生则随叔孙通西往关中,加入了叔孙通的礼乐团队。这一故事典型地说明了当时绝大多数儒生服务现实的政

---

① 《汉书》卷四三《叔孙通传》,第 2125 页。
② 《汉书》卷四三《叔孙通传》,第 2126—2127 页。

治目的。礼仪是儒学的核心内容,鲁地儒生尤其重礼,而礼仪制度的特点是遵守古制。叔孙通擅长礼仪,当然明白礼仪源自于周制,在儒生心目中,虽然不能恢复周礼,起码也要相近。但是,叔孙通更知道礼仪的功能是规范尊卑秩序,只要能够规范尊卑秩序,至于是否符合古礼倒是次要的,不存在什么遵不遵守古制问题,事实上,也不存在一成不变的礼制。所以说"五帝异乐,三王不同礼。礼者,因时世人情为之节文者也。故夏、殷、周礼所因损益可知者,谓不相复也",从而"颇采古礼与秦仪杂就之"。这是典型的古为今用!尤其值得我们注意的是,持这种看法的不仅仅是叔孙通一个人,而是大多数儒生。叔孙通到鲁地征召三十二个儒生,只有两个人不愿意随行,其理由一是不肖叔孙通的人品,二是认为现实根本不是兴礼乐的时候。这两个人所持意见是否合理,暂且不论,我们要注意的是三十比二这个数据。这随行的三十个儒生,都同意叔孙通的儒学发展观:根据现实需要,改变儒学传统,在新的历史形势下,再坚守什么传统,只能是食古不化的"鄙儒"了。这一类的"鄙儒"经过秦汉鼎革的洗礼,实在是少而又少了。

从制度上说,汉承秦制。在刘邦的时代,在法律的层面上依然是禁止私人藏书和讲学的。也就是说,秦朝的"以吏为师、以法为教"的法条在汉初是继续存在的,虽然在朝野一片过秦声浪中,许多成为具文。然而,禁令既然存在,随时都有可能成为官吏钳制思想的工具。中央高层虽然无视禁止诗书的律条,地方政府和基层官吏则未必。因为汉初地方基层官吏相当一部分是秦朝故吏,他们的职责是依法办事,只要法条存在,他们就有可能依法执行。而刘邦一方面因为文化水平的限制,意识不到文化建设和意识形态问题,一方面忙于稳定内外政局、巩固刘家江山,终其一生,在文化建设方面没有什么作为,对如何治国并没有什么明确的指导思想,只是鉴于战争之后民生凋敝的现实,停止了秦朝的滥事徭役、酷苛百姓而已。刘邦听取了陆贾的分析,虽然赞赏有加,群臣对陆贾也推崇不已,知道了仁义之道、德政无为对于治理天下的意义,但并不明白陆贾《新语》的思想价值。直到曹参接替萧何出任相国以后,最高统治集团才明确以黄老无为治理天下,真正地开始了为古今所艳羡的黄老时代。到汉惠帝四年(前191)三月,修改法律,"省法令妨吏民者,除挟书律",才最终消除了学术传播的法律障碍,在"过秦"的历史背景下,学者们从不同层面开始探讨治国理民之道。如所周知,汉初推行黄老政治,其特点是无为,但是,这个无为是相对于秦朝的滥事徭役和思想控制而言的。若就思想学术来说,西汉前期远非无为,而是大有为、大解放、大发展的时代，黄老学说姑且不论，儒家、法家、阴阳家、纵横家等都因为思想禁锢的解除而活跃起来，著书立说、课徒授众，先秦学统得以延续，大有子学复兴之势①。

思想者的思维方式、思考内容、思考目的取决于思想环境。统一已经成为现实，也就成为思想家们思考问题的出发点和归宿。探讨巩固统一之道，这是西汉前期学术的特点。其形而上者是究天人之际、通古今之变，在哲学层面探究现实的合理性；其形而下者则是讨论具体的理民之道及解决现实问题的具体措施，即使是像战国时代那样从事学理的讨论和传承的学者，也在默默地根据现实需要阐释自己的理论。无论是儒家、阴阳家、法家，还是黄老，在继续学统的同时都不约而同地把学术和现实政治紧密结合，在指出现实不足的时候，更注重提出解决现实问题的建设性意见。在这一历史过程中，儒家走在了历史最前沿。儒生们的历史使命感和社会责任感，要求他们思考现实问题，根据现实需要，从事理论创新。对此，只要对贾谊思想稍加留意就不难明白。

贾谊是西汉前期儒生新生代的代表，有着强烈的使命感和责任感，对汉朝江山忠心耿耿，虽然对现实当政集团的文化特点认识不足，但是其讨论的问题无一不是当务之急：改正朔、易服色是为了使汉朝的政统和道统相一致；对匈奴的威胁、诸侯王势力的膨胀、农民的苦难困境等问题的分析，均是现实最为迫切的问题，所提出的应对之策虽然有些书生气，但是其可操作性、思想上的启发性是毋庸置疑的，大部分主张被后世执政者付诸实践或者部分地付诸实践。当然，贾谊关注的多是具体的现实问题，提出的解决现实问题的方案还是就事论事，属于"器"的层面，没有在学理上把儒学和汉家政治结合起来。而董仲舒则是从"道"的层面改造儒学，从学理上论证了以皇权为中心的权力秩序的正义和永恒。尽管也用天命建立一套制约皇权的理论体系，但是，其实践意义微乎其微。儒学则完全由现实权力秩序的批判者变成了现实权力秩序的维护者。这是另一个时代的话题，不在本书讨论范围之内。

---

① 关于汉初诸子余绪复兴及演变情况，参见侯外庐等，《中国思想通史》第二卷，人民出版社，1957 年，第 56—63 页。

# 后　记

　　本书内容,大都以论文的形式发表,散见于各种会议论文集和期刊,承蒙王子今先生垂青和陕西著名编辑淡懿诚先生督促,得以系统修改补充,集结成书,纳入"秦史与秦文化研究丛书"。能够把自己的思考系统地展示,向学术界的良师益友请教,不胜荣幸。在此,对王子今先生、淡懿诚先生表示诚挚的感谢和敬意!

　　在修改过程中,我的博士研究生高海云、束江涛、霍耀宗、王婷婷,硕士研究生徐子理、李金、肖云飞,搜集文稿,校对引文,付出了辛勤劳动。西北大学出版社朱亮编辑,不辞辛劳,多有帮助。在此一并致谢。

　　因拙稿以论文为基础,章节之间缺少起承转合,有的内容不免重复,理应避免。但是,一来时间不允许大改,二来各章论述重点不同,为了逻辑的完整,少许重复,更有助于观点的表述。是耶非耶,同仁鉴之。

臧知非<br>
2020 年 6 月